PARIS

IMPRIMERIE DE J. DUMOULIN

5, rue des Grands-Augustins, 5

VIE ET ŒUVRES

DE

FÉDÉRIC MOREL

IMPRIMEUR A PARIS

DEPUIS 1557 JUSQU'A 1583

PAR

JOSEPH DUMOULIN

ANCIEN ÉLÈVE DE L'ÉCOLE DES CHARTES

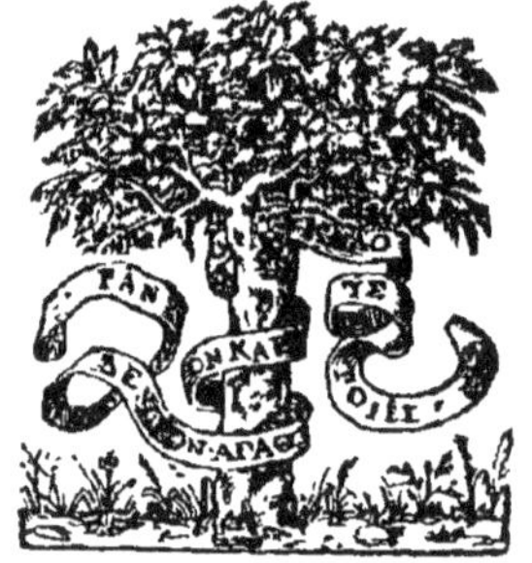
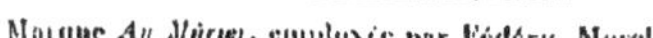

Marque *Au Mûrier*, employée par Fédéric Morel

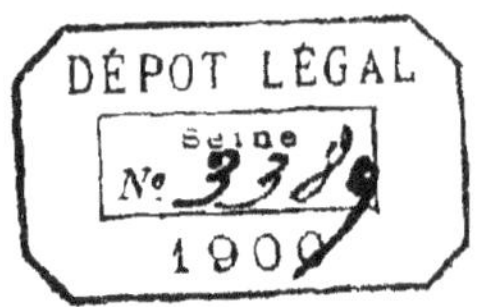

PARIS

JOSEPH DUMOULIN | **A. PICARD ET FILS**
IMPRIMEUR | ÉDITEURS
5, rue des Grands-Augustins, 5 | 82, rue Bonaparte, 82

1901

VIE ET ŒUVRES

DE

FÉDÉRIC MOREL

IMPRIMEUR A PARIS

DEPUIS 1557 JUSQU'A 1583

PAR

JOSEPH DUMOULIN

ANCIEN ÉLÈVE DE L'ÉCOLE DES CHARTES

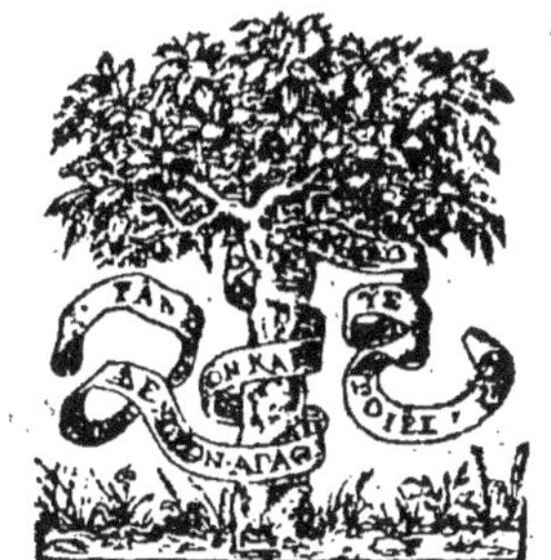

Marque *Au Mûrier*, employée par Fédéric Morel.

PARIS

JOSEPH DUMOULIN	A. PICARD ET FILS
IMPRIMEUR	ÉDITEURS
5, rue des Grands Augustins, 5	82, rue Bonaparte, 82

1901

VIE ET OEUVRES

DE

FÉDÉRIC MOREL

IMPRIMEUR A PARIS

PRÉAMBULE

SOURCES POUR LA VIE DE FÉDÉRIC MOREL

La vie de Fédéric Morel, comme celle des autres imprimeurs du seizième siècle, est peu connue.

Parmi les différents auteurs qui nous donnent des renseignements sur Morel, deux seulement sont ses contemporains. Le premier est François Grudé, sieur de Lacroix du Maine, en latin *Crucimanius*, né au Mans en 1552, et mort assassiné à Tours en 1592. Le second est Antoine Du Verdier, seigneur de Vauprivas, né à Montbrison en Forez le 11 novembre 1544, et mort à Duerne[1] le 25 septembre 1600 après avoir porté le titre de conseiller du Roi. Ces deux érudits, sans connaître mutuellement leurs projets, paraît-il, et vivant à plus de cent lieues l'un de l'autre, conçurent presque en même temps l'idée de composer une biographie générale de tous les auteurs célèbres qui avaient écrit en français. L'ouvrage de Lacroix du Maine fut édité le premier sous le titre de *Bibliothèque françoise de Lacroix du Maine* (Paris, 1584. In-folio). L'année suivante parut celui de Du Verdier, intitulé *Bibliothèque d'Antoine du Verdier, contenant le catalogue de tous les auteurs qui ont écrit ou traduit en français, avec le supplément latin du même du Verdier à la bibliothèque de Gessner* (Lyon, 1585. In-folio). Ces deux ouvrages furent réimprimés ensemble en six volumes in-4 (1772) par les

1. Départ. du Rhône, arr. de Lyon, cant. de Saint-Symphorien-sur-Coise.

soins de Rigoley de Juvigny, avec ses propres notes et celles de La Monnoye, du président Bouhier et de Falconet, sous ce titre : *Bibliothèques françoises de Lacroix du Maine et Duverdier*.

Les dates auxquelles parurent les éditions originales de ces deux travaux nous montrent que les auteurs furent contemporains de Fédéric Morel. Lacroix du Maine dut même le connaître personnellement, car nous savons qu'en 1580 il vint à Paris chercher des livres et qu'il en chargea plusieurs charrettes pour retourner au Mans[1]. Or, à cette date, Fédéric Morel, qui terminait sa carrière, avait édité des ouvrages assez importants pour qu'un érudit ne manquât pas d'entrer en sa librairie afin d'y faire des emplettes.

Lacroix du Maine et Du Verdier ne nous donnent sur Morel que des renseignements peu étendus, mais le célèbre bibliographe Michel Maittaire (1668-1747) lui a consacré plusieurs pages intéressantes dans un livre qui parut à Londres en 1717 sous ce titre : *Historia aliquot typographorum parisiensium vitam et libros eorum complectens* (2 vol. in-8). La « Vita Federici Morelli » est écrite fort consciencieusement; presque tous les détails que donne Maittaire et que nous avons pu contrôler sont d'une exactitude parfaite. Le savant bibliographe n'était pas contemporain de notre imprimeur et il n'a pu travailler que sur les impressions de Morel existant alors en Angleterre. Néanmoins, c'est la source la plus importante que nous ayons consultée.

Parmi les autres travaux, nous citerons seulement l'*Histoire de l'origine de l'imprimerie de Paris*, par André Chevillier, bibliothécaire de la Sorbonne (Paris, 1694. In-4);

1. Voir Michaud, *Biographie universelle*, à l'article *Lacroix du Maine*.

l'*Histoire de l'imprimerie et de la librairie*, par Jean de la Caille (1689. In-4), ouvrage peu estimé; les *Jugements des Sçavants*, par l'abbé Baillet (1685-1686. 9 vol. in-12), également peu estimés; l'*Anti-Baillet*, par le célèbre Ménage (1690. 2 vol. in-12); le *Catalogue chronologique des libraires et imprimeurs de Paris*, par Lottin de Saint-Germain (1789. 2 vol. in-8); l'*Imprimerie savante*, par Née de la Rochelle, ouvrage qui se trouve en manuscrit à la bibliothèque du Cercle de la librairie, à Paris (1828. 3 vol. in-8); la *Chronologie des curés de Saint-Benoît*, par l'abbé Bruté (Paris 1752. In-12); la *Vie des Troyens illustres*, par Grosley (Paris, 1812-1813. 3 vol. in-8); les *Mémoires de l'abbé Goujet sur le Collège de France* (Paris, 1758. 3 vol. in-12), et un tome de l'*Annuaire historique de la Marne* (année 1876).

Telles sont les sources auxquelles nous avons recouru afin de connaître les parties essentielles de la vie de notre imprimeur. Elles sont peu nombreuses, mais elles offrent l'avantage de donner chacune quelques détails particuliers.

VIE ET ŒUVRES

DE

FÉDÉRIC MOREL

PREMIÈRE PARTIE

CHAPITRE PREMIER

La jeunesse de Fédéric Morel. — Fédéric Morel correcteur; sa vocation typographique. — Son mariage avec Jeanne de Vascosan.

Fédéric Morel, dit l'Ancien, naquit en 1523. Fédéric est le nom qu'il se donna toujours dans les ouvrages sortis de ses presses. Il serait difficile d'expliquer cette particularité ; cependant Morel semble y avoir attaché une certaine importance, puisque, dans tous les actes où il intervient, son nom est orthographié de cette façon. On peut y voir un effet de l'influence italienne qui se faisait alors sentir en France ; car en italien on dit plutôt *Federigo* que *Frederigo*, probablement par raison d'harmonie. Toujours est-il que, plus tard, le mot Fédéric prêta aux calembours de Jean Dorat qui écrivit en l'honneur de Morel ces distiques latins :

> Fœdus Musarum quod non violabile serves
> Federico nomen provida Musa dedit ;
> At color est fuscus quoniam morisque typisque
> Cognomen typica clarus ab arte tenes.

Ces vers furent imprimés dans l'ouvrage intitulé *Ioachimi Bellaii, Andini, poetæ clarissimi, xenia, seu illus-*

trium quorumdam nominum allusiones. Apud Federicum Morellum, 1559.

Nous retrouvons encore le jeu de mots entre *fœdus* et *Federicus* dans l'épitaphe de Morel gravée par ordre de son fils en 1603 : « Fœdusque Federici ademptum sibi (Musæ) dolent[1]. »

La naissance de Morel est obscure; les différents auteurs qui se sont occupés de sa biographie sont en désaccord sur son origine alors que leurs renseignements concordent pour le reste de sa vie. Lacroix du Maine[2], Chevillier[3] et La Caille[4] disent simplement que Morel était Champenois. Du Verdier[5] ne parle pas de sa naissance, mais le témoignage de P. Jean Grosley complique la question. On lit, en effet, dans ses *Mémoires sur les Troyens célèbres* le passage suivant[6] : « En quittant Troyes, Fédéric Morel y avait laissé Pierre Morel, son frère, cordelier et docteur en Sorbonne, qui, en 1552, avait eu le courage de prendre dans l'Église calviniste qui se formait alors sourdement à Troyes la place de ministre vacante par le supplice de Jean Dubec, des Essarts auprès de Sézanne, brûlé publiquement en 1549. Morel rentra depuis dans l'Église romaine. Il était, ainsi que Fédéric, fils d'un bourrelier de Troyes, suivant le témoignage de Nicolas Pithou dans son *Histoire séculaire et ecclésiastique de la restauration du pur service de Dieu, à Troyes,* conservée en manuscrit sous le n° 698, parmi les manuscrits

1. Voir p. 79.
2. *Bibliothèques françoises de Lacroix du Maine et Du Verdier,* éd. Rigoley de Juvigny, I, p. 195 et 196.
3. *Histoire de l'origine de l'imprimerie de Paris,* p. 150.
4. *Histoire de l'imprimerie et de la librairie,* p. 142.
5. *Bibliothèques françoises de Lacroix du Maine et Du Verdier,* éd. Rigoley de Juvigny, III, p. 570 *sqq.*
6. Tome II, p. 210 *sqq.*

des frères Dupuy, qui, de la bibliothèque de M. Joly de Fleury, ont passé à la bibliothèque du Roi. »

Le témoignage de P. Jean Grosley devrait avoir, semble-t-il, une grande valeur ; Grosley était Troyen d'origine et vivait à une époque où la descendance de Fédéric Morel n'était pas complètement éteinte[1]. Cependant le manuscrit 698 de la collection Dupuy, actuellement conservée à la Bibliothèque nationale, ne nous a rien appris qui pût autoriser la conclusion tirée par Grosley. Nicolas Pithou parle d'un moine ambitieux nommé Morel qui se fit protestant, puis redevint catholique ; mais il ne dit pas que ce Morel était le frère de Fédéric, ni même qu'il s'appelait Pierre. Grosley semblerait donc n'avoir pas lu avec grand soin le manuscrit auquel il a emprunté ses renseignements ou bien avoir établi une parenté de ces deux Morel en se fondant sur une concordance de dates approximatives. Or nous savons que Fédéric Morel suivit à Paris les leçons de Jacques Toussain[2], décédé le 16 mars 1547[3], tandis que, selon P. Jean Grosley, il n'aurait quitté Troyes qu'après 1552.

Enfin Grosley semble préciser encore son affirmation sur l'origine de Morel, lorsqu'il ajoute en note : « Le goût pour les lettres avait été apporté dans la famille par Thierri Morel, frère de ce bourrelier. On a de lui : *Enchiridion ad verborum copiam multo quam antea auctius emendatiusque.* ... Il était à la tête d'une pension où il donnait aux enfants les premiers principes du latin. »

On trouve à la bibliothèque Mazarine trois éditions diffé-

---

1. Grosley vécut de 1718 à 1785.

2. Voir p. 12.

3. Socard, *Biographie des personnages remarquables de Troyes*, au mot *Toussain.*

rentes de cet opuscule. C'est un dictionnaire synonymique
où l'auteur donne un grand nombre d'expressions pour
rendre le même mot latin. Parmi ces trois éditions il en est
une datée de 1575, dont l'épître dédicatoire à Robert
de Lenoncourt est écrite aussi sous cette date. Nous remar-
quons que Thierri Morel a mis en vente cette édition, non
chez Fédéric Morel, mais chez Marc Locqueneulx qui habitait au Mont Saint-Hilaire, à l'enseigne de la Concorde, et
cependant il eût été naturel que Thierri Morel fît imprimer
l'ouvrage chez son neveu.

Cette remarque affaiblit encore l'opinion de P. Jean
Grosley. Du reste il a écrit à la légère sa notice biographique : il attribue à Fédéric Morel le Jeune le titre de
Directeur de l'Imprimerie Royale; or l'imprimerie royale n'a
été fondée qu'une dizaine d'années après la mort de Fédéric
le Jeune, c'est-à-dire vers 1640. Enfin Grosley ne nous dit
pas où il a trouvé les éléments de son récit, alors que les
différents auteurs qui ont écrit des notices biographiques
sur Morel donnent des références aux sources qu'ils ont
consultées.

Par une inconséquence notoire Grosley renvoie les lecteurs à l'ouvrage de Maittaire dont les conclusions sont fort
différentes des siennes. Maittaire nous apprend que Fédéric
Morel était noble[1], et en donne comme preuve l'épitaphe
où il est appelé « nobilis genere Campanus ». Maittaire
aurait encore pu appuyer son affirmation en citant un
portrait de Fédéric le Jeune, gravé en 1617, où ce dernier
se qualifie de « Federici, nobilis genere Campani, filius ».

Ces pièces, dont on ne saurait contester la valeur, nous
permettent d'affirmer que Morel était de famille noble. Nous

____
1. *Hist. typ. par.*, I, p. 81.

ne devons pas nous étonner de voir un noble embrasser la
profession d'imprimeur, car on compte plusieurs gentils-

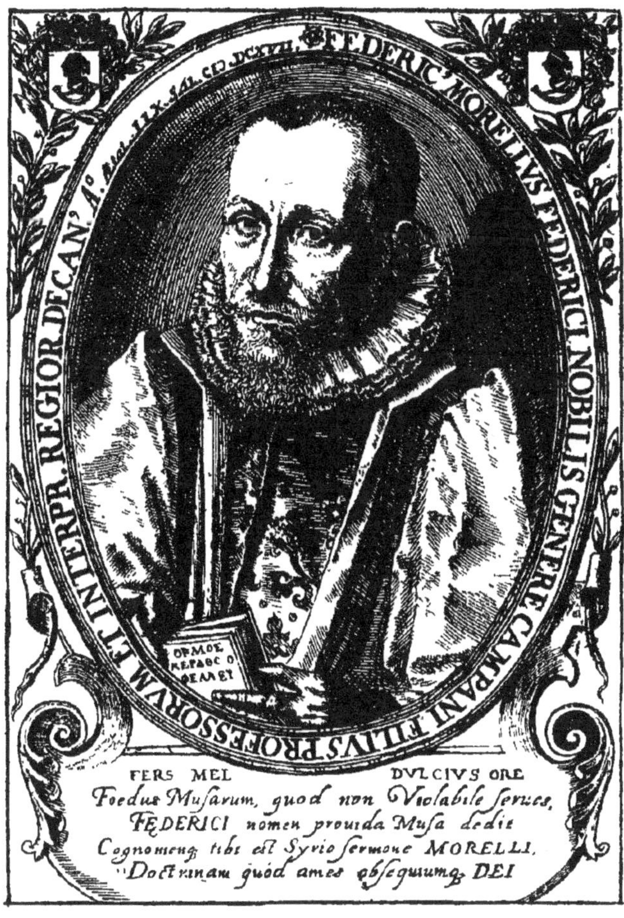

hommes parmi les typographes les plus célèbres; nous ne
citerons que Gutenberg et, après lui, les de Marnef, les
de Tournes et Michel de Vascosan.

A droite et à gauche du portrait de Fédéric le Jeune on aperçoit les armes de la famille, qui étaient *d'or à une tête de Maure posée de profil, de sable liée d'argent, et un cor de chasse aussi de sable, enguiché de gueules et suspendu au col de la tête par un lien de gueules*[1].

Il reste maintenant à préciser le lieu de la Champagne où Fédéric Morel a vu le jour. Nos recherches sur ce point ont été à peu près infructueuses, car le nom de Morel est trop répandu pour qu'on puisse établir une filiation certaine entre plusieurs personnages portant ce nom. Cependant le document suivant nous permettra de dire que, selon toute probabilité, Morel était originaire des environs de Châlons-sur-Marne.

Dans l'*Annuaire historique de la Marne*[2] est publié le testament de Claude Morel, prêtre et docteur en théologie de la Maison de Sorbonne, chanoine théologal de l'Église de Paris et doyen de la Faculté de théologie. Ce Claude Morel n'est autre que le fils de l'imprimeur Claude Morel et le petit-fils de Fédéric Morel l'Ancien ; il fut bibliothécaire de la Sorbonne. Nous trouvons dans son testament qu'il laisse « à l'Hostel-Dieu de Châlons mille livres pour les pauvres ; au monastère de Saint-Pierre-au-Mont, de Châlons, sa bible hébraïque de Plantin ; au collège des Pères Jésuites de Châlons son Aldroandus relié en treize volumes et son missel romain d'Anvers ; à la paroisse de la Trinité de Châlons où il a été baptisé et où sont enterrés ses père et mère, son calice d'or où sont gravées ses armes ; aux Récollets de Châlons son

---

1. *État des armoiries des personnes et communautés cy-après envoyées aux bureaux establis par maistre Adrien Vanier le 23 janvier 1697.* (Bibl. nat. Mss. Cabinet des Titres.)

2. Année 1876, p. 82 *sqq.*

ARMOIRIES DES MOREL.

Suarez ; autant aux Cordeliers de Châlons. — Fait en Sorbonne le 12 juillet 1665. » Par un codicille daté de la Sorbonne le 9 mars 1670, l'abbé Morel approuve le testament précédent et y ajoute, entre autres clauses, dix mille livres à l'hôpital de Châlons pour les pauvres. Par un autre testament du 15 août 1672 il ajoute encore une nouvelle somme de dix mille livres à l'hôpital de Châlons pour le même emploi. Enfin, par son dernier testament du 16 mai 1675, l'abbé Morel maintient seulement quelques dispositions précédentes, mais il ajoute cent livres aux Jacobins de Châlons et « aux pauvres de l'hôpital de Châlons plusieurs terres et une rente d'un septier de blé et un d'avoine sur une cense à Marolles appartenant à feu Robert Talon et Marie Robillard, sa femme, terres tenues en franc aleu, acquises de Fr. le Gorlier, écuyer, seigneur de Drouilly, trésorier de France et d'Éloi Morel le 10 novembre 1664 ».

Il résulte de la lecture de ces différentes dispositions que Claude Morel avait de nombreuses relations à Châlons, qu'il possédait aux environs de cette ville une terre achetée par lui à un autre Morel, que ses parents enfin étaient enterrés en l'église de la Trinité à Châlons. Il est donc probable que la famille Morel était originaire de cette ville ou des environs.

Nous ne possédons pas de renseignements précis sur les parents de Fédéric Morel; toutefois les bibliographes doivent se mettre en garde contre une erreur assez commune suivant laquelle Fédéric Morel serait un parent de Guillaume Morel, l'un des plus célèbres imprimeurs du seizième siècle.

Guillaume Morel, né au Tilleul, près de Mortain, n'eut aucun lien de parenté avec Fédéric Morel, bien qu'il fût son contemporain. Nous voyons toujours Guillaume Morel tra-

duire en latin son nom par *Morelius*, tandis que le nom de
Fédéric est traduit par *Morellus*, excepté dans son épitaphe
et dans une pièce de vers où il est appelé *Morellius*.

En 1540, François Ier venait de fonder le Collège royal
appelé maintenant Collège de France. Guillaume Budé avait
su placer à la tête de cette nouvelle fondation des professeurs de premier ordre comme Conrad Néobar, Danès et
Jacques Toussain. Leur renommée attirait une foule de
jeunes gens désireux de s'instruire.

Parmi ces jeunes gens se trouvait Fédéric Morel qui,
selon toute vraisemblance, arrivé à Paris entre 1540 et 1545,
semble avoir suivi de préférence les leçons de Jacques
Toussain[1]. Jacques Toussain, en latin *Tusanus*, que certains ont appelé à tort Tousan, naquit vers la fin du quinzième siècle[2]; il étudia sous Guillaume Budé et trouva, dans
les moments difficiles de son existence, l'appui et la protec-
tion que lui offrit spontanément vers 1518 Louis Ruzé,
Mécène de son temps. Depuis 1530, il partageait avec
l'illustre Danès la chaire de grec au Collège royal. Toussain,
qui était originaire de Troyes et par conséquent Champenois
comme le jeune Morel, lui témoigna une affection toute particulière. Il fut pour lui non seulement un maître dévoué,
mais encore un protecteur et un ami. Morel devint un
helléniste, grâce à ses leçons dont profitèrent aussi Adrien
Turnèbe, Henri II Estienne[3] et Conrad Bade[4], qui devaient
illustrer l'imprimerie.

1. Maittaire, *Hist. typ. par.*, I, p. 87.
2. Socard, *Biographie des personnages remarquables de Troyes*, à l'article
Toussain.
3. *Id., ibid.*
4. Née de la Rochelle, *l'Imprimerie savante*, I, p. 103. (Bibl. du Cercle de
la librairie.)

Fédéric Morel fit de rapides progrès dans l'étude des langues grecque et latine, et au lieu de suivre les cours des autres professeurs, il fut bientôt capable de donner des leçons et de former des élèves. Louis de l'Estoile, en latin *Lodoicus Stella*, président de la Cour des aides, lui confia l'instruction de son fils unique[1]. Fédéric Morel considéra ce choix comme un grand honneur. Cette position lui assura aussi une existence aisée et, plus tard, il se montra reconnaissant envers le père de son jeune pupille. Les de l'Estoile étaient une des familles de robe les plus considérables; un de ses membres, Pierre, est devenu célèbre par ses *Mémoires-Journaux*. Nous ignorons le prénom du fils de Louis de l'Estoile dont Morel fut le précepteur; cependant il ne faudrait pas croire que ce fils fût Pierre de l'Estoile lui-même, car celui-ci nous a laissé le nom de son précepteur qui s'appelait Mathieu[2].

La vocation typographique de Fédéric Morel se décida vers l'année 1549. A cette époque nous le voyons correcteur dans l'imprimerie de Charlotte Guillard[3], occupé à corriger des ouvrages d'érudition : « C'est dans cette maison très remuante, nous dit Née de la Rochelle, qu'il apprit aussi le mécanisme de l'imprimerie[4]. » Les grands imprimeurs du seizième siècle débutèrent presque toujours par la profession de correcteur; ils ne se contentaient pas, comme beaucoup de leurs successeurs au dix-neuvième siècle, d'être de simples administrateurs; ils voulaient pos-

---

1. André Chevillier, *Hist. de l'origine de l'imprimerie de Paris*, p. 150, et Ép. déd. du *Lexicon græco-latinum* de Toussain. (Bibl. Sainte-Geneviève, X. 69.)

2. *Mémoires-Journaux*, édition Michaud et Poujoulat, préface des éditeurs, p. 1, col. 1.

3. Maittaire, *Hist. typ. par.*, I, p. 84, note *a*.

4. *L'Imprimerie savante*, III, p. 251. (Bibl. du Cercle de la librairie.)

séder la pratique de leur métier et acquérir ainsi une réelle supériorité en joignant à l'érudition l'expérience professionnelle.

Fédéric Morel fit preuve d'une grande perspicacité en entrant au service de Charlotte Guillard, car l'officine du Soleil d'or que dirigeait cette femme illustre était à juste titre une des plus renommées de Paris et se rattachait par ses souvenirs aux premiers monuments de la typographie parisienne. Charlotte Guillard avait épousé vers 1491 le strasbourgeois Berthold Remboldt, qui fut l'associé d'Ulrich Géring, un des pères de l'imprimerie française. Les deux amis exercèrent pendant plusieurs années au Soleil d'or, qui se trouvait alors rue de la Sorbonne. L'association fut rompue en 1507; à cette date, Berthold Remboldt alla s'installer rue Saint-Jacques, à la maison du Coq et de la Pie. Il garda cette enseigne jusqu'à la mort de Géring (1511), et reprit alors la marque du Soleil d'or. Berthold Remboldt devait être beaucoup plus âgé que sa femme; il mourut en 1518[1]. Charlotte Guillard, craignant sans doute que la charge ne fût trop lourde pour elle seule, épousa en secondes noces le libraire Claude Chevallon; mais celui-ci étant mort vers 1542, elle prit le parti de diriger son imprimerie sans le secours d'aucune autre personne.

C'est aux environs de l'année 1550 que l'on doit placer le mariage de Fédéric Morel[2] avec Jeanne de Vascosan, fille du célèbre Michel de Vascosan qui habitait en la rue Saint-Jacques, à l'enseigne de la Fontaine et jouissait d'une renommée considérable. C'était un parti magnifique. En

---

1. Ph. Renouard, *Imprimeurs parisiens*, 1898, p. 317.

2. Voir aux pièces justificatives, p. 159, un acte du 23 novembre 1552, où Fédéric Morel est qualifié de beau-frère.

contractant cette alliance, Morel entrait dans une famille
dont plusieurs membres honorèrent la typographie. En effet,
Jeanne de Vascosan avait eu pour grand-père maternel Josse
Bade [1]; Robert Ier Estienne [2] était son oncle, et Robert II [3] son
cousin germain. Bientôt Morel répondit aux espérances que
l'on fondait sur lui et donna la mesure de son intelligence et
de son érudition.

Charlotte Guillard avait édité en 1546 la *Catena SS. Patrum in Genesim,* œuvre du savant Louis Lippomani [4].

Louis Lippomani, nous dit Chevillier, fut si content de
l'impression de son Commentaire, qu'étant au concile de
Trente il vint lui-même à Paris trouver Charlotte Guillard et
lui demanda instamment d'interrompre la publication d'un
ouvrage très important afin d'éditer son second volume
intitulé *Catena in Exodum* [5]. Charlotte Guillard refusa
d'abord ; mais se laissant convaincre par les raisons de
l'évêque, et aussi ayant égard à sa haute situation, elle finit
par accepter et confia la correction du livre de Lippomani
à Morel qui travailla sur ce commentaire pendant une
année [6].

Quant à l'« ouvrage important » dont Lippomani avait
interrompu l'impression chez la veuve Chevallon, ce n'est
autre que le célèbre lexique grec-latin de Toussain, dont la

1. Vascosan épousa en premières noces Catherine, fille de Josse Bade. Voir
Ph. Renouard, *Imprimeurs parisiens,* 1898, p. 359.

2. Robert Ier Estienne épousa en 1526 Perrette, autre fille de Josse Bade.
Voir Ph. Renouard, *id.,* p. 125.

3. Robert II était fils de Robert Ier Estienne.

4. Né à Venise vers 1500, fut successivement évêque de Modon (Méthone,
en Grèce) et de Bergame. Il mourut à Rome le 15 août 1559. (Michaud, *Biographie universelle,* XXIV, p. 588.)

5. *Hist. de l'origine de l'imprimerie de Paris,* p. 149.

6. *Lexicon græco-latinum* de Toussain, épître de Charlotte Guillard au
lecteur.

publication devait mettre Morel en renom auprès des érudits de l'époque.

Fédéric Morel perdit son maître Jacques Toussain le 16 mars 1547[1]. Toussain était un philologue remarquable ; il avait entrepris la rédaction d'un dictionnaire grec-latin, fruit de plusieurs années de labeur que la mort vint interrompre inopinément. Morel voulut honorer la mémoire de son ancien maître, et comme Charlotte Guillard cherchait vainement un érudit qui voulût bien entreprendre la correction du *Lexicon*, il s'offrit spontanément à remplir cet office et travailla sans relâche à la correction de l'ouvrage, afin de présenter au public une œuvre parfaite[2]. « Il y eut, nous dit André Chevillier, une fatalité sur ce livre, s'il est permis de se servir de ce mot[3]. » En effet, après la mort de l'auteur survint la mort de l'imprimeur Jacques Bogard ; celui-ci était le neveu de Charlotte Guillard et il périt de maladie le même jour avec sa femme et son fils (1548[4]). Le livre était donc condamné à disparaître si Charlotte Guillard n'avait pris le soin d'en poursuivre l'exécution, mais elle manquait de ressources. Heureusement Guillaume Merlin, libraire qui habitait à l'enseigne de l'Homme Sauvage et avait autrefois édité des ouvrages en association avec Guillaume Morel, consentit à aider de ses propres deniers Charlotte Guillard ; et tous deux, avec le concours de Fédéric Morel, continuèrent l'ouvrage qui comprenait déjà quatre volumes, ou plutôt le recommencèrent entièrement, car il était criblé de fautes et composé avec des

---

1. Michaud, *Biographie universelle*, à l'article *Toussain*.

2. *Lexicon græco-latinum* de Toussain, épître de Charlotte Guillard au lecteur.

3. *Hist. de l'origine de l'imprimerie de Paris*, p. 150.

4. *Lexicon græco latinum* de Toussain, épître de Charlotte Guillard au lecteur.

caractères si maigres et si usés que « l'œil même du Lynx n'aurait pu les déchiffrer[1] ». Enfin le livre parut dans les derniers jours de septembre 1552 ; l'épître au lecteur est datée du 4 des calendes d'octobre (28 septembre).

Si la beauté de l'impression est à la gloire des éditeurs Charlotte Guillard et Guillaume Merlin, il faut attribuer à Morel l'honneur de la correction, qui fut faite avec une grande exactitude et mérita l'approbation de tous les savants.

L'épître au lecteur, composée par Charlotte Guillard en latin excellent, est immédiatement suivie d'une préface également écrite en latin par Fédéric Morel, qui dédie l'ouvrage à Louis de l'Estoile, conseiller du roi et président de la Cour des aides. Au début de sa préface, Morel témoigne de la déférence à son ancien maître lorsque, s'adressant à Louis de l'Estoile, il lui dit en parlant de Jacques Toussain : « Si ingrati adversus parentes habentur, Lodoice Stella doctissime, qui ab iis relicta patrimonia effundunt ac dissipant, quanta eorum impietas erit qui in beneficii illius, quo animus excolitur, memoria parum 'grati ac pii fuerint? Contra, laudabilis est eorum naturæ bonitas qui a præceptoribus accepta beneficia amplectuntur atque eorum scripta exosculantur. » Plus loin, Morel nous apprend qu'il a revu complètement l'ouvrage de Toussain en corrigeant certains passages et en ajoutant à l'œuvre de son maître « ce que la mort l'avait empêché d'expliquer plus clairement ». Enfin il termine sa préface en informant Louis de l'Estoile que deux raisons l'ont déterminé à lui dédier l'ouvrage de Toussain : il ne pouvait confier un pareil trésor à personne qui en fût plus digne, et, d'autre part, il conservait toujours présente à la pensée la haute estime dont Louis de l'Estoile l'avait

---

1. *Lexicon græco-latinum* de Toussain, épître de Charlotte Guillard au lecteur.

honoré en lui confiant l'éducation de son fils unique, avec une large rétribution, « ce qui est la marque de la bienveillance », ajoute-t-il naïvement.

Avant d'arriver au corps de l'ouvrage, on lit plusieurs pièces de vers adressées par les érudits du temps à la mémoire de l'auteur. Fédéric Morel n'y est pas oublié, et nous voyons qu'il est placé à côté de son maître dans les louanges décernées à Toussain. C'est ainsi qu'un certain Hélie André de Bordeaux, dans une pièce de distiques latins intitulée « De Jacobo Tusano elegia », consacre au corr30-teur les vers suivants :

> Ergo quod inceptum constans librarius urget,
>> Extremam cupiens imposuisse manum,
> Quærentique bonus mox se Morellius offert
>> A sene monstratam qui sciret ire viam.
> Dum procedit opus, rursus, miserabile dictu !
>> Chalcographus paucis mensibus ille perit.
> . . . .
> . . . .
> Hic jam non menses, res intermittitur annos
>> Dum, Federice, tua tu vice suscipias.
> Tu consummasti fausto monumenta labore
>> Perfectique operis laus tua major erit.

Enfin, un nommé François Béraud, dans une pièce de distiques grecs écrite en l'honneur de Jacques Toussain adresse ces vers à Morel :

> Τοῦδε μεταλλάξαντος, ἅτ᾽ αὖθις ἀνάστατος οὖσα
> Ἡ τλήμων δολιχῆς ἤρχετ᾽ ὁδοιπορίας
> Εἰ μή τοῖς αὐτοῖς Φεδερίκος ἀνείλκε Μορέλλος
> Εἴδασι τοῖς αὐτὴν Τοῦσανος εἰσίασε [1].

1. « Toussain ayant disparu, notre langue, victime du mauvais sort, eût recommencé, sitôt après sa nouvelle restauration, une longue suite de més-

Ces éloges nous montrent suffisamment quelle estime Morel avait su inspirer aux amis de Jacques Toussain. La publication du *Lexicon græco-latinum* fut pour notre imprimeur le commencement de sa véritable carrière; c'est à partir de ce moment qu'il se fit connaître du public et entra en relations avec le monde savant, relations qui plus tard devaient donner à sa maison le premier rang dans Paris.

Cependant, il ne faudrait pas se représenter Morel exerçant la profession de correcteur chez Charlotte Guillard comme le ferait un correcteur de nos jours, c'est-à-dire occupé du matin au soir, sans trêve ni repos. Au contraire, il faut supposer que ses occupations lui laissaient beaucoup de loisir, car il n'aurait jamais pu donner en même temps des leçons au jeune fils de Louis de l'Estoile, s'il avait été aussi surchargé de besogne que l'est un correcteur d'aujourd'hui. Peut-être aussi n'était-il correcteur que par occasion, comme le sont de nos jours certains correcteurs de langues orientales, qui trouvent rarement l'occasion d'appliquer leur savoir. On sait qu'au seizième siècle plusieurs érudits de grande valeur exercèrent ce métier dans ces conditions, témoin Jacques Toussain lui-même qui, au dire de Née de la Rochelle, « faisait fonction de correcteur dans l'imprimerie de Josse Bade[1] ».

Le *Lexicon græco-latinum* de Toussain est le seul ouvrage édité chez Charlotte Guillard, où nous trouvons des préfaces et des pièces imprimées nous permettant d'établir que Fédéric Morel eut une part importante à l'édition. Cependant, il est utile de donner une liste des principaux livres qui virent le jour chez la veuve Chevallon pendant que

aventures, si Fédéric Morel ne l'eût mise en lumière par les mêmes moyens que Toussain employa pour lui rendre un commencement d'éclat. »

1. *L'Imprimerie savante*, I, p. 103. (Bibl. du Cercle de la librairie.)

Morel exerçait chez elle la profession de correcteur. Ce sont :

1° Biblia latina cum scholiis Joannis Benedicti (1549);

2° Idem (1552);

3° Beati Nectarii archiepiscopi Constantinopolitani oratio, una de jejunio et eleemosyna, et beati Joannis Chrysostomi orationes sex, hæ nunc primum typis excussæ diligentia Joachimi Perionii, græce, 1554. In-8;

4° S⁰ⁱ Joannis Chrysostomi enarratio in Psalmum centesimum, et homilia habita, quo tempore extra ecclesiam deprehensus est Eutropius, deque Paradiso et scripturis; et in illud : Adstitit regina a dextris suis. 1555; græce. In-8.

Telle est la liste donnée par Maittaire [1] des principales éditions publiées par la veuve Chevallon entre 1549 et 1557. Ce sont des ouvrages théologiques dans le genre de ceux de l'évêque Louis Lippomani.

Les livres qui sortirent de la célèbre officine du Soleil d'or furent très renommés pour la beauté du papier et de l'impression, et surtout pour leur correction irréprochable. Un bibliophile composa en l'honneur de Charlotte Guillard les vers suivants [2] :

> Imprimuntur mirifice
> Et optima cum papyro;
> Corriguntur fidelissime
> In Solis Aurei signo.

Les compliments que l'auteur anonyme de ces vers adresse à la veuve Chevallon doivent aussi être appliqués à Fédéric Morel qui, pendant une huitaine d'années, soutint la réputation du Soleil d'or.

1. *Annales bibliographiques,* aux années indiquées.
2. A. Chevillier, *Histoire de l'origine de l'imprimerie de Paris,* p. 149.

CHAPITRE II

En 1557, Fédéric Morel avait atteint l'âge de trente-
quatre ans. Pendant ses années passées à l'imprimerie de la
veuve Chevallon il s'était créé des relations parmi les célé-
brités de l'époque et se trouvait en état de s'établir à son
propre compte. Il y pensait, lorsque Charlotte Guillard vint
à mourir à une date que nous pouvons circonscrire entre
le 18 avril et le 24 juin 1557[1].

Cet événement força Fédéric Morel à chercher fortune
ailleurs. Il serait tout naturel de croire qu'il jeta d'abord
les yeux sur l'officine de la veuve Chevallon. Nul autre
n'était plus digne que lui de prendre cette succession honorable; mais les événements tournèrent d'une autre façon, et
Guillaume Desboys[2] devint acquéreur de la maison du Soleil
d'or, ainsi que nous le montre un bail passé par le même
Guillaume Desboys, à la date du 20 juillet 1557, et conservé
aux Archives nationales[3]. Le prix de la location était de
cent soixante livres tournois.

Quant à Morel, il aima mieux créer une nouvelle imprimerie que d'acheter un fonds. Au reste, Michel de Vascosan

---

1. La première date nous est fournie par le quantième de Pâques. (On sait
qu'à cette époque Pâques marquait le commencement de l'année.) La seconde
résulte d'un acte du 24 juin 1557 dans lequel Charlotte Guillard est qualifiée
de défunte. (Gréard. *Nos adieux à la vieille Sorbonne;* pièces justificatives, I.)

2. Ph. Renouard, *Imprimeurs parisiens,* 1898, p. 95, 96, et note de la p. 96.

3. MM. 286, f° 219.

fut généreux envers son gendre et lui donna la jouissance d'une maison sise rue Saint-Jean-de-Beauvais [1], dont il possédait la moitié par indivis et à laquelle pendait l'enseigne des « Sizeaulx d'or ».

Nous disons que Michel de Vascosan a concédé à son gendre et à sa fille la jouissance de la maison des « Sizeaulx d'or », et non pas la propriété pleine et entière; car un acte daté du 26 juillet 1569 nous présente Vascosan se considérant comme le propriétaire de la moitié indivise de cet immeuble [2]. L'autre moitié appartenait à un marchand apothicaire et épicier, nommé Denis Desauves, époux de Marie Bade, fille du célèbre imprimeur Josse Bade [3] dont Michel de Vascosan avait épousé une autre fille appelée Catherine [4]. Il appert de l'acte cité plus haut, à la date du 26 juillet 1569, que l'immeuble des « Sizeaulx d'or » appartenait une quarantaine d'années auparavant à Josse Bade, et que celui-ci le donna en dot à deux de ses filles, Catherine et Marie.

Il est donc certain que Michel de Vascosan obtint le consentement de son beau-frère Denis Desauves dans la cession qu'il fit des « Sizeaulx d'or » à Fédéric Morel. En effet, celui-ci n'aurait pu avoir jouissance de l'immeuble si Denis Desauves s'y était opposé.

La maison se trouvait dans le quartier du clos Bruneau habité presque uniquement par des imprimeurs ou des libraires. Elle tenait, d'une part, à la maison du Cadran; de l'autre, à une propriété appartenant « à la nation d'Alle-

1. Voir pièces justificatives, p. 157.
2. *Id.*, p. 155.
3. Josse Bade vécut de 1462 à 1535.
4. Ph. Renouard, *Imprimeurs parisiens*, 1898, p. 359.

maigne » et nommée « les Escolles d'Allemaigne[1] ». Cette
même maison des « Sizeaulx d'or » avait été appelée jadis
les « Petites Ecolles de decret[2] ». Elle payait annuellement
dix sous parisis de rente à la Sorbonne, au jour de la Saint-
Jean-Baptiste, ainsi que nous le prouve l'*Inventaire des biens
de la Maison de Sorbonne dressé par ordre du Roy, le 10 décembre 1557*[3].

Ce fut dans ce local offert par son beau-père que Frédéric
Morel établit son imprimerie; mais il changea l'enseigne
des « Sizeaulx d'or » et la remplaça par celle du « Franc-
Meurier ». Frédéric Morel suivait ainsi les habitudes des
imprimeurs de son temps, qui choisissaient de préférence
une enseigne et une marque rappelant leur nom par un
calembour ou un jeu de mots, car le mûrier se dit en latin
morus et fait allusion au nom de Morel. Il adopta aussi cet
emblème en guise de marque d'imprimeur.

A quel chiffre s'élevaient les frais d'installation d'une
imprimerie au seizième siècle ? Cette question a sollicité
souvent les recherches des bibliographes. A coup sûr les
dépenses devaient être beaucoup moins considérables qu'aujourd'hui, parce que l'outillage de l'imprimerie était plus
simple, et partant moins coûteux. Une brochure très inté-
ressante, publiée en 1877 par M. le Dr Giraudet, de Tours[4],
nous apprend qu'à la fin du seizième siècle une presse coûtait, avec ses ustensiles divers, environ cent vingt-sept écus

1. Voir le plan de la page 69.

2. C'est-à-dire les *Petites Écoles de droit*. Ce fut le siège primitif de la
Faculté de droit.

3. Voir pièces justificatives, p. 154.

4. *Une association de libraires et d'imprimeurs de Paris réfugiée à Tours au
seizième siècle*, ouvrage cité par M. Bouchot. (*Le Livre*, p. 250.)

représentant à peu près six cent quatre-vingts francs de notre monnaie. Quant aux caractères, les différentes estimations données jusqu'à présent sont trop divergentes pour qu'on puisse établir un prix approximatif. De nos jours, une presse à bras de format raisin coûte environ mille francs; mais il est facile de justifier cette augmentation de prix : actuellement on emploie le fer pour la construction des presses, tandis qu'au seizième siècle on se servait du bois.

Quel est le premier livre que Fédéric Morel fit sortir de son imprimerie ? Née de la Rochelle nous paraît avoir résolu le problème, bien qu'il parle avec restriction : « On ne sait pas précisément, dit-il, quel est le premier livre que Fédéric Morel fit sortir de son imprimerie; mais en voici un qui porte une date certaine : *Julii Cæsaris Scaligeri exotericarum exercitationum liber quintus decimus de subtilitate ad Hieron. Cardanum*[1]. Cet ouvrage porte au titre : « Apud Federicum Morellum in uico Bellouaco, ad insigne « Mori. » Cependant il faut remarquer que le volume est édité par Vascosan et non par Fédéric Morel, qui est seulement l'imprimeur. En effet nous trouvons en guise d'*explicit* à la fin du traité de Scaliger les mots suivants : « Lutetiæ Pari- « siorum imprimebat Michael Vascosanus An. D. M. D. LVII. « mense Iulio. »

Née de la Rochelle qualifie cette souscription de singulière, et ajoute : « Il doit paroître étonnant que Vascosan, établi à Paris depuis 1532, imprima en 1557 chez son gendre, qui venoit de s'établir. Il y a donc ici une petite faute de convenance qui donne à penser que c'est la première édition faite au nom de Fédéric Morel, mais par Vascosan.

---

1. *L'Imprimerie savante*, III, p. 251. (Bibl. du Cercle de la librairie.)

son beau-père, au nom duquel le privilège de cet ouvrage a
été accordé [1]. »

Nous ne croyons pas que Michel de Vascosan ait commis
une faute de convenance en imprimant cet *explicit*. Maittaire
donne une explication plus vraisemblable lorsqu'il dit :
« et quo suæ in illa arte diligentiæ periculum tutius faceret,
(Morellus) una cum socero tragœdias latine a Lalamantio
versas, opus Caroli Bovilli [2] geometricum et Julii Scaligeri
de subtilitate tractatum, quibus Vascosanus suo nomine
regium privilegium impetraverat, edidit [3]. » Nous pensons
qu'il faut considérer cette souscription de Vascosan comme
une marque de l'appui bienveillant de celui-ci envers son
gendre, dont il voulait faciliter les débuts en lui four-
nissant du travail pour ses presses, alors que les clients ne
se présentaient pas encore en grand nombre à l'officine du
Franc-Mûrier. Vascosan voulait réserver ses droits sur la
vente de ce livre, dont en réalité il était le seul éditeur, ainsi
que nous le montre l'extrait du privilège reproduit à la fin
du volume et daté du 11 février 1553. Il est évident qu'un
privilège délivré à cette date concerne Vascosan et non pas
Fédéric Morel, alors correcteur chez Charlotte Guillard.

On trouve encore une preuve de cette assertion dans les
deux autres ouvrages dont parle Maittaire, édités par Morel
en 1558. Il en existe des exemplaires au nom de Vascosan
et au nom de Fédéric Morel. Cette diversité de souscriptions
est une nouvelle expression de la bienveillance de Vascosan,
qui remit à son gendre une partie du tirage entier de chaque
volume et lui en donna le profit. L'extrait du privilège

1. *L'Imprimerie savante*, III, p. 251. (Bibl. du Cercle de la librairie.)
2. En français, Charles de Bouelles.
3. *Hist. typ. par.*, I, p. 89.

imprimé à la fin de l'ouvrage est daté du 7 des ides de février 1553 (7 février 1554 n. st.), et ne concerne que Vascosan.

Cette influence, qu'on pourrait appeler patronage, exercée par Michel de Vascosan sur Morel, nous induit à faire une remarque générale qui caractérisera brièvement toute la vie de notre imprimeur. On peut considérer Morel comme l'élève et, plus tard, comme le successeur de Michel de Vascosan. Tous deux employèrent les mêmes caractères, adoptèrent les mêmes dispositions typographiques, se servirent de papier semblable ; tous deux éditèrent des ouvrages dans le même ordre d'idées ; tous deux enfin furent imprimeurs du Roi, si bien qu'une étude sur la typographie de Fédéric Morel pourrait servir de base à une étude sur la typographie de Vascosan, et réciproquement. Si nous ne savions pas que Morel accomplit son apprentissage dans l'imprimerie de Charlotte Guillard, nous serions persuadé qu'il le fit chez son beau-père. Les bibliographes qui se sont occupés de l'histoire de l'imprimerie n'ont pas vu cette ressemblance entre les deux imprimeurs ; elle apparaît clairement après l'examen de leurs travaux.

Les ouvrages cités plus haut nous montrent que Fédéric Morel n'avait pas attendu pour imprimer de recevoir un privilège du Roi. Il n'obtint le diplôme royal lui conférant le titre d'imprimeur en l'université de Paris que le 17 janvier 1557 (1558 n. st.), suivant le témoignage de Née de la Rochelle[1]. Ce privilège n'a pas été consigné dans les registres du Parlement.

Ce fut en 1558 seulement que Morel sépara nettement sa maison de celle de Vascosan et n'imprima que des ouvrages

---

1. *L'Imprimerie savante*, III, p. 251. (Bibl. du Cercle de la librairie.)

dont il fut l'éditeur. Parmi les auteurs qui, à cette époque, se présentèrent à l'officine du Franc-Mûrier, il faut citer deux des personnages les plus illustres du seizième siècle, le chancelier Michel de l'Hôpital et le poète Joachim du Bellay.

Les œuvres du chancelier de l'Hôpital, imprimées en 1558 chez Fédéric Morel, sont de petits opuscules fort intéressants pour nous : ils ont trait à l'histoire intérieure et extérieure de la France pendant cette période. Il faut citer avant tout le Chant sur la prise de Calais et de Guines, le Chant sur la prise de Thionville, une poésie sur le mariage du dauphin François avec Marie Stuart, une épître à Marguerite de Savoie sœur d'Henri II, une lettre anonyme au duc de Guise et une autre au cardinal de Lorraine. Tous ces opuscules sont écrits en latin.

Quant à Joachim du Bellay, il quitta Guillaume Cavellat, Arnoul l'Angelier et Gilles Corrozet, qui jusqu'alors avaient été ses éditeurs[1], et fit imprimer au Franc-Mûrier, pendant cette année 1558, le Premier Livre des Antiquités de Rome; un recueil de Poésies latines comprenant quatre livres; les Jeux rustiques; les Regrets; l'Épithalame sur le Mariage du duc de Savoie avec Marguerite, sœur du Roi; le Discours sur la trêve de 1555; l'Hymne sur la prise de Calais et des Élégies.

Joachim du Bellay quitta ses anciens éditeurs parce qu'il était mécontent de leur travail. Il témoigna une grande estime à Fédéric Morel, et en même temps une confiance illimitée dans la diligence et les soins qu'il attendait de son nouvel éditeur. Nous lisons dans les *Divers Jeux rustiques*, à l'épître au lecteur, les lignes suivantes écrites par le poète : « ... car combien que ce qui est le meilleur de mon ouvrage

1. Brunet, *Manuel du libraire*, à l'article *Bellay (Joachim du)*.

ne mérite l'impression, si est ce que j'ayme beaucoup mieulx que tu le lises imprimé correctement que dépraué par une infinité d'exemplaires, ou, qui pis est, corrompu misérablement par un tas d'imprimeurs non moins ignorants que téméraires et impudents. » Ces lignes sont tout à l'honneur de Morel.

Les exemplaires des éditions exécutées à l'officine du Franc-Mûrier en 1557 et 1558 sont bien imprimés. Les caractères sont neufs : leurs arêtes sont vives et les barres des lettres apparaissent nettement. Quelques années plus tard, les impressions de Morel seront moins belles.

En la même année 1558 il faut placer la naissance du fils de Morel, qui s'appela Fédéric comme son père. Le baptême eut lieu à l'église Saint-Benoît le *Bien-Torné*[1]. A la date de 1558, le curé de cette paroisse se nommait Louis Morin; il occupa ce poste de 1548 à 1586[2], c'est-à-dire tout le temps que Morel vécut dans le quartier Saint-Benoît.

Les auteurs qui ont parlé de Fédéric l'Ancien s'accordent à placer la naissance de son fils en 1552; mais il faut convenir qu'il est né en 1558, car autour du portrait de Fédéric le Jeune, gravé en 1617[3], nous voyons cette légende : « Federicus, Federici nobilis genere Campani filius, Anno ætatis LIX, salutis M D C XVII. » Seul le biographe qui rédigea l'article

---

1. Cette église, suivant l'abbé Lebœuf, avait été dédiée à la *benoîte* Trinité, au *benoît* Dieu; mais déjà, au douzième siècle, quelques actes en font mention sous le nom d'*ecclesia sancti Benedicti*. Les religieux Trinitaires l'ont possédée à la fin du douzième et au commencement du treizième siècle. L'autel était alors mal orienté, ce qui avait valu à cette église le nom de *Saint-Benoît le Bestorné*, c'est-à-dire le mal tourné. On refit l'orientation de l'autel, et dès 1384 l'église fut appelée *Saint-Benoît le Bientorné*. (Voir l'*Histoire de la ville et de tout le diocèse de Paris*, par l'abbé Lebeuf; édition Hipp. Cocheris, 1861 et années suivantes, II, p. 45.)

2. Bruté, *Chronologie historique des curés de Saint-Benoît*, p. 30 sqq.

3. Voir plus haut p. 9.

Fédéric Morel dans la *Biographie Michaud* n'est pas tombé dans cette erreur, parce qu'il a eu connaissance du portrait que nous venons de citer.

Morel voyait sa maison prospérer de jour en jour; le nombre des impressions à la marque du Franc-Mûrier, que nous possédons encore dans nos bibliothèques, est peu élevé pour l'année 1558; mais en 1559 il devient tout à coup considérable.

Cette année, plusieurs personnages influents vinrent se présenter à l'officine du Franc-Mûrier. Il faut nommer l'érudit Louis Leroy [1], professeur de langue grecque au collège royal et ami de notre imprimeur. Louis Leroy, en latin *Ludovicus Regius*, était déjà connu à cette époque par sa Vie de Guillaume Budé, qui parut chez Jean de Roigny en 1540, et par son épître *De Francisco Connano ac commentariis juris civilis ab eo scriptis*, imprimée par Adrien Turnèbe en 1553. En 1559, il édita chez Fédéric Morel deux ouvrages intéressants pour l'histoire du temps. Ce sont l'*Oratio ad Henricum Francorum et Philippum Hispanorum regem de Pace nuper inter eos inita et bello religionis christianæ hostibus inferendo*, et les *Ludovici Regij selectæ epistolæ*.

Joachim du Bellay, heureux de ses relations avec son imprimeur, continua de lui confier l'exécution de ses travaux. Les *Regretz et autres œuvres poétiques* avaient obtenu un grand succès, et l'édition était épuisée : Joachim du Bellay en publia une seconde en 1559; il fit paraître aussi une seconde édition de l'*Épithalame sur le mariage du duc de Savoye Philibert-Emmanuel et de Marguerite de France*,

---

1. Louis Leroy né à Coutances en 1510, mourut à Paris en 1577. Il a laissé des traductions de divers ouvrages de Platon.

sœur du Roy, du *Premier Livre des Antiquitez de Rome*, du *Discours sur la trefve de* 1555 et de l'*Hymne au Roy sur la prinse de Calais*. Enfin, Joachim du Bellay donna une édition de la *Defense et Illustration de la langue françoise*, qui avait paru pour la première fois, en 1549, chez Arnoul l'Angelier[1].

Au mois de juin 1559, le roi Henri II voulant célébrer dignement lo mariage de sa fille Élisabeth avec Philippe II et le mariage de sa sœur Marguerite avec le duc de Savoie, négociés au traité du Cateau-Cambrésis, fit préparer des fêtes magnifiques et décida qu'un brillant tournoi aurait lieu dans la rue Saint-Antoine, le 29 juin. A ce sujet, Joachim du Bellay écrivit un recueil de poésies intitulé *Entreprise du Roy-Daulphin pour le tournoy, soubz le nom des chevaliers advan-teureux, à la Royne et aux dames*, et il en confia l'exécution à son imprimeur Fédéric Morel. On sait quels furent les résultats du tournoi. Henri II ayant voulu rompre une lance avec Montgommeri, capitaine des gardes écossaises, fut blessé par lui et mourut le 10 juillet suivant.

L'édition de l'*Entreprise du Roy Daulphin* était sous presse au moment de la mort du roi. Fédéric Morel n'abandonna pas la publication du texte, qu'il imprima intégralement, et lorsque l'opuscule parut après la mort d'Henri II, le lecteur put voir à la fin quelques lignes de l'imprimeur écrites avec bon goût et ainsi conçues :

L'imprimeur au Lecteur

Amy lecteur, à fin que tu ne penses, que l'Authcur de ces petits poëmes ait eu si peu de consideration, que de les auoir publiez en une saison si peu conuenable que cestc-cy, meslant parmy une

1. Brunet, *Manuel du libraire*, à l'article *Bellay* (*Joachim du*).

publique tristesse des choses d'allegresse et de plaisir, ie t'ay bien
uoulu aduertir, que la plus grand' part en estoit imprimee deuant le
malheur et desastre, qui te les eust faict, peult estre, reiecter, comme
estans du tout hors de saison, si ie ne t'eusse faict ce petit aduertis-
sement. Tu prendras donques le tout en bonne part, et sans accuser
l'autheur d'indiscretion, t'accommoderas en lisant ces escripts, non
au temps qu'ilz ont esté publiez, mais qu'ilz ont esté faicts : les met-
tant, si bon te semble, au ranc de tant de preparatifs de triomphe et
resiouissance, qui pour ceste mesme occasion sont demourez inu-
tiles. ADIEV.

Joachim du Bellay pleura la mort du Roi, qui avait été
son protecteur, et, peu de temps après, fit paraître chez
Fédéric Morel le *Tumulus Henrici secundi Gallorum Regis
christianissimi*[1], avec une traduction en vers français dis-
posée en regard des distiques latins. A la même époque, un
médecin nommé Ferrier fit imprimer aussi chez Morel un
recueil de trois pièces funèbres intitulé *Henrici II Gallorum
regis christianissimi epitaphia, Julii Cæsaris Scaligeri funus,
Mellini Sangelasii epicedium*. En effet, Jules-César Scaliger
et le poète Mellin de Saint-Gelais moururent vers le même
temps que le Roi[2]. Pour terminer la série des pièces publiées
sur la mort d'Henri II et imprimées chez Fédéric Morel, il
faut citer un opuscule de Léger Duchesne[3] intitulé *Leodegarii a Quercu votum pro rege Henrico pridie quam more-
retur*, et la *Consolatio Ludovici Regij ad illustrissimam
reginam Catharinam Mediceam in morte Henrici eius mariti*,

1. L'impression de cet ouvrage dut être achevée au mois de septembre, car
on possède à la date du 3 octobre 1559 une lettre de Joachim du Bellay à M. de
Morel, dans laquelle il lui annonce l'envoi du *Tumulus* et le prie de remettre
l'opuscule à Marguerite de Savoie. (Bibl. nat. Mss.)

2. Mellin de Saint-Gelais mourut en 1558 à Paris, et Scaliger, à Agen, le
21 octobre 1558.

3. Léger Duchesne fut professeur d'éloquence au Collège royal de 1568 à
1586. Il a laissé plusieurs pièces de circonstance écrites en latin.

pour laquelle l'imprimeur obtint un privilège de six ans, le 1er juillet 1560.

Les œuvres de Joachim du Bellay citées plus haut sont les seules éditées chez Fédéric Morel du vivant de l'auteur. En effet, Joachim du Bellay mourut d'une attaque d'apoplexie, le 1er janvier 1559 (1560 n. st.), au moment où son oncle le cardinal Jean du Bellay le désignait pour successeur[1]. Fédéric Morel perdait en lui un ami et en même temps le soutien de sa maison, car les trois années qu'il avait passées en relations avec l'auteur des *Regretz* lui avaient permis d'acquérir un grand renom parmi les nombreux imprimeurs qui s'étaient établis à Paris, depuis le commencement du siècle, et se disputaient les ouvrages des auteurs célèbres de l'époque.

Peu de temps après la mort de Joachim du Bellay, Morel prit soin de se faire octroyer pour six ans le privilège d'éditer les œuvres du défunt. Ce privilège fut accordé le 28 février 1559 (1560 n. st.); il est rédigé en latin[2]. Bientôt il en reçut un second dans les circonstances que nous allons raconter.

Joachim du Bellay avait obtenu du roi Henri II des lettres patentes datées du 3 mars 1557 (1558 n. st.[3]), interdisant l'impression et la vente de ses œuvres à tout imprimeur autre que celui qu'il aurait choisi. Du Bellay, ainsi que nous l'avons vu, fit choix de Morel qui imprima « plusieurs de sesdictes œuvres à son grand contentement et de tous

---

1. *Dictionnaire de la conversation* édité par Didot, à l'article *Dubellay* (*Joachim*).

2. Voir le *Tumulus Henrici secundi... huit accessit Antonii Minarii tumulus* 1561.

3. Voir le Privilège du 18 mars 1559 (1560 n. st.), reproduit aux pièces justificatives, p. 147.

ENTREPRISE DV ROY-DAVLPHIN POVR LE TOVRNOY, SOVBZ LE NOM DES CHEVALIERS ADVANTVREVX.

A la Royne, & aux Dames.

PAR IOACH. DV BELLAY ANG.

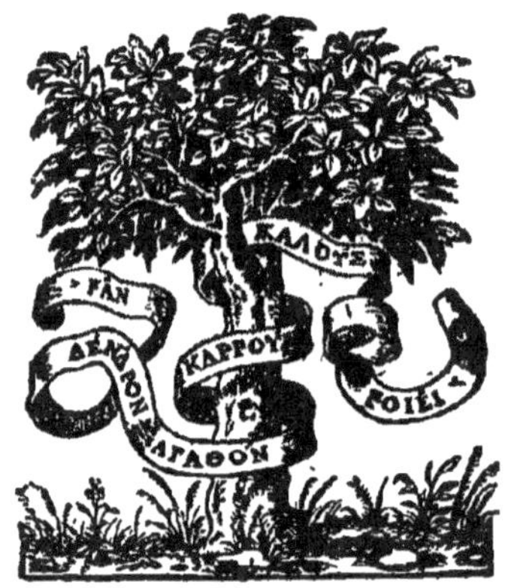

A PARIS,

De l'imprimerie de Federic Morel, rue S. Ian de Beauuais, au franc Meurier.

M. D. LVIIII.

AVEC PRIVILEGE DV ROY.

ses lecteurs[1] ». Après la mort du poète, notre imprimeur eut la bonne fortune de trouver parmi les papiers du défunt plusieurs pièces inédites, et conçut le projet de les réunir à celles qui avaient déjà vu le jour, afin que le tout pût tenir en un ou deux volumes au plus. C'étaient les Louanges de la France; la Traduction du sixième livre de l'Énéide; la Complainte de Didon à Énée prise d'Ovide; la Mort de Palinure du cinquième livre de l'Énéide, l'Adieu aux Muses traduit du latin de Buchanan; la Monomachie de David et Goliath; l'Ode sur la naissance du petit duc de Beaumont; une traduction en vers français du Discours au Roi François II, contenant une brève instruction pour bien régner par le chancelier Michel de l'Hôpital; l'Ample discours au Roi sur le fait des quatre états du royaume de France ; l'Olympe et les *Xenia, seu illustrium quorumdam nominum allusiones*[2]. On voit que Fédéric Morel avait fait une ample moisson ; cependant il ne découvrit pas tout; car, en 1849, M. A. de Montaiglon a publié des sonnets de Joachim du Bellay d'après un manuscrit inédit.

Craignant de se voir frustré de sa peine par d'autres libraires à l'affût des bonnes occasions, Morel obtint du roi François II un privilège défendant à tous les imprimeurs et libraires d'imprimer ou vendre les œuvres de Joachim du Bellay éditées ou à éditer, pendant neuf ans, sans la permission de l'impétrant. Ce privilège fut donné à Amboise le 18 mars 1559 (1560 n. st.). Il est rédigé en langue française et signé Robertet[3].

Entre temps, Fédéric Morel avait aussi pris soin d'obtenir des lettres patentes pour les éditions des œuvres de Michel

1. D'après le privilège du 18 mars 1559.
2. Telle est en effet la liste des œuvres posthumes de J. du Bellay.
3. Voir ce privilège dans la *Defense et illustration de la langue françoise* par Joachim du Bellay, 1561. In-4.

de l'Hôpital[1]. Un privilège lui fut accordé pour six ans le
11 mars 1559 (1560 n. st.); mais il n'est relatif qu'aux œuvres
poétiques du chancelier.

L'année 1559 avait été troublée par plusieurs événements
tragiques, qui donnent de l'intérêt à la vie de notre imprimeur
en même temps qu'ils ont une grande importance pour l'histoire. Nous ne voulons pas clore la liste de ces événements
sans parler de l'assassinat d'Antoine Minard, président à
mortier au Parlement, qui fut tué d'un coup de pistolet en
sortant du Palais, le 12 décembre, à la tombée de la nuit[2].
On sait qu'à cette occasion le Parlement rendit une ordonnance célèbre appelée la Minarde, portant qu'à l'avenir les
audiences de l'après-midi, depuis la Saint-Martin d'hiver
jusqu'à Pâques, se termineraient avant la nuit. Le meurtre
d'Antoine Minard eut un grand retentissement et excita
l'indignation des poètes. Antoine Mizaud[3] fit paraître chez
Fédéric Morel une pièce de vers latins, dédiée à Pierre et à
Antoine Minard, fils du défunt, et intitulée *In violentam
et atrocem cædem Antonii Minardi præsidis inculpatissimi
nænia, auctore Antonio Mizaldo Monluciano.*

C'est de l'année 1560 que nous possédons le plus grand
nombre d'exemplaires sortis des presses de Morel. Outre les
ouvrages de Joachim du Bellay et de Michel de l'Hôpital,
dont il donna des éditions successives jusqu'à la fin de
sa carrière et qui semblent lui avoir procuré d'importants bénéfices, nous voyons éditées à l'officine du Franc-
Mûrier, en 1560, les œuvres de plusieurs autres personnages

1. Voir le *De Meti urbe capta*, 1560. In-4.
2. Le président Minard avait instrumenté contre les Huguenots.
3. Médecin et astronome; a laissé un grand nombre d'ouvrages relatifs à
l'agriculture.

justement célèbres, tels que G. Aubert, avocat au Parlement de Paris, et surtout Scévole de Sainte-Marthe et Adrien Turnèbe.

Après la mort de Joachim du Bellay, la première pensée de Fédéric Morel fut pour celui qui l'avait choisi comme éditeur de préférence à tous les autres libraires et imprimeurs de Paris. Il résolut d'élever un monument à la mémoire de l'auteur immortel des *Regretz* et conçut le projet d'imprimer son *Tumulus* ou tombeau, ainsi que l'habitude en était au seizième siècle, c'est-à-dire de réunir plusieurs pièces littéraires ou poésies célébrant les vertus et la gloire du défunt. Fédéric Morel s'adressa tout particulièrement à un ami intime de du Bellay, l'imprimeur Adrien Turnèbe, qui lui donna une pièce de vers pour le *Tumulus*; puis il demanda le concours de plusieurs savants en renom, Claude d'Espence[1], Léger Duchesne, Claude Roillet[2], et Hélie André qui dans le *Lexicon* de Toussain avait consacré quelques vers à Morel, alors correcteur chez Charlotte Guillard.

Le *Tumulus* de Joachim du Bellay parut peu de temps après la mort du poète, sous ce titre : *In Ioachimum Bellaium Andinum, poetam clarissimum, doctorum virorum carmina et tumuli*. Fédéric Morel eut pour concurrent son cousin Robert II Estienne, qui fit paraître à peu près à la même date un chant pastoral sur la mort de Joachim du Bellay, probablement à la demande de l'oncle du défunt, le cardinal Jean du Bellay, dont Robert Estienne fut l'imprimeur ordinaire[3].

1. Vécut de 1511 à 1571. Il fut recteur de l'Université de Paris et ami des Guise. Il assista au colloque de Poissy.

2. Claude Roillet a laissé une tragédie latine intitulée *Philanire*, et une traduction de cette même tragédie en vers français.

3. Voir Brunet, *Manuel du libraire*, à l'article *Bellay (Jean du)*.

Enfin, pour terminer la série des opuscules relatifs à la mort de l'illustre écrivain, citons l'*Élégie sur le trespas de feu Joachim du Bellay, angevin, par G. Aubert de Poitiers, auocat au Parlement de Paris*, imprimée au Franc-Mûrier.

Morel commença dès l'année 1560 à publier les œuvres inédites du poète. Il se garda bien de donner le tout en même temps; au contraire, il tint le public en haleine et n'édita que successivement les manuscrits trouvés chez du Bellay, afin de leur ménager un succès plus durable. La traduction du quatrième livre de l'Énéide avait paru en 1552 chez Vincent Sertenas[1]; Fédéric Morel la publia de nouveau en 1560 et y ajouta la traduction du sixième livre, avec ce titre collectif : *Deux liures de l'Enéide de Virgile, le quatriesme et le sixiesme, traduits en françoys par J. du Bellay, Angeuin, avec la complainte de Didon à Enée, prise d'Ouide, la mort de Palinure, du cinquième de l'Enéide, et l'Adieu aux Muses pris du latin de Buccanan*. Morel publia aussi les *Louanges de la France*, la *Monomachie de David et Goliath, ensemble plusieurs autres œuvres poétiques*, et le *Discours sur le sacre du tres chrestien roy François II par Michel de l'Hospital*, mis en vers français par Joachim du Bellay, auquel il ajouta une traduction, faite par Scévole de Sainte-Marthe, d'une épître de Michel de l'Hôpital adressée au chancelier Olivier[2]. Ce sont les éditions originales.

Le chancelier Michel de l'Hôpital fit imprimer, en cette année 1560, plusieurs petits poèmes nouveaux. Ce sont : le *De sacra Francisci II initiatione*, le *De Meti urbe capta* l'*Epistola ad Franciscum Lotharingum de Calisio capto*, et le *Carmen in Horatii Farnesii necem*. Il donna aussi une

1. Voir Brunet, *Manuel du libraire*, à l'article *Bellay* (*Joachim du*).
2. François Olivier vécut de 1497 à 1560.

seconde édition de ses œuvres parues une première fois deux ans auparavant.

Enfin, parmi les publications importantes de Morel pendant l'année 1560 il faut mentionner l'*Hymne sur la naissance de François de Lorraine*, fils de François, duc de Guise, par Scévole de Sainte-Marthe, et une plaquette d'Adrien Turnèbe intitulée *Ad clarissimum virum D. Michaelem Hospitalem Adriani Turnebi epistola*. C'est une pièce fort curieuse. L'auteur, qui fut imprimeur du Roi et ami de Fédéric Morel, dépeint au chancelier l'état où la France est tombée par suite de l'amour exagéré des procès qui s'est élevé parmi le peuple. Turnèbe demande à l'Hôpital de remédier à tous ces abus qui sont survenus, dit-il, par la faute du Parlement.

Nous passerons rapidement sur les éditions sorties des presses de Morel pendant les années 1561 à 1566 inclusivement; car notre imprimeur ne fit le plus souvent qu'éditer, pour la troisième ou la quatrième fois, les ouvrages déjà parus les années précédentes, principalement ceux de Joachim du Bellay, qui eurent un succès considérable.

En 1561, Philibert de Lorme, le célèbre architecte qui commença les Tuileries, vint présenter à Fédéric Morel un traité de charpente dont il était l'auteur[1]; le livre avait pour titre : *Nouvelles inventions pour bien bâtir et à petits fraiz, trouvées naguères par Philibert de Lorme*. Ce magnifique volume parut dans le courant de l'année. Il est orné de trente-six gravures sur bois ; à la fin on trouve un privilège royal accordé à l'auteur et daté de Saint-Germain-en-Laye le 15 septembre 1560. En même temps Philibert de Lorme

---

1. Voir le *Premier tome de l'Architecture* de Philibert de Lorme. Avertissement au lecteur.

promit à Morel de faire imprimer chez lui le commencement d'un ouvrage important. C'était le Premier tome de
l'Architecture. L'auteur demanda un privilège avant même
d'avoir donné sa copie à composer et obtint des lettres
patentes du Roi, datées de Saint-Germain-en-Laye, le
15 septembre 1561[1].

Fédéric Morel édita pour la première fois, cette année,
l'*Olympe* par Joachim du Bellay. Il imprima aussi du même
auteur l'*Olive* et le *Recueil de poesies présenté à tres-
illustre princesse Madame Marguerite, sœur unique du Roy*[2].
Le premier de ces ouvrages parut d'abord chez Arnoul
l'Angelier en 1549, puis chez Gilles Corrozet en 1550.
Le second avait déjà été édité en 1549 et 1553 par Guillaume Cavellat[3]. Enfin il imprima en 1561 un ouvrage philosophique de Pierre de la Place, intitulé *Traité de la
vocation et manière de vivre en laquelle chacun est appellé*.
Pierre de la Place était premier président de la Cour des
aides.

En 1562 Fédéric Morel eut plusieurs nouveaux clients,
entre autres Claude d'Espence, recteur de l'Université et
ami de son beau-père Michel de Vascosan, et Jean de la
Taille de Bondaroy, poète renommé. Les quatre ouvrages
les plus importants édités cette année-là au Franc-Mûrier
sont : le *Discours de ce qui est advenu à Vassy*, par Louis
Leroy; *des Troubles et differends advenans entre les hommes
par la diversité des religions*, du même auteur; les *Remon-
trances au Roy*, de Jean de la Taille, opuscule pour lequel

1. Voir le *Premier tome de l'Architecture* de Philibert de Lorme. Avertissement au lecteur.

2. Marguerite, qui au traité de Cateau-Cambrésis (1559) épousa Philibert-
Emmanuel, duc de Savoie.

3. Brunet, *Manuel du libraire*, à l'article *Bellay (Joachim du)*.

un privilège fut accordé à Morel, le 19 octobre 1562, et le *Droit usage de la philosophie morale avec la doctrine chrétienne*, par Pierre de la Place.

En 1563 Fédéric Morel édita un ouvrage appelé à une assez grande renommée; cependant Brunet ne l'indique pas dans son Manuel. Ce sont les *Déclamations de Quintilien*, par Pierre Ayrault, lieutenant criminel à Angers, qui fut le grand-père du fameux Ménage[1]. L'ouvrage parut sous ce titre : *M. F. Quintiliani declamationes cxxxvii quæ ex ccclxxxviii supersunt, diùque latuere, nunc demum P. Aerodii Andegavi in suprema curia Patroni, studio et diligentia castigatæ, scholiis illustratæ, ac in lucem postliminio reuocatæ*, avec un privilège de quatre ans daté du 20 juillet 1563. L'impression fut achevée au mois de juillet 1563, ainsi que nous le prouve l'*explicit*. L'auteur dédie son œuvre à Christophe de Thou[2], à qui Jean Dorat fait l'honneur d'une pièce de vers latins placée à la suite du texte. A la fin des feuillets liminaires nous voyons quelques lignes écrites en latin par Fédéric Morel. L'imprimeur explique la marche qu'il a suivie pour éclaircir le texte, en distinguant au moyen de différents signes typographiques les passages interpolés ou douteux. Ce livre est considéré par Maittaire comme une des publications les plus importantes sorties des presses de Fédéric Morel[3].

En 1565 mourut Adrien Turnèbe. Morel fit pour la mémoire de son ami défunt ce qu'il avait déjà fait après la mort de Joachim du Bellay ; il voulut éditer son *Tumulus*

---

1. Bouillet, *Dictionnaire d'histoire et de géographie*, à l'article *Ayrault (Pierre)*.

2. Christophe de Thou, premier président au parlement de Paris, est le grand-père de l'historien exécuté avec Cinq-Mars en 1642.

3. *Hist. typ. par.*, I, p. 91.

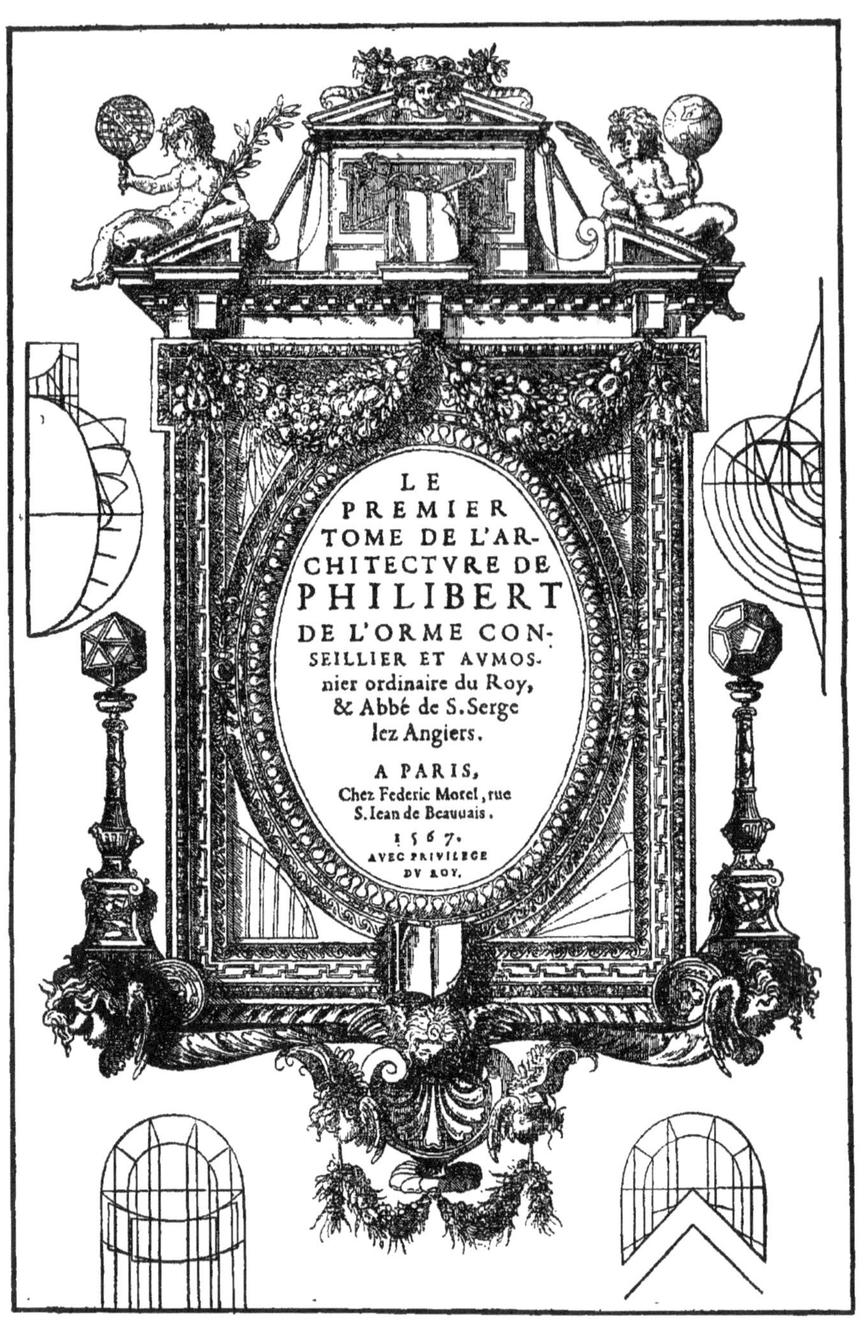

TITRE DU *PREMIER TOME DE L'ARCHITECTURE* DE PHILIBERT DELORME

et, cette fois, il demanda le concours de Dorat, de Jean Passerat et de Léger Duchesne. Ceux-ci lui donnèrent des poésies funèbres auxquelles il ajouta des vers écrits jadis par du Bellay à la louange d'Adrien Turnèbe.

Enfin en 1567 parut le plus bel ouvrage que Fédéric Morel édita pendant toute sa carrière d'imprimeur. Nous voulons parler du *Premier tome de l'Architecture de Philibert de l'Orme, conseiller et aumosnier ordinaire du Roy et abbé de S. Serge lez Angiers.* C'est un magnifique in-folio, très bien imprimé, et orné de nombreuses gravures. L'exécution de ce livre dura plusieurs années ; car le privilège qu'obtint Philibert de Lorme avant l'impression de son manuscrit est daté, ainsi que nous l'avons dit plus haut[1], du 15 septembre 1561.

Avant que son ouvrage fût mis en vente, l'auteur obtint pour neuf ans un second privilège qui se trouve reproduit au commencement et à la fin de l'édition. Mais le privilège du commencement nous apprend que l'impression du volume a été terminée le 29 novembre 1567, tandis que celui de la fin nous donne la date du 27 août de la même année. Il y a là une contradiction évidente qui se répète dans la seconde édition donnée par Fédéric Morel en 1568. Cependant la première date doit être préférée, car l'épître dédicatoire est du 25 novembre 1567.

Le titre est remarquable. C'est une planche gravée représentant un médaillon couronné d'une guirlande. Au-dessus se trouve un fronton surmonté d'un livre ouvert et de deux génies assis, dont l'un tient une mappemonde terrestre et l'autre une mappemonde céleste. Le titre est disposé au milieu du médaillon ; à droite et à gauche sont deux colonnes

1. Voir p. 39.

surmontées chacune d'un prisme ; enfin, aux quatre angles on voit des dessins géométriques qui gâtent un peu la beauté de l'ensemble.

La planche du frontispice et les nombreuses gravures sur bois placées à l'intérieur du volume sont fort belles. M. Ambroise Firmin-Didot en parle dans son *Essai sur l'histoire de la gravure sur bois*. « Le frontispice, dit-il, est d'un beau style et digne en tout point de Philibert de Lorme... Il ne paraît pas que celui-ci ait gravé lui-même ses planches : il les aura seulement dessinées sur le bois. Quoi qu'il en soit, les détails d'architecture sont largement indiqués, et l'on trouve à la fin du livre deux grandes planches fort belles et bien exécutées[1]. »

Il convient de dire quelques mots de ces planches très curieuses, bien que la gravure paraisse moins remarquable que le pense M. A. Firmin-Didot. La première représente un homme courant dans la campagne, sans yeux, ni oreilles, ni mains. A ses pieds se trouvent des pierres et quatre têtes de bœuf desséchées : ses vêtements sont déchirés. L'auteur nous fournit lui-même l'explication de cette planche bizarre. Parlant des gens incapables auxquels s'adressent souvent les princes et grands seigneurs pour la construction des édifices, il nous dit : « Veritablement tels ressemblent à la figure d'un homme lequel ie vous propose cy apres, habillé ainsi que vn sage, toutesfois fort eschauffé et hasté comme s'il couroit à grand peine, et trouvoit quelques testes de bœuf seiches en son chemin (qui signifient gros et lourd d'esprit) auecques plusieurs pierres qui le font chopper, et buissons qui le retiennent et deschirent sa robbe. Ledit homme n'a point de mains, pour monstrer que ceux qu'il représente ne scauroient

1. Col. 186, note 1

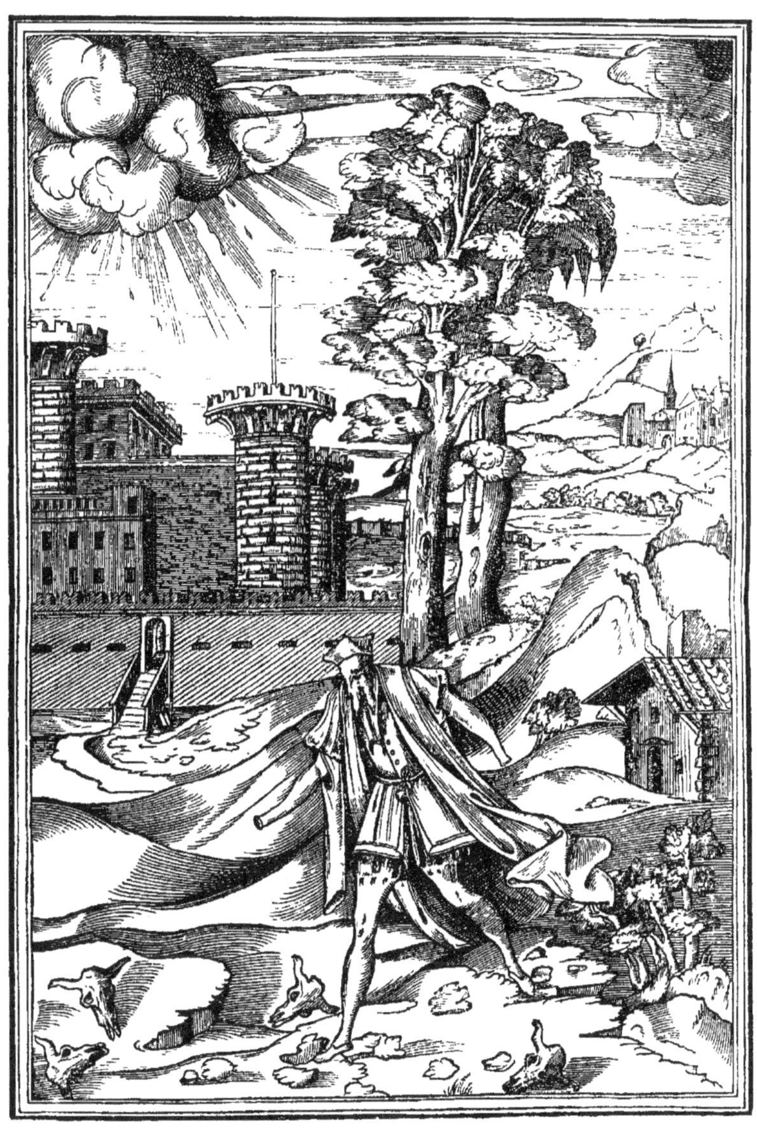

PORTRAIT DE CELUI QUI CHOISIT UN MAUVAIS ARCHITECTE

(Premier tome de l'*Architecture de Phil. Delorme.*) — V. description p. 42.

rien faire. Il n'a aussi aucuns yeux en la teste, pour voir et
cognoistre les bonnes entreprinses : ny oreilles, pour ouir et
entendre les sages, ny aussi gueres de nez, pour n'avoir sen-
timent des bonnes choses. Brief il a seulement une bouche
pour bien bailler et medire et vn bonnet de sage, auecques
l'habit de mesmes, pour contre faire un grand docteur et
tenir bonne mine, à fin que lon pense que cest quelque grand
chose de luy et qu'il entre en quelque reputation et bonne
opinion enuers les hommes. »

La seconde planche représente un homme avec trois
yeux, quatre oreilles, des ailes aux pieds et quatre mains,
dont l'une tient un papier enroulé. En face de lui on voit un
arbre chargé de fruits ; le fond est occupé par de beaux
bâtiments. Voici le résumé de l'explication donnée par
l'auteur : les trois yeux servent l'un à admirer Dieu, le
second à mesurer le temps, le troisième à prévoir. Les
quatre oreilles signifient qu'il faut beaucoup écouter et peu
parler ; les quatre mains, que cet homme doit accomplir de
grands travaux ; le papier qu'il tient indique qu'il doit instruire les autres. Le jeune homme en face de lui représente la jeunesse, dont le devoir est de rechercher la com-
pagnie des vieillards afin de se former. Tel est le portrait
du bon architecte, pendant du précédent.

Ce sont les gravures de cet ouvrage qui en font la valeur.
Philibert de Lorme attachait un grand prix aux nombreuses
planches qui ornent son Architecture, car le privilège qu'il
obtint après l'impression défend « à tous imprimeurs et
libraires de ce Royaume de n'imprimer ou vendre ce présent
livre et en particulier les planches d'iceluy ». Dans son épître
dédicatoire à la reine Catherine de Médicis l'auteur se plaint
de l'excessive dépense que lui a occasionnée la gravure de

ces planches sur bois, et ailleurs « des lenteurs qui ont ensuivi les traits de ses dessins ». C'est évidemment la cause du retard apporté à l'apparition du volume, et cependant, malgré le temps qu'ils y consacrèrent, les graveurs auxquels Philibert de Lorme confia l'exécution de ses dessins ne donnèrent pas toute l'attention désirable; car l'auteur, dans sa seconde épître dédicatoire avertit le public que souvent les lettres et les chiffres ne correspondent pas à la description donnée dans le texte. Cet inconvénient peut rendre certaines planches inintelligibles; mais Philibert de Lorme en rejette la faute « en partie sur la précipitation des imprimeurs qui ne peuvent souffrir aucun retardement ».

Le *Premier tome de l'Architecture de Philibert de Lorme* est donc sans contredit l'ouvrage le plus important qu'édita Fédéric Morel pendant toute sa carrière d'imprimeur. La plupart des bibliographes sont d'accord sur ce point. On peut adresser encore un reproche à cette superbe édition, c'est qu'elle n'a pas de table des gravures.

Deux ans après, Fédéric Morel donna suite à un projet qu'il avait formé en 1560 « de réunir les œuvres de Joachim du Bellay en un ou deux volumes au plus[1] ». En 1569 il fit paraître les *OEuvres françoises de Joachim du Bellay, reueuës et de nouveau augmentces de plusieurs poësies non encore auparauant imprimees,* en un seul volume, avec un privilège daté du 20 avril 1568. Guillaume Aubert écrivit la préface et Scévole de Sainte-Marthe composa un sonnet à la mémoire de l'auteur. Il eût été préférable que Fédéric Morel divisât cette édition en deux tomes, comme il avait pensé le faire tout d'abord; car le nombre des feuillets (560) est trop

1. Voir le privilège du 10 mars 1559 (1560 n. st.) reproduit aux pièces justificatives, p. 147.

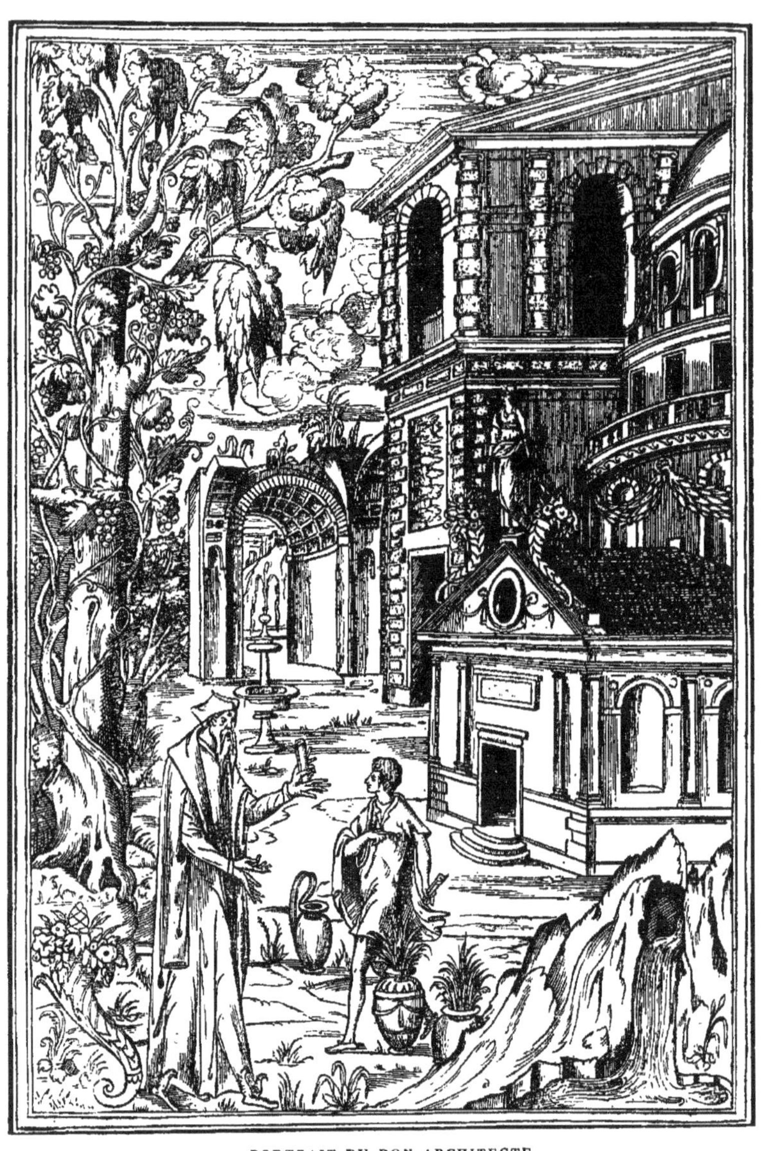

PORTRAIT DU BON ARCHITECTE
(Premier tome de l'*Architecture de Phil. Delorme.*) — Voir description p. 43.

élevé pour un seul volume et donne à l'ouvrage un aspect
lourd. A la fin on trouve le *Tombeau de Joachim du Bellay*.

Il édita séparément les *Ioachimi Bellaii Xenia*, recueil
de jeux de mots en latin sur les noms des personnages
illustres de l'époque. Au milieu de cet opuscule on remarque
deux distiques signés J.A. (*Joannes Auratus*, Jean Dorat) et
adressés à Fédéric Morel. C'est le jeu de mots fait avec
fœdus et *Federicus*, dont nous avons parlé plus haut[1]. Citons
enfin pour l'année 1569 les *Premières Oeuures* de Scévole
de Sainte-Marthe, et l'*Hymne sur l'Avant-mariage du Roy*
par le même auteur, les *Sonnets* de Passerat, deux éditions
du *Corbaccio* de Boccace, et, pendant l'année 1570, le
traité de Jean Vauquelin de la Fresnaye *Pour la Monarchie
de France*.

En 1570, Fédéric Morel était devenu un des imprimeurs
les plus renommés de Paris. On a lu les noms des personnages illustres qui lui confièrent l'édition de leurs ouvrages;
Morel se trouvait ainsi mêlé au grand mouvement littéraire
de la Renaissance, bien qu'il n'y prît pas lui-même une part
active comme les Estienne. Bientôt il allait devenir le
premier imprimeur de Paris après son beau-père, Michel
de Vascosan.

1. Voir p. 6.

CHAPITRE III

Au mois d'octobre 1570 survint un événement important dans l'histoire de l'imprimerie; ce fut la mort de Robert II Estienne, à Genève, où il s'était retiré pour un motif inconnu[1]. Cette mort laissait vacante la place d'imprimeur du Roi; Fédéric Morel se mit sur les rangs pour obtenir la succession de son cousin et l'emporta sur plusieurs concurrents. Le 4 mars, Charles IX, « à plain confians dans ses sens, suffisance, loyaulté, preudhommye, experience en l'art d'imprimerie et bonne diligence », lui accordait le privilège d'être son imprimeur ordinaire « tant en hebrieu, grec, latin, que en francoys[2] ».

Le titre d'imprimeur du Roi avait été donné pour la première fois à Geoffroy Tory, après la publication du *Champfleury* (1529). Geoffroy Tory eut pour successeur, en 1536, Olivier Mallard. Tous deux prirent le titre d'imprimeur du Roi sans détermination spéciale; mais, en 1539, cette charge fut divisée, et François Ier nomma deux imprimeurs du Roi : l'un pour l'hébreu et le latin, Robert Ier Estienne; l'autre pour le grec, Conrad Néobar. Ces nouveaux titres correspondaient aux chaires d'hébreu, de grec et de latin qui avaient été créées récemment au collège royal, appelé alors pour cette raison collège des Trois-Langues. Enfin, en 1544, François Ier nomma un imprimeur pour le français; ce fut Denis

1. Aug. Bernard, *Histoire de l'imprimerie royale du Louvre*, p. 17.
2. Privilège du 4 mars 1571. Voir pièces justificatives, p. 148.

Janot. A Conrad Néobar succéda Robert Ier Estienne, qui exerça la charge de 1540 à 1550[1]. C'est à partir de ce moment que les « grecs du Roi » furent mis libéralement à la disposition de tous les imprimeurs, à la condition seulement d'indiquer au titre du volume qu'il était composé « typis regiis ». L'avantage primitivement réservé aux imprimeurs royaux disparaissait donc en 1550, et ceux-ci n'eurent plus désormais que certaines prérogatives attribuées originairement à Conrad Néobar par lettres patentes de 1539[2]. Les poinçons et les matrices grecques étaient déposés à la chambre des comptes; plus tard, la garde en fut confiée au chancelier Michel de l'Hôpital[3].

Pour continuer la liste des imprimeurs du Roi qui précédèrent Fédéric Morel dans l'exercice de cette charge, citons encore Adrien Turnèbe et Guillaume Morel; mais celui-ci ne resta pas longtemps seul imprimeur royal, car Michel de Vascosan et Robert II Estienne obtinrent aussi ce titre presque en même temps que lui[4]. Les imprimeurs royaux ne correspondaient plus exactement à la pensée que François Ier avait eue en les instituant, et leur fonction offrait moins d'importance depuis qu'on pouvait créer plusieurs titulaires à la fois.

Cependant, parmi les différents imprimeurs du Roi, il y en avait un qui était en quelque sorte l'imprimeur officiel du gouvernement, et auquel appartenait l'édition des nombreuses lettres patentes et mandements expédiés journellement par la chancellerie royale. De 1560 à 1570, ce fut Robert II Estienne. A partir de l'année 1560, ce n'est donc

1. Aug. Bernard, *Histoire de l'imprimerie royale du Louvre*, p. 2 *sqq.*
2. *Id.*, p. 5 et 10.
3. *Id.*, p. 14 *sqq.*
4. *Id.*, p. 14.

plus le droit de se servir des « grecs du Roi » qui distingue l'imprimeur royal en exercice des autres imprimeurs portant ce titre d'une manière purement honorifique, mais le droit d'éditer les actes émanés du gouvernement. Si quelquefois nous voyons d'autres imprimeurs que l'imprimeur royal officiel éditer des ordonnances, c'est en vertu d'une autorisation spéciale, lorsque l'acte a une grande importance pour la politique extérieure et qu'il est considéré comme un véritable manuel pratique. Dans ce cas, on lit toujours au bas du titre cette mention : « Avec privilege du Roy. »

Le privilège d'imprimeur royal obtenu par Fédéric Morel, le 4 mars 1571, établit qu'il pourra exercer cet office « aux honneurs, auctoritez, prerogatives, preeminances, privileges tant generaulx que particuliers, franchises et libertez, gaiges et droitz accoustumez et audict estat appartenans [1] ». Cependant cette redondance d'expressions s'applique seulement à trois choses. Ce sont :

1° Une allocation de cent écus d'or au soleil ;

2° Une exemption d'impôts, ainsi que nous le montrent les lettres patentes données à Conrad Néobar, le 17 janvier 1538 (1539 n. st.);

3° Le droit d'être membre de l'Université de Paris et de jouir à ce titre de certains privilèges [2].

Le privilège de Morel accordait à l'impétrant l'usage des « poincons, mousles, matrices, caracteres et fontes » des grecs du Roi « quand besoing serait et en serait requis [3] ». A la vérité les matrices n'existaient plus ; elles disparurent au milieu des troubles de cette époque, ainsi que M. Au-

---

1. Voir pièces justificatives, p. 148.
2. Aug. Bernard, *Histoire de l'imprimerie royale du Louvre*, p. 5.
3. Voir pièces justificatives, p. 148.

guste Bernard nous l'apprend. Il fallut donc les frapper
de nouveau. Fédéric Morel ne devait pas non plus ignorer
que Robert Ier Estienne, lors de sa fuite à Genève, en 1550,
avait emporté une première fois les matrices des deux plus
petits caractères royaux. Ce fait, nié par Maittaire, a été
démontré par M. Auguste Bernard, qui a découvert à la
Bibliothèque nationale un livre fort curieux, imprimé par
Robert Ier Estienne, à Genève, avec les grecs du Roi[1].

La clause un peu solennelle par laquelle Charles IX con-
fère à Morel le droit de se servir des types royaux n'avait
donc pas toute l'importance que l'on croit, parce que l'usage
de ces types n'était plus réservé exclusivement à un seul
imprimeur, ainsi que nous l'avons vu plus haut, et que des
imprimeurs étrangers pouvaient faire paraître désormais des
éditions exécutées avec ces mêmes caractères. Cependant il
importe de remarquer que la charge dont fut revêtu Fédéric
Morel, par les lettres patentes du 4 mars 1571, n'était pas un
titre simplement honorifique comme celui de Vascosan ou
de Guillaume de Nyverd par exemple, mais qu'elle corres-
pondait à des fonctions réelles, exercées à l'exclusion de
tous les autres imprimeurs; en d'autres termes, que Fédéric
Morel devenait le véritable imprimeur du Roi dont nous
parlions tout à l'heure. Cette conclusion contredit les opinions émises par les auteurs qui ont écrit sur l'histoire de
l'imprimerie. Ils affirment que les différents imprimeurs
en possession du titre d'imprimeur du Roi, à l'époque qui
nous occupe, étaient décorés de distinctions honorifiques,
et qu'aucun d'eux n'avait une prééminence effective sur les
autres. Nous sommes persuadé, au contraire, qu'il exis-
tait à cette époque un imprimeur du Roi revêtu d'une

1. Aug. Bernard, *Histoire de l'imprimerie royale du Louvre*, p. 20.

charge réelle, et qu'après 1550 ces imprimeurs furent
Robert II Estienne, puis son cousin Fédéric Morel, ainsi
que nous le prouvent les nombreuses lettres patentes et
ordonnances éditées sans cesse par eux, aux dates ex-
trêmes de 1550 et de 1583. En résumé, la prérogative
essentielle qui, à l'origine, distinguait l'imprimeur royal des
autres imprimeurs, était le droit de se servir des grecs du
Roi ; cette prérogative ayant disparu vers 1550, ce fut désormais le droit d'éditer et de vendre toutes les ordonnances
émanées de la chancellerie royale qui caractérisa le véritable imprimeur du Roi.

Fédéric Morel avait obtenu son privilège le 4 mars 1571 ;
cependant les lettres ne furent enregistrées au Parlement
que le 30 avril suivant. Voici la cause de ce retard. Guillaume
de Nyverd, un de ceux qui briguaient la charge d'imprimeur
royal en même temps que Morel, ne fut pas satisfait de la
nomination de celui-ci à un poste aussi honorable, et présenta
une requête au Parlement afin de mettre opposition à l'enregistrement des lettres royaux. Malheureusement, l'acte qui
relate le fait ne nous donne pas les raisons pour lesquelles
Guillaume de Nyverd agit de cette façon [1]. Cependant on peut
faire une supposition très vraisemblable. Nous savons que
Guillaume de Nyverd était déjà imprimeur ordinaire du Roi
en 1561, et qu'il inscrivait cette qualification au bas du titre
de ses impressions ; mais il n'avait encore qu'une distinction honorifique, tandis que l'office était réellement exercé
par Robert II Estienne ; à la mort de ce dernier, il se crut
sans doute plus digne qu'un autre de le remplacer, et conçut
un grand dépit de se voir supplanté par Fédéric Morel. Cette
opposition mise par Guillaume de Nyverd à l'enregistrement

1. Voir pièces justificatives, p. 158.

des lettres patentes du 4 mars 1571 est aussi une preuve que
les fonctions d'imprimeur du Roi attribuées à Morel n'étaient
pas seulement honoraires, mais correspondaient à des prérogatives déterminées. En cas contraire, la réclamation de
Guillaume de Nyverd aurait été presque dépourvue de sens.

La cause fut plaidée devant le Parlement, le 22 mars 1571[1].
Morel ne parut pas à l'audience; Guillaume de Nyverd y envoya son procureur nommé Dubois et son avocat, nommé
Amelot. Celui-ci déclara n'avoir pas encore ses pièces et
« offrit d'en venir au premier jour[2] ». Mais la cour jugea qu'il
n'y avait pas lieu de donner suite à cette affaire. Le 4 avril, la
cause fut plaidée en appel devant le conseil privé, qui débouta
entièrement Guillaume de Nyverd de l'opposition qu'il avait
faite. Enfin les lettres patentes du 4 mars précédent furent
définitivement enregistrées le 30 avril 1571[3]. A partir de cette
date, les impressions de Morel portèrent : « De l'Imprimerie de Fédéric Morel, imprimeur du Roi », ou bien : « Ex
Officina Federici Morelli typographi regij ». Cependant il faut
remarquer que Morel s'intitula toujours imprimeur ordinaire
du Roi dans les ordonnances et lettres patentes, tandis qu'il
ne prit cette formule pour ses propres éditions qu'à partir de
l'année 1574. Le privilège de Fédéric Morel fut confirmé, une
première fois, le 20 avril 1575[4], et une seconde fois, le 21 février 1578[5].

1. Voir pièces justificatives, p. 158.
2. *Id., ibid.*
3. *Id., ibid.*
4. En effet, dans un grand nombre d'impressions de Morel de 1575 et années
suivantes, on trouve à la suite du sommaire du privilège cette mention : « La
confirmation de ce que dessus, avec ampliation, a esté octroyee audict Morel le
vingtième d'Apuril, 1575. Par le Roy. De NEVF-VILLE. »
5. D'après le sommaire du privilège qui se trouve à la fin d'une *Ordonnance
du Roi touchant un ordre ecclésiastique nouveau*, 1582. (Biblioth. Mazarine,
n° 30162.)

Cette charge honorable et lucrative confiée à Fédéric Morel fut suivie d'une autre distinction. Presque à la même époque il reçut le titre d'interprète du Roi dans les langues grecque et latine. Certains auteurs ont prétendu qu'il avait été nommé aussi professeur du Roi. Voici ce que l'abbé Goujet dit à ce sujet dans ses *Mémoires sur le collège royal*[1] : « Fédéric le père étoit, selon M. de la Monnoie, Professeur et Interprète du Roi; on ne dispute pas la seconde qualité : comme cet habile homme étoit très versé dans les langues grecque et latine, le Roi Charles IX lui donna le titre d'un de ses interprètes, lorsqu'il le fit son imprimeur; mais nous ne croyons pas qu'il ait eu celui de Lecteur et Professeur Royal. Duval n'en parle point dans son Livre sur ce sujet... et il n'aurait pu ignorer cette qualité si Morel, qu'il avait dû connaître, en eût été revêtu. » L'abbé Goujet semble avoir résolu la question; Née de la Rochelle souscrit à son avis[2]. Les auteurs qui ont prétendu que Fédéric Morel avait été professeur royal ont probablement fait confusion avec son fils Fédéric le Jeune; car celui-ci fut professeur du Roi à la fin du seizième siècle et au dix-septième.

Une des premières impressions officielles qui sortirent des ateliers de Fédéric Morel est le célèbre édit *Sur la Reformation de l'Imprimerie*, donné par Charles IX à Gaillon, au mois de mai 1571, enregistré au Parlement le 7 septembre, lu et publié à son de trompe, le 17 du même mois, au clos Bruneau[3].

Cet édit est trop important pour que nous le passions sous silence. Voici à quelle occasion il fut promulgué. Charles IX

---

1. T. II, p. 370.
2. *L'Imprimerie savante*, III, p. 252. (Bibl. du Cercle de la librairie.)
3. *Édit sur la Réformation de l'imprimerie.* (Bibl. nat.)

ayant appris que plusieurs libraires de Lyon, à cause de la
cherté du papier, faisaient imprimer hors du royaume la plus
grande partie de leurs ouvrages, et qu'ainsi l'industrie française était amoindrie, prit diverses mesures pour enrayer le
mal et diminuer la cherté de la main-d'œuvre typographique.
L'édit de 1571 se compose de prescriptions fort intéressantes
pour l'histoire de l'imprimerie. Nous y voyons que les compagnons imprimeurs avaient déjà une mauvaise réputation;
c'est pourquoi l'édit prend contre eux diverses dispositions.
Ils ne pourront désormais, par exemple, se réunir plus de
cinq hors des ateliers, ni former de société à part avec un
chef à leur tête après s'être liés au préalable par un serment,
ni porter d'épée, ni battre les apprentis, ni faire de banquet
qu'ils appellent *Proficiat,* ni surtout faire *tric*[1] ou journée
blanche, c'est-à-dire abandonner l'ouvrage commencé. Les
compagnons se nourriront eux-mêmes comme c'est l'habitude en Allemagne, en Flandre et en Italie; mais, par contre,
leurs salaires seront augmentés ; enfin, ils commenceront
leur journée à cinq heures du matin et la finiront à huit
heures du soir.

Il est intéressant de remarquer à ce propos que Plantin,
à peu près à cette époque, se plaignait aussi de ses ouvriers dans les mêmes termes que l'édit. Il terminait une de
ses lettres par ces mots : « Il semble qu'ils ayent appris l'un
à l'autre de faire les Lundis et de ne besongner sinon quand
il leur plaist, et, s'il est question de bien besogner, ce sera
tandis que vous y êtes présent... J'aymerois mieux auoir à
faire avec je ne scay quels faiseurs de comptes qu'auec eux[2]. »

---

1. Ce mot est une onomatopée ; c'est le cri que poussaient les ouvriers imprimeurs pour quitter en masse le travail et aller boire. Voir Littré, au mot *Tric.*
2. Max Rooses, *Christophe Plantin*, p. 215.

L'édit énumère aussi quelques dispositions relatives aux maîtres imprimeurs. Ceux-ci ne pourront plus s'approprier leurs marques respectives, mais ils seront obligés d'en choisir une qui leur soit particulière; ils devront, lorsqu'ils voudront avoir plusieurs apprentis, en prendre un parmi les enfants recueillis à l'hôpital de la Trinité; s'ils ne sont pas capables de corriger eux-mêmes les livres en latin ou autre langue, ils seront obligés d'avoir des correcteurs capables, et cela sous peine d'amende arbitraire. Tous les ans ils éliront entre eux vingt-quatre maîtres libraires jurés, dont l'office sera d'empêcher la publication des libelles diffamatoires ou hérétiques. Ils ne pourront vendre la feuille des livres de classe en latin, sans commentaires ni grec, plus de trois deniers tournois, le grec plus de six, et les autres livres au prorata; et s'ils obtiennent une diminution de leurs ouvriers, ils seront tenus à leur tour de vendre leurs livres moins cher. Enfin, nul ne pourra s'établir maître imprimeur s'il n'a fait un apprentissage en règle.

Cet édit, qui apportait d'importantes innovations dans l'imprimerie, produisit une grande effervescence parmi les compagnons, appelés alors chevaliers d'industrie, sans qu'aucun sens défavorable ait été attaché à cette désignation. Un certain nombre d'entre eux se réunirent en groupes armés, et le 17 septembre, jour même de la publication, ils outragèrent quelques-uns des maîtres imprimeurs qui avaient décidé de se conformer à l'édit. Fédéric Morel fut sans doute un des maîtres outragés par les compagnons; car, en sa qualité d'imprimeur royal, il devait être un des premiers à obéir aux ordres du gouvernement. Enfin, le trouble cessa et un procureur syndic fut élu par les maîtres imprimeurs pour surveiller l'exécution de l'édit.

En cette même année 1571, la ville de Paris fit au Roi Charles IX un cadeau de trois cent mille livres. Les comptes de la collecte ont été enregistrés dans un manuscrit conservé aujourd'hui à la Bibliothèque nationale. Fédéric Morel y figure pour cent sous, somme assez élevée pour l'époque. Nous voyons du reste dans ce manuscrit, qui peut être considéré comme un Bottin de Paris en 1571, que les imprimeurs et libraires se distinguent en général par l'importance de leurs dons. Leur situation financière devait être sensiblement meilleure que celle des imprimeurs du siècle précédent. Ce même manuscrit nous apprend que le célèbre graveur et fondeur Guillaume Le Bé demeurait rue Saint-Jean-de-Beauvais, c'est-à-dire dans la même rue que Fédéric Morel, à l'enseigne de la « Grosse Escriptoire ».

A la même époque, Morel édita deux ouvrages qui ajoutèrent encore à la réputation dont il jouissait. Vers le mois d'août de l'année précédente, Montaigne s'était présenté à l'officine du Franc-Mûrier et avait demandé à Morel d'éditer deux ouvrages de La Boétie, mort en 1563. Ces livres parurent en 1571. Le premier est intitulé la *Mesnagerie*[1] *de Xenophon, les Regles de mariage de Plutarque, la lettre de consolation de Plutarque à sa femme, le tout traduict de grec en francoys par feu Estienne de la Boetie.* Montaigne y ajouta un discours sur la mort de son ami ; Fédéric Morel obtint pour cet opuscule un privilège daté du 18 octobre 1570. Le second est un recueil de *Vers François de feu Estienne de la Boetie,* avec une épître dédicatoire de Montaigne, datée du 1er septembre 1570. Ces deux ouvrages eurent une seconde édition l'année suivante. En 1572, Fédéric Morel imprima une tragédie de Jean de la Taille, *Saül le*

---

1. C'est-à-dire l'*Économique.*

furieux, qui eut du succès. Après la Saint-Barthélemy, il édita un opuscule intitulé *Ornatissimi cuiusdam viri ad Stanislaum Eluidium de rebus gallicis epistola*. Cette brochure, écrite pour la défense de la Saint-Barthélemy, fut tirée à un grand nombre d'exemplaires. Pierre de l'Estoile en parle dans ses *Mémoires-Journaux*. Il nous apprend qu'elle est l'œuvre de Gui Faure de Pibrac, et que les protestants répondirent à celui-ci par une autre épître dédiée *Ad Vidum Faurum, virum ornatissimum*. Nous citerons encore, parmi les pièces politiques que Morel imprima en 1572, l'*Ordonnance du Roy à tous ses sujets de vivre en paix*, tirée aussi à un grand nombre d'exemplaires, et l'*Édit de Pacification pour les troubles de ce Royaume*, qui eut plusieurs éditions successives.

Vers le même temps, Fédéric Morel obtint de Charles IX un privilège important. Voici à quelle occasion. Vascosan, nommé imprimeur royal par lettres patentes du 2 mars 1560 (1561 n. st.), avait reçu un privilège pour son édition des Vies de Plutarque traduites par Jacques Amyot. Sur ces entrefaites, un imprimeur anversois réimprima pour son compte cette édition et en vendit des exemplaires en France, causant ainsi du dommage à Vascosan. Charles IX, saisi de ce fait, fit défendre à tous les libraires et imprimeurs, par lettres patentes du 12 novembre 1563, de vendre les livres de Plutarque traduits par Amyot, s'ils ne portaient pas le nom de Vascosan. Quelques années après, celui-ci conçut le projet d'imprimer les *Oeuures morales et meslees de Plutarque translatees de grec en françois par Amyot*, et s'adjoignit son gendre Morel pour la publication de cette œuvre importante. Cependant Vascosan et Morel, craignant de se voir frustrés encore par un autre imprimeur, se recommandèrent d'Amyot auprès de Charles IX afin d'obtenir un privilège avant la mise en vente de l'édition. Ce privilège fut octroyé à Vascosan et à Morel deux jours après la Saint-Barthélemy, c'est-à-dire le 26 août 1572 [1]. Les *Oeuures morales et meslees de Plutarque* traduites par Amyot sont magnifiquement imprimées ; elles sortent des presses de Vascosan ; en effet, le nom de Fédéric Morel ne se trouve pas au bas de l'intitulé, mais il est placé en manière d'*explicit*. Cette édition mérite l'éloge fait par le Roi aux éditeurs lorsqu'il leur dit dans son privilège : « Cet ouvrage sera d'une grande conséquence pour notre France. »

Le 18 août 1573, une ambassade polonaise se rendit à Paris pour annoncer à Henri, duc d'Anjou, dernier fils de Catherine de Médicis, que la diète de Pologne l'avait nommé roi dans ce pays. Le légat Jean de Zamoscie prononça devant la cour une harangue dans laquelle il exposa les raisons qui incitaient les Polonais à ce choix. Cette harangue fut imprimée peu de temps après chez Fédéric Morel sous ce titre : *Ioannis Sarij Zamoscij, Belsensis et Zamechensis præfecti ac in Galliam legati, oratio qua Henricum Valesium Regem renunciat.* Une traduction de cette harangue par Louis Leroy parut en même temps à l'officine du Franc-Mûrier.

Des fêtes furent célébrées à l'occasion de l'élection d'Henri de Valois au trône de Pologne. Le poète Jean Dorat écrivit à ce sujet une pièce de vers latins, que Morel imprima sous ce titre : *Magnificentissimj spectaculi editi in Henrici Regis gratulationem descriptio, authore Joanne Aurato.* Enfin, pour continuer la série des opuscules relatifs au sacre d'Henri de Valois comme roi de Pologne et imprimés chez Morel, nous citerons :

1. *OEuures morales et meslées de Plutarque.* (Bibl. nat. J. 81.)

1° *Stanislai Carncovii episcopi Uladislaviensis ad Henricum panegyricus*, dont il y eut une traduction française l'année suivante ;

2° Les *Lettres du Roy tres chrestien Henri III⁰ de ce nom, Roy de France et de Poloigne portants confirmation, rectification et ampliation du pouvoir de la Royne sa mere touchant la Regence, gouvernement et administration des affaires du Royaume de France* ;

3° *Henrici III christianissimi Galliarum et Poloniæ Regis ad Poloniæ et Lythuaniæ ordines, epistola.*

En 1574, parut le *Tumbeau* de Charles IX, mort le 30 mai de cette année. Cet opuscule fut édité par Morel. Il est intitulé *Le tombeau du feu Roy tres chrestien Charles IX, Prince tres debonnaire, tres vertueux et tres eloquent, par Pierre de Ronsard, aumosnier ordinaire de sa Majesté et autres excellents poètes de ce temps.* Amadis Jamin y inséra quelques vers. Ronsard et Amadis Jamin sont encore deux noms illustres à joindre à la liste des auteurs avec lesquels Fédéric Morel entretint des relations.

La mort du Roi fut suivie d'une série d'opuscules divers célébrant ses mérites. En réponse au Tombeau de Charles IX édité par Morel, les protestants firent courir dans Paris des *tombeaux* satyriques, que Pierre de l'Estoile qualifie de « très scandaleux[1] ». De son côté, Fédéric Morel édita en 1574 plusieurs autres panégyriques du Roi défunt. Ce sont :

1° La *Complainte sur le trespas du feu Roy Charles IX par Jan* (sic) *Antoine de Baïf, secrétaire de la chambre du Roy* ;

2° *M. Antonii Mureti I. C.[2] et civis romani oratio habita Romæ in funere Caroli IX ;*

---

1. *Mémoires-Journaux*, édition de la librairie des Bibliophiles, I, p. 7.

2. C'est-à-dire *iurisconsulti*. — Marc-Antoine Muret, né à Muret près de

3° *De obitu Caroli IX christianissimi Francorum Regis I. Bapt. Bellaudi funebris oratio*, avec une traduction française du même auteur imprimée séparément.

Nous citerons aussi, pour cette année, une jolie édition des *Plaisirs de la vie rustique*, par Gui Faure de Pibrac.

Enfin, il faut placer à la date de 1574 la naissance d'un autre fils de Fédéric, Claude[1], qui devait s'illustrer comme imprimeur du Roi au commencement du dix-septième siècle, ainsi que le mariage en secondes noces de Denise Barbé, veuve de Robert II Estienne, et par conséquent cousine de Fédéric Morel, avec Mamert Patisson, un des plus célèbres imprimeurs de l'époque[2].

Pour l'année 1575, nous citerons une édition des Psaumes de David, traduits de l'hébreu en vers latins par Jean-Mathieu Toscan, précédés d'une préface de Jean Dorat et d'une épître au lecteur par Fédéric Morel; un second ouvrage du même Jean-Mathieu Toscan, intitulé *Octo cantica sacra e sacris bibliis latino carmine expressa, ejusdem Toscani Hymni et Poëmata*; une traduction de sept Oraisons de Démosthène, par Louis Leroy; un traité sur l'Excellence du gouvernement royal, par le même auteur; l'épître de Jean de Baïf à Henri III, pour l'instruction d'un bon Roi; la Première salutation au Roi sur son avènement à la couronne, et la deuxième salutation, par le même auteur; enfin un ouvrage de Scévole de Sainte-Marthe intitulé *Poetica paraphrasis in cantica, sylvæ, epigrammata et carmina*.

Limoges en 1526, et mort à Rome en 1585. Il professa pendant quelque temps à Bordeaux, où il eut Montaigne parmi ses élèves, puis au collège du cardinal Lemoine, à Paris.

1. La Biographie Michaud, se fondant sur un portrait de Claude Morel gravé en 1626, établit qu'il avait cinquante-deux ans à cette date. Il était donc né en 1574. Voir Michaud, *Biographie universelle*, à l'article *Morel* (*Claude*).

2. Ph. Renouard, *Imprimeurs parisiens*, 1898, p. 288.

En 1575, Fédéric le Jeune, qu'on appelle ainsi afin de le distinguer de Fédéric l'Ancien, se fit connaître pour la pre-

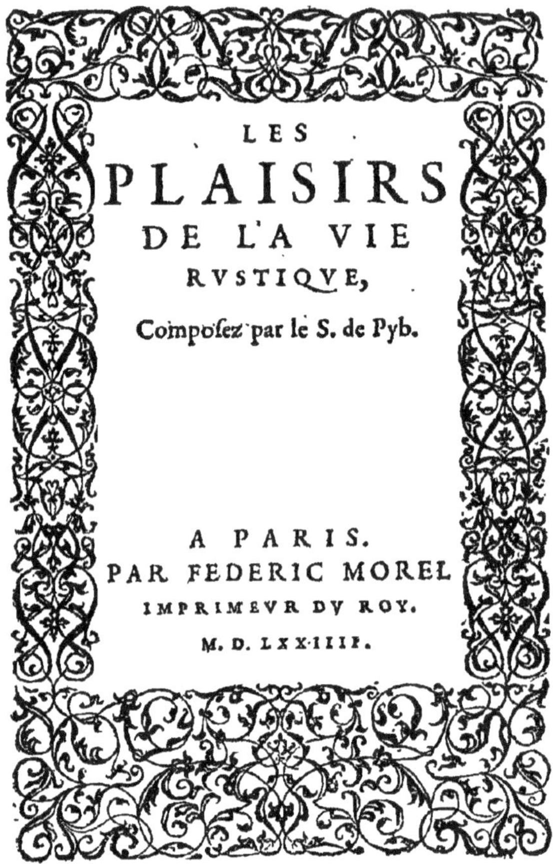

TITRE DES *PLAISIRS DE LA VIE RUSTIQUE.*

mière fois par ses travaux littéraires. Il n'était âgé que de dix-sept ans ; mais il avait reçu de son père une éducation soignée, ainsi que nous le montrent les pièces de vers et les

notices explicatives qu'il ajouta souvent aux éditions pater-
nelles à partir de cette date. C'est ainsi qu'il dédia quelques

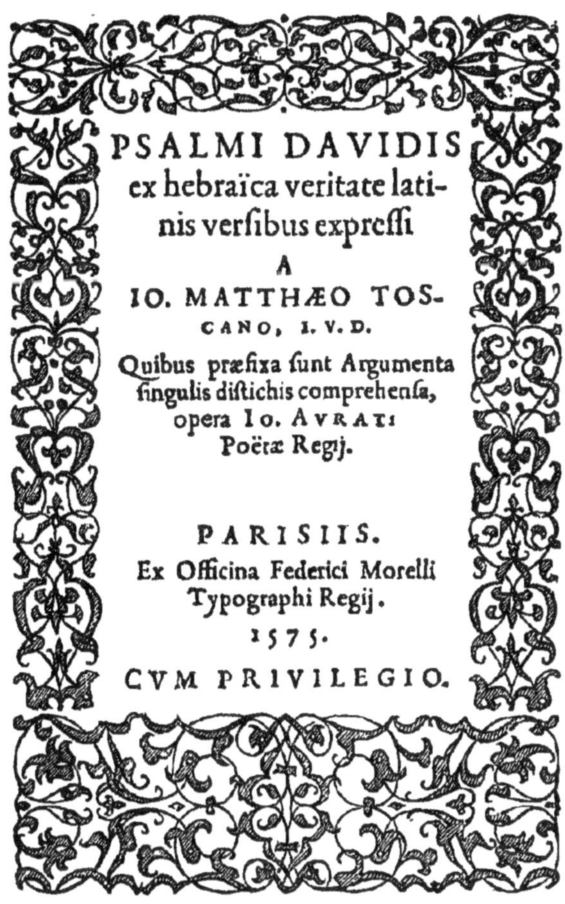

TITRE DE LA TRADUCTION LATINE DES PSAUMES DE DAVID.

distiques latins à Jean-Mathieu Toscan, dans la Traduction
des Psaumes de David, et qu'il augmenta cet ouvrage d'un
petit traité de versification latine, dans lequel il passe en

revue les mètres employés par les poètes latins, et principalement par Horace. Fédéric Morel, désirant développer
encore l'instruction de son fils, l'envoya vers 1577 à Bourges
suivre les leçons de Cujas[1], dont la renommée était universelle; il le présenta aussi à Jacques Amyot, qui l'admit
chez lui et lui donna de sages conseils[2].

Fédéric Morel l'Ancien n'était pas seulement imprimeur
érudit, il était aussi éditeur dans toute l'acception du mot.
Lorsqu'un auteur lui avait confié l'impression et la vente
d'un livre, il n'attendait pas que les acheteurs vinssent se
présenter; au contraire, « il faisait de la réclame » et envoyait
des voyageurs dans un grand rayon autour de Paris, afin de
propager le livre et d'en vendre beaucoup d'exemplaires.
Antoine Mizaud, dans la préface de l'*Artificiosa methodus
comparandorum fructuum*, nous apprend que Morel avait
fait connaître cet ouvrage « oppidatim et regionatim », et
même « in Germaniam, bonarum literarum et sublimium
ingeniorum parentem fœcundam », si bien que l'imprimeur
avait épuisé la première édition et demandait à l'auteur de
vouloir bien en donner une seconde, revue et corrigée.
Antoine Mizaud termine sa préface par ces mots : « Commisi
itaque, quod dicunt, vela ventis, oramque solventibus liberis
nostris, aut si mavis, libris, bene precatus, eo libentius
Typographo concessi quod sciam illos a multis, obviis, ut
aïunt et porrectis expectari manibus. » Cette préface d'Antoine Mizaud nous indique clairement que Fédéric Morel
avait des correspondants, dont la mission était de placer en
province et à l'étranger les livres sortant de l'officine du
Franc-Mûrier.

1. Abbé Goujet. *Mémoires sur le Collège de France.*
2. *Id., ibid.*

Si Morel déposait ses livres chez les libraires étrangers,
ceux-ci, de leur côté, lui demandaient son concours dans

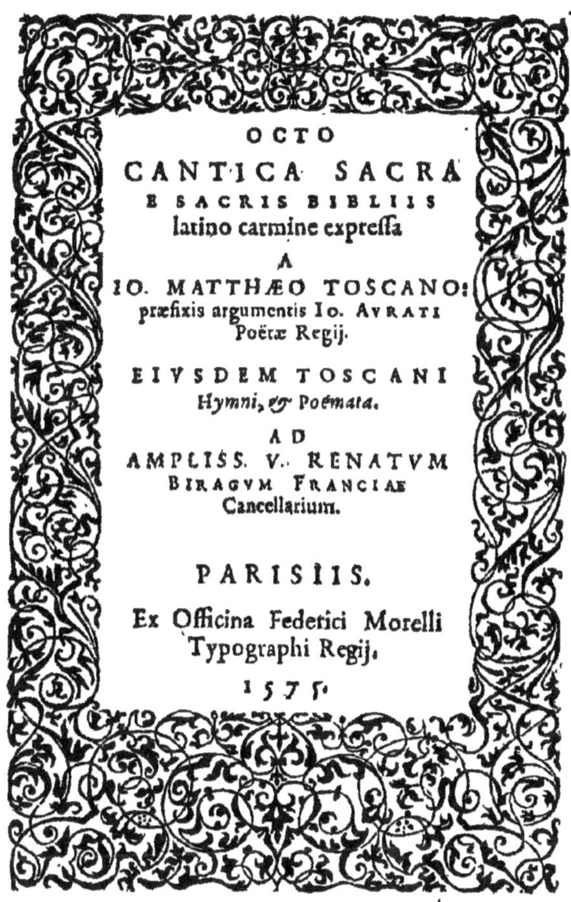

TITRE DE LA TRADUCTION LATINE DE HUIT CANTIQUES BIBLIQUES

l'exercice de leur commerce. Morel vendit quelques publications de Plantin, le célèbre imprimeur anversois, ainsi que
nous le prouve une note de ce dernier datée du 5 mai 1561

et relatant l'envoi de trente-six volumes « au **Sire Frederick Morel**[1] ». Cette note est conservée au Musée Plantin-Moretus à Anvers. Il est intéressant de voir au seizième siècle les éditeurs se servir des mêmes procédés de vente que nos libraires contemporains.

Les auteurs avec lesquels Fédéric Morel se trouvait en relations étaient pour lui plus que des clients, c'étaient des amis. Nous avons vu en quelle estime Joachim du Bellay tint son éditeur et quels éloges il lui décerna. Çà et là, dans les préfaces ou les avertissements des ouvrages imprimés par Morel, nous trouvons des allusions délicates à sa science et à ses qualités. En 1567, Philibert de Lorme parlant de l'activité de Morel, la qualifie de précipitation ; c'est un reproche flatteur. A la même époque, Claude Mondain[2], dans la préface de son *Liber de seditiosis*, à la suite duquel on trouve un erratum considérable, prend soin d'écarter toute responsabilité de l'imprimeur à ce sujet. Les fautes, nous dit-il, sont survenues par la négligence du copiste, « non culpa typographi, hominis, si quisquam alius, fidelissimi et diligentissimi ». Puis, c'est Denis Lambin[3] qui, ayant été chargé de faire imprimer à Paris le livre intitulé *C. Suetonii tranquilli libro duo de inlustribus grammaticis et claris rhetoribus*, avec les commentaires d'Achille Estaço, écrit à cet auteur une lettre dans laquelle il lui dit qu'il s'est adressé vainement à plusieurs imprimeurs de Paris, pour l'édition de son livre, et il ajoute : « Veni tandem ad Federicum Morellum, virum bonum, et in hac arte typographica sollertem, diligentem atque exercitatum. Hic solus, quamvis

1. Voir pièces justificatives, p. 160.
2. Claude Mondain, né à Lyon, était avocat au parlement de Paris.
3. Denis Lambin, né à Montreuil-sur-Mer vers 1516, mort en 1572, fut professeur de grec au Collège de France.

ipse quoque idem, quod alij, intelligeret, paucos huius libri
emtores fore, nempe aut doctos aut certe iudicii subtilis et
acutæ naris homines,... partim mea oratione adductus,
partim suum ipsius judicium secutus (homo enim est Græcæ
et Latinæ linguæ non ignarus) mihi pollicitus est, se, ubi
libri cuiusdam editionem a se inceptam et inchoatam absol-
uisset, mihi libentissime operam daturum. » Il faut citer
aussi un certain Jacques Corbinelli qui, à l'ouvrage de Guic-
ciardini[1] intitulé *Piu consigli in materia di re publica et di
privata,* ajoute les lignes suivantes à la louange de Morel :
« Lettore, tu vedi bene quanta sia stata la diligentia et
intelligentia del Signor Fed. Morello et l'amoreuoleza verso
le cose Italiche : poi que hauendo io il presente libro com-
messo alla cura sua, non lo truovo da emendare se non in
alcuni pochi, et leggerissimi luoghi ; in alcuni de quali è
stato l'errore il mio. »

Enfin, en 1576, un ami de notre imprimeur, Roland Béto-
laud, de Limoges, lui adresse une pièce en distiques latins
dans laquelle il lui rend hommage et le place parmi les
hommes illustres. Ces vers, bien qu'ils soient écrits en un
style alambiqué, sont assez intéressants pour que nous les
citions *in extenso* :

> Quod multi immeritum me complectantur amanter
>   Perfundor magna, nec nego, lætitia.
> Nempe bonis placuisse viris ea gloria demum est
>   In quibus est gratum me placuisse tibi.
> Cuius cum primum pingendi nota facultas,
>   Quæ graphices in te portio multa viget :
> Te non vulgari complexus amore, nec ante
>   De facie notum, fio repente tuus.

1. Peut-être de la même famille que le célèbre historien de l'Italie.

>   Deinceps ut novi morum candore bonorum
>   Vulpinæ occultum fraudis habere nihil :
>   Quem sancte cum plerisque omnibus ante colebam,
>   Ardeo præ reliquis totus amore tui.
>   Nec quoniam nollem, sat enim mihi larga voluntas
>   In te vix minimum constitit officium :
>   Sed quia curta nequit quicquam conferre supellex,
>   Ac ea ne possit fata inimica vetant.
>   Imbres quippe novi mense irrepsere Novembri
>   Atque novi fructus ac nova cordolia.
>   Dum ferus hinc binis urbem prædatur ab annis
>   Pardalus hanc, ex qua sævus utrumque fugat
>   In diversa locis, patrios adeunte penates,
>   Te tuto, heu miseram dum fugio patriam.
>   Ex hoc sola acie mentis te tempore vidi,
>   Qui nec dum potui non memor esse tui.
>   Si quid deinde queat tenuis præstare facultas
>   Vsu et mancipio me fore crede tuum [1].

Au mois de septembre 1575, Henri, duc de Guise, avait vaincu, près de Château-Thierry, les reîtres amenés en France par le prince de Condé [2]. A cette occasion, le poète Jean Dorat composa une pièce de vers pour féliciter Henri III de la victoire remportée par le duc de Guise. Cette pièce parut chez Fédéric Morel, l'année suivante, sous ce titre : *Chant de Ioye à Nostre Dame de liesse pour la victoire du très heureux Roy Henry III. Henry duc de Guise chef de son armée.* Fédéric Morel se servit, pour cette circonstance, d'une marque spéciale dont nous parlerons dans un chapitre suivant.

L'ouvrage le plus important édité par Fédéric Morel pendant l'année 1577 est intitulé *Caroli Lotharingi cardinalis*

---

1. *R. Betolaudi hodœporicum*, 1576.
2. Henri Ier, prince de Condé, fils de Louis Ier, qui fut tué à Jarnac en 1569.

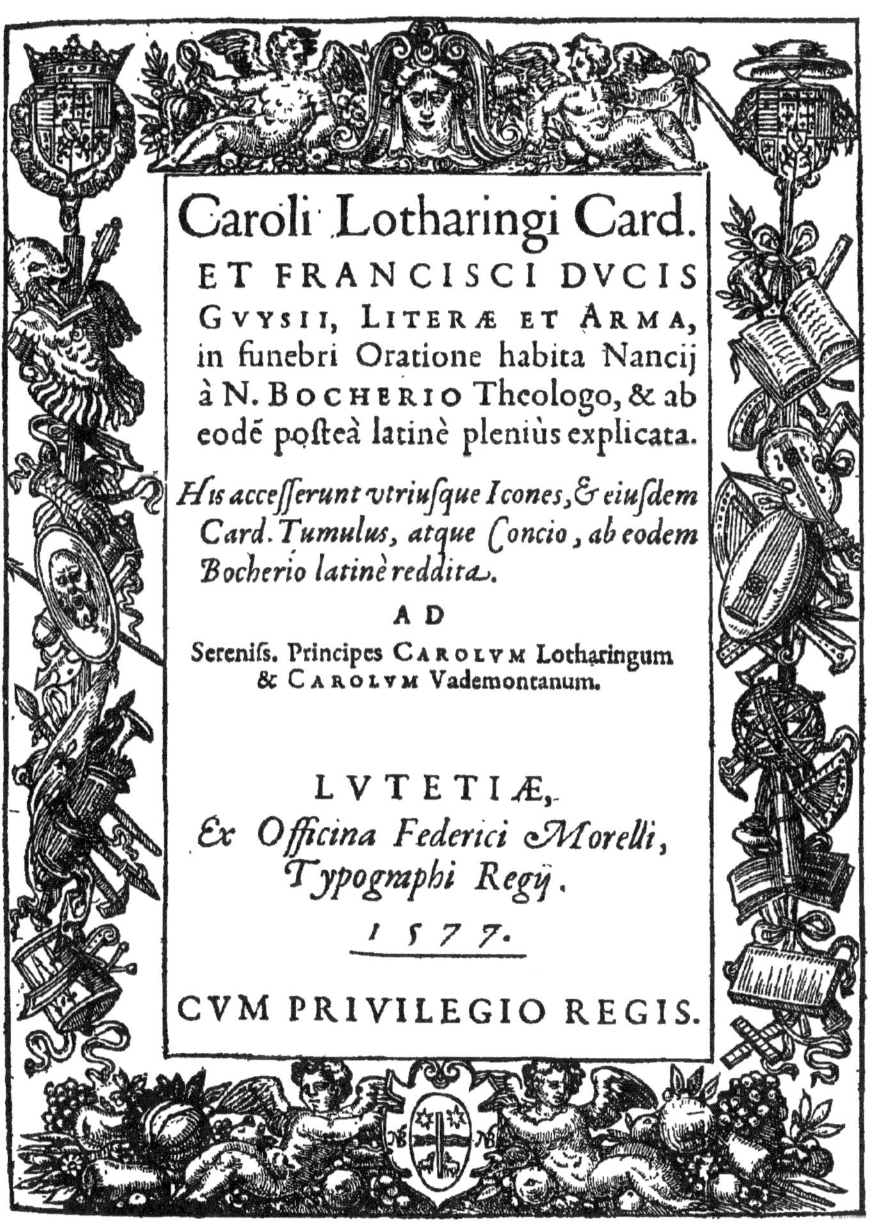

TITRE DE L'ORAISON FUNÈBRE
DE CHARLES, CARDINAL DE LORRAINE, ET DE FRANÇOIS, DUC DE GUISE

et Francisci ducis Guysii, literæ et arma, in funebri oratione habita Nancij à N. Bocherio, theologo et ab eodem posteà latinè plenius explicata. C'est une histoire apologétique des Guise. Le titre est entouré d'un cadre et surmonté d'un fronton à droite et à gauche duquel on voit les armes de François de Guise et celles de son frère Charles, cardinal de Lorraine. A l'intérieur du livre se trouvent les portraits des deux frères dont les traits sont reproduits avec une grande finesse. Enfin, aux derniers feuillets, on remarque six planches gravées sur cuivre. La première représente le mausolée des Guise, et les cinq autres contiennent le détail de l'épitaphe. C'est un des plus beaux ouvrages sortis des presses de Morel.

En 1578, Morel donna une seconde édition des *Plaisirs de la vie rustique*, par Gui Faure de Pibrac, et imprima le *Dialogue de deux bons anges de Paris*, par Jean de Baïf; mais il faut citer surtout le Θεοφράστου περί τῶν λίθων, imprimé avec les grecs du Roi.

L'année 1579 fut une date très importante dans la vie de Fédéric Morel : c'est à cette époque qu'il changea de domicile et s'installa rue Saint-Jacques, en la maison de son beau-père.

Michel de Vascosan, né à Amiens au commencement du siècle, était mort en 1576, après avoir acquis la réputation d'un des premiers imprimeurs de Paris. Il laissait une fortune considérable, fruit de quarante années de labeur et aussi du riche mariage qu'il avait contracté avec Catherine Bade[1].

Divers actes[2] nous apprennent que Michel de Vascosan

1. Voir plus haut, p. 22.
2. Voir pièces justificatives, p. 153 *sqq.*

possédait au moins quatre maisons dans Paris : la maison des « Sizeaulx d'or », rue Saint-Jean-de-Beauvais, qu'il avait louée à Fédéric Morel, ainsi qu'on l'a vu plus haut ; la maison du Mortier[1], rue de la Bûcherie ; la maison des Trois-Bourses, rue du Petit-Pont et la maison de la Fon-

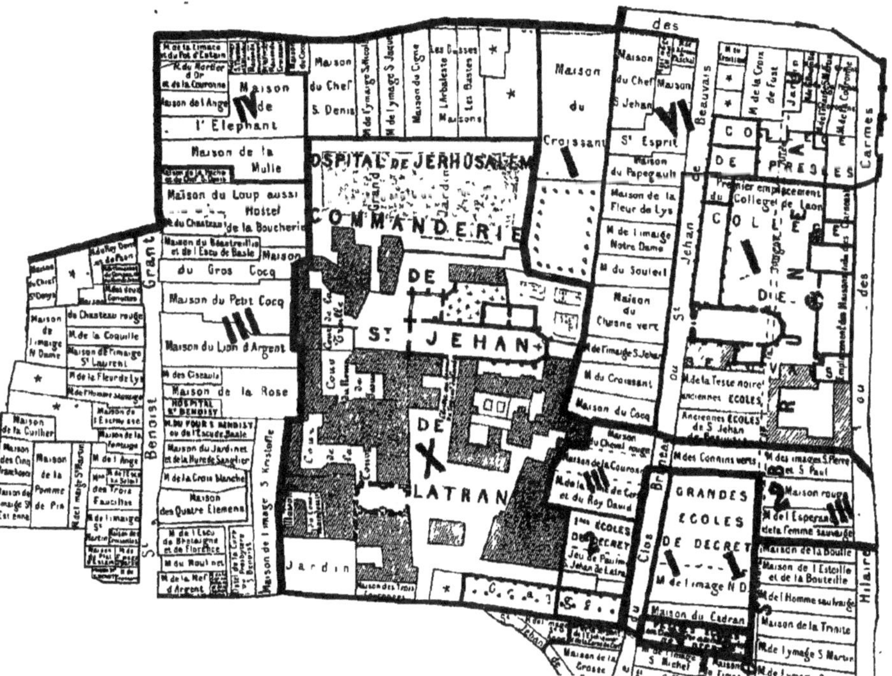

PLAN DU QUARTIER SAINT-BENOIT ET DU CLOS BRUNEAU AU XVIᵉ SIÈCLE
PAR LENOIR ET BERTY [2].

taine, rue Saint-Jacques, où il habitait. La Fontaine avait été acquise par Vascosan d'un boucher nommé Jean Hémon[3].

1. Cette maison a été appelée à tort le *Moustier* dans le plan de Lenoir et Berty. (Bibl. nat. Estampes.)

2. Bibl. nat. Estampes.

3. Voir pièces justificatives, p. 153 *sqq.*

Au commencement du siècle elle avait porté pour enseigne le « Regnard qui ferre ». C'était la huitième maison à gauche après Saint-Benoît, en descendant vers la Seine ; elle était située entre la maison de l'« Homme Sauluaige », habitée par le libraire Regnaud Chaudière, et un immeuble appartenant à l'Hôtel-Dieu de Paris. En arrière se trouvait la maison de l'Écrevisse. L'emplacement de la Fontaine correspond actuellement à peu près à l'angle de la rue Saint-Jacques et du boulevard Saint-Germain, à gauche en allant vers la Seine. Cet immeuble était situé en la censive des chanoines de Saint-Benoît et chargé envers eux de trois sous neuf deniers parisis de cens ; en outre, le propriétaire était tenu de payer six livres six sous six deniers parisis de rente au chapelain de la chapelle Notre-Dame de la Table, à Saint-Benoît, et trente-trois sous six deniers parisis au chapelain de la chapelle Saint-Augustin, à la cathédrale de Paris. Cependant Michel de Vascosan n'avait pas la jouissance entière de l'immeuble, car il en possédait la moitié par indivis avec une certaine Antoinette Vagnault. Les acheteurs payèrent la maison douze cents livres tournois. Tels sont les renseignements que nous avons pu réunir sur la maison de la Fontaine [1].

Au seizième siècle, la rue Saint-Jacques était habitée presque exclusivement par des imprimeurs depuis les environs de la Sorbonne jusqu'un peu avant l'emplacement de l'église Saint-Jacques du Haut-Pas, fondée à cette époque. On y trouvait des noms célèbres, comme les Chaudière, les Cavellat, les Le Noir et les de Roigny. Les maisons de la rue Saint-Jacques avaient une petite façade; mais de grands

---

1. Voir pièces justificatives, p. 153 *sqq.*

terrains s'étendaient en arrière, ainsi que nous le montrent les anciens plans.

La succession de Michel de Vascosan passa entièrement aux mains de Fédéric Morel[1]. Les affaires furent longues à régler, car il s'écoula au moins dix-huit mois entre la mort de Vascosan et la date à laquelle son gendre vint s'établir rue Saint-Jacques.

Nous pouvons placer approximativement cette date au 1er juin 1578, en examinant les marques des lettres patentes que Morel imprimait alors en grand nombre, et en comparant ces marques avec les jours d'émission des lettres; car aucune des éditions postérieures au 1er juin 1578 ne porte la marque du Franc-Mûrier.

En réunissant ses ateliers à l'ancienne imprimerie de son beau-père,

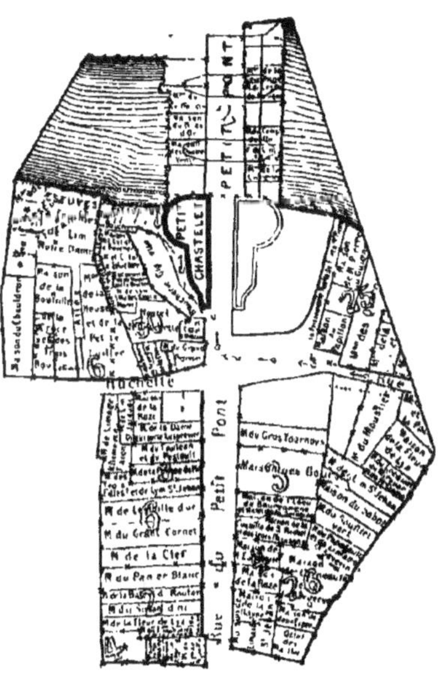

PLAN DE LENOIR ET BERTY

Donnant l'emplacement des maisons des *Bourses* et du *Moustier* (lire *Mortier*).

Fédéric Morel n'eut pas à craindre les inconvénients que présente l'emploi simultané de deux matériels différents, puisqu'il se servait des mêmes types que Vascosan et en possédait les mêmes séries. Les caractères laissés par Vas-

---

1. Excepté toutefois la maison des *Trois-Bourses*, que Fédéric Morel posséda par indivis avec plusieurs autres personnes. (Voir pièces justificatives, p. 156.)

cosan avant sa mort étaient presque neufs ; car les dernières éditions sorties des presses de cet illustre imprimeur sont d'une grande netteté.

Après le décès de Vascosan, Fédéric Morel devint le premier imprimeur de Paris, parce que la plupart de ceux qui avaient illustré la typographie sous les règnes de François Ier et d'Henri II étaient morts, et n'avaient pas été remplacés par des hommes de leur valeur. Fédéric, digne successeur de son beau-père, fut, avec Plantin, le dernier imprimeur qui, par la nature de ses travaux et sa typographie, termina la période de la Renaissance.

De 1579 à 1581, Morel redoubla d'activité. C'est la période de sa vie où il produisit le plus d'œuvres remarquables par leur caractère scientifique. En 1579, il conçut un vaste projet d'éditions. C'étaient :

1° Les dix livres de l'histoire de Paul-Émile Véronais, traduits par Jean Regnart ;

2° La suite de cette histoire composée en latin par feu Arnold Ferron, conseiller au Parlement de Bordeaux ;

3° L'histoire d'Alexandre par Arrien de Nicomédie, traduite par Wytart, conseiller au présidial de Château-Thierry ;

4° Les vers dorés de Pythagore interprétés par Hiéroclès et traduits par S. de la Haye ;

5° L'histoire d'Hérodien traduite en français par Jacques des Comtes de Vintimille, conseiller au Parlement de Dijon.

Fédéric Morel, qui avait obtenu à l'avance, pour tous ces ouvrages, un privilège royal, le 20 décembre 1579, ne put mettre entièrement son projet à exécution, et dut préalablement terminer les travaux déjà entrepris. C'est ainsi qu'en 1579 il édita un traité d'Hippocrate, intitulé ΙΠΠΟΚΡΑΤΟΥΣ μοχλικόν ou *Hippocratis de curandis luxatis libellus*, imprimé avec les grecs du Roi; une traduction de la *République des Lacédémoniens et des Athéniens*, de Xénophon, et enfin la *Remonstrance de M. de la Serre*, contre un opuscule huguenot et antimonarchique qui fit du bruit à l'époque, la *République* de Bodin.

Morel, dans les dernières années de sa vie, n'édite plus de livres d'actualité ayant trait aux événements; il n'imprime plus les œuvres de poètes contemporains. Au contraire, il se consacre aux auteurs anciens, et, dans cette besogne, il est puissamment aidé par l'érudition de son fils.

En 1580, il imprima l'*Histoire d'Hérodian, excellent historien grec, traitant des faicts memorables des successeurs de Marc Aurèle à l'empire de Rome, translatee de grec en françois par Jacques des Comtes*[1] *de Vintemille, rhodien, conseiller du Roy au Parlement de Dijon*. Cette belle édition, au commencement de laquelle on trouve une ode de Pontus de Thyard, est illustrée d'un grand nombre de lettres ornées, tirées en noir. Nous citerons aussi, pour cette année, un ouvrage composé avec les grecs du Roi, intitulé *Luciani judicium vocalium*, et surtout la magnifique édition de la Batrachomyomachie d'Homère, imprimée avec les mêmes types, que Maittaire cite parmi les plus belles éditions sorties des presses de notre imprimeur.

En 1581, Fédéric Morel, poursuivant l'exécution du projet qu'il avait formé deux ans auparavant, édita six ouvrages fort importants. Si l'on y ajoute plusieurs autres opuscules de moindre étendue et toutes les lettres patentes et mandements émis cette année, on peut avoir une idée de l'activité qui régnait alors à la Fontaine. Les six ouvrages dont nous parlons sont les suivants : *Hesiodi opera et dies ; Platonis*

---

1. *Les Comtes*, aujourd'hui *Contes*, bourgade située aux environs de Nice.

Phœdrus ; Synesii epistolæ quædam breves et laconicæ, ces trois éditions composées avec les grecs du Roi; en second lieu, l'*Histoire d'Alexandre par Arrien de Nicomédie, traduite par Claude Wytart*; une seconde édition de l'Histoire d'Hérodien, traduite par Jacques des Comtes de Vintimille, et enfin l'*Histoire des faicts, gestes et conquestes des Roys, princes, seigneurs et peuple de France, descripte en dix livres, composée en latin par Paul Émile Veronois*[1] *et traduite par Jean Regnart.* Cette dernière édition est fort remarquable; elle est précédée d'une épître dédicatoire de Morel à Henri III et magnifiquement imprimée.

Cependant Fédéric Morel sentait ses forces diminuer rapidement, bien qu'il ne fût pas encore parvenu à un âge fort avancé. Heureusement son fils aîné, qui avait atteint sa vingt-troisième année, était en mesure de lui succéder honorablement. On a vu plus haut que Fédéric le Jeune avait reçu une excellente éducation et suivi les leçons d'un des premiers maîtres de l'Europe. Afin de lui donner une position encore plus solide, son père lui fit épouser Isabelle Duchesne, fille de Léger Duchesne (*Leodegarius a Quercu*), professeur de latin au collège royal[2]. Léger Duchesne, comme Fédéric Morel l'Ancien, avait été l'élève de Jacques Toussain, et leurs relations s'étaient continuées depuis cette époque.

Jugeant qu'il était temps de se retirer des affaires, et d'ailleurs pressé par la maladie, Morel prit le parti de laisser à son fils la direction de la maison et voulut le faire nommer à sa place imprimeur du Roi. Une difficulté se présenta tout d'abord. Fédéric le Jeune n'avait que vingt-trois ans, et il fallait en avoir vingt-cinq pour porter le titre d'impri-

---

1. Paolo Emili naquit à Vérone vers 1460, et mourut en 1520.
2. Voir plus haut, p. 72.

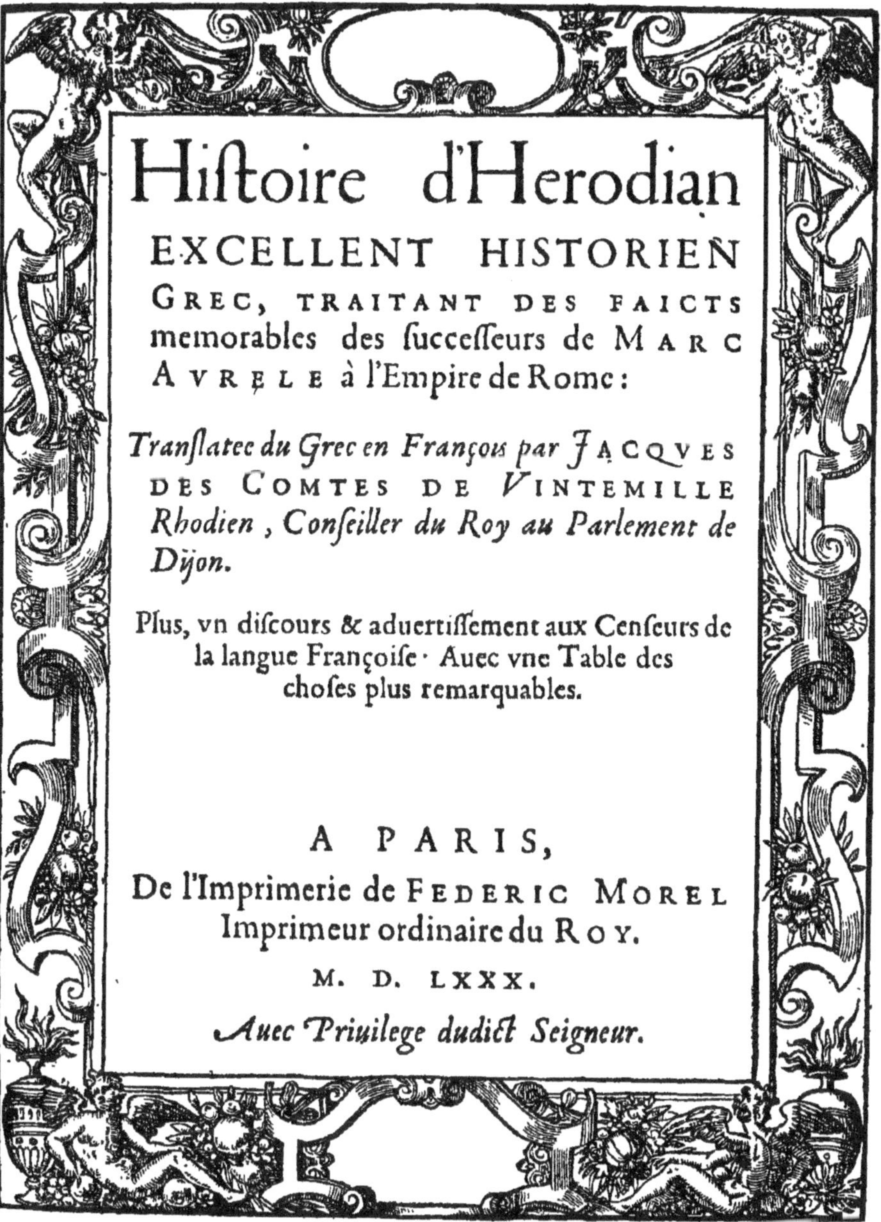

TITRE DE L'HISTOIRE D'HÉRODIEN.

meur royal. Fédéric le père alla trouver Amyot, se souvenant de l'accueil favorable que celui-ci lui avait jadis témoigné ainsi qu'à son fils, et le pria instamment de vouloir bien user de l'influence qu'il avait auprès d'Henri III pour faire décerner à Fédéric le Jeune le titre d'imprimeur du Roi[1]. Jacques Amyot y consentit volontiers, et le 2 novembre 1581 Fédéric le Jeune obtenait les lettres patentes qui le nommaient imprimeur royal en remplacement de son père[2]. Mais on ne transgressa pas la règle ; cette nomination fut provisoire, et le nouvel imprimeur royal ne porta ce titre que deux ans après, lorsque ses vingt-cinq ans furent révolus.

Le privilège du 2 novembre 1581 est conçu à peu près dans les mêmes termes que celui du 4 mars 1571, et rédigé selon des formules consacrées qui ne sont pas ici entièrement exactes. Ainsi Henri III constate que Fédéric le Jeune, « ayant bien estudié et faict profession de bonnes lettres et sciences et travaillant comme il fait aujourd'huy avec et soubz sondict pere a l'impression des bons livres et exemplaires hebrieux, grecz, latins, francoys et autres, s'est rendu capable de nous faire service audit état de notre imprimeur[3] ». Or, Fédéric l'Ancien n'a jamais imprimé de livre hébraïque. Ce serait donc commettre une erreur que de se fonder sur cette énumération pour établir que Morel imprima de l'hébreu.

Fédéric Morel, voyant la situation de son fils assurée, lui confia définitivement la direction de son imprimerie ; mais il ne quitta pas tout à fait sa maison, ainsi que nous le prouvent

1. *Catalogue des imprimeurs et libraires du Roy*, par le P. Adry.
2. Voir pièces justificatives, p. 150.
3. *Id., ibid.*

les préfaces et les pièces de vers qu'il composa pour plusieurs livres sortis de la Fontaine entre 1581 et 1583.

Pendant ce court espace de temps, les Morel éditèrent quelques ouvrages importants. Nous citerons :

1° Les Hymnes de Pindare qui parurent sous ce titre : *Olympia, Pythia, Nemea, Isthmia : græce : eadem latino carmine reddita per Nicolaum Sudorium ;*

2° ΓΑΛΕΝΟΥ παράφρασις εἰς τὸν Μενοδότον ;

3° *Basilii magni de grammatica exercitatione ;*

4° *Virgilii Pollionis ecloga latine et græce ex Eusebio.*

Ces quatre éditions, fort remarquables, ont été composées avec les grecs du Roi. Ce sont les dernières que Fédéric Morel le père vit sortir de ses presses.

Le 19 novembre 1581 était mort Jean de Morel, seigneur de Grigny et précepteur du chevalier d'Angoulême[1], bâtard de Henri II. Jean de Morel, qui avait été jadis l'ami intime de Joachim du Bellay, était aussi lié avec Fédéric Morel ; c'est pourquoi la famille résolut, en 1583, de faire imprimer à l'officine de la Fontaine le *Tumulus* du défunt. Fédéric Morel, pour honorer la mémoire de son ami, composa une pièce de vers latins qui fut insérée à côté des poésies de la célèbre Camille, fille de Jean de Morel ; mais l'impression du *Tumulus* n'était pas achevée, lorsque Fédéric lui-même mourut inopinément[2], le 7 juillet 1583[3], âgé de soixante ans.

---

1. Henri d'Angoulême, fils d'Henri II et d'une dame Flamin.

2. Animus erat hunc libellum aptissimis et undequaque ex optimis quibusque authoribus collectis exemplis illustrare, etc... Hanc optimam operam succisivis horis optime collocare spero, si Deus volet, et otium supersit negotiis jam domesticis ob insperatum charissimi patris Federici obitum et varia libellorum ob munus regium editione occupatissimo. (Féd. Morel le Jeune. Épître au lecteur, dans les *Caractères de Théophraste...*)

3. *Bibliothèques françoises de Lacroix du Maine et Du Verdier*, éd. Rigoley de Juvigny, I, p. 196.

A la fin de cet opuscule, Fédéric le Jeune ajouta quelques vers dédiés à la mémoire de son père et rappelant en même temps les qualités du défunt auquel était consacré l'ouvrage :

> Dum cudis tumulum Jani, Federice, Morelli,
>   Pallida mors verum te vocat ad tumulum.
> Dumque typis mandas Janum, Federice, receptum
>   Sedes in superas, sydera et ipse petis.
> Virtutis studiis juncti et probitate Morelli
>   Vt bene vixerunt, sic obiere pie.

Et plus bas, on lit encore :

> Ἔιη Ἰωάννη , Φεδερίκῳ τ'αἶα Μορέλλοις
>   Κοῦφη , ὥς θνῆτοις ἀθάνατοις τε φίλοις[1].

Fédéric Morel fut inhumé dans les charniers de Saint-Benoît, où reposaient déjà plusieurs imprimeurs célèbres, entre autres Ulrich Gering et Thielman Kerver. Il fut enterré à côté de son beau-père Vascosan et du grand-père de sa femme, Josse Bade. En 1603, Fédéric Morel le Jeune[2], voulant honorer la mémoire de son père, de son grand-père et de son arrière-grand-père, leur éleva un tombeau de marbre sur lequel il fit graver l'épitaphe suivante :

Pictura Jodoci Badii.	D. O. M.	Pictura ejus uxoris
	B. Q. V. M. S.	Thelif Trechsel.

> Viator qui bonas artes piasque amas,
> Siste. Hic quiescunt subter illustres viri.
> Jacet Jodocus hic Badius Ascensius
> Candore notus scriptor et scientia.
> Gener Jodoci Vascosanus prope situs est
> Doctissimorum tot parens voluminum,

---

1. « Que la terre soit légère à Jean et à Fédéric Morel, comme à des amis mortels et immortels ! »

2. Bruté, *Chronologie des curés de Saint-Benoît*, p. 43.

Socer Morelli Regis olim interpretis;
Musarum alumni quæ gemunt hic conditum
Fœdusque Federici ademptum sibi dolent.
Tres cippus unus hic tegit cum uxoribus
Lectissimis et liberorum liberis.
Hos Christus olim dormientes suscitet
Ad concinendum Trinitati almæ melos.

I. X. Θ. Υ. Σ.

Federicus Morellus Paris. professor et interpres regius; Federici Morelli nobilis genere Campani, regii quoque interpretis, filius; Michaelis Vascosani scutiferi Ambiani nepos; Jodoci Badii illustris Belgæ pronepos; marmoreum hoc epitaphium patris, avi, proavi memoriæ ære suo posuit : ejusdem cum Deus vocans volet, tumuli compos fieri optans, ἐν θεῷ εὔελπις. Anno salutis 1603.

Qui Morellus unus erat e duum-viris togatis hujus ædis sacræ D. Benedicti παροικίας γαζοφυλάκειῳ præfectus[1].

Fédéric Morel le Jeune avait élevé un tombeau à ses aïeux avec l'intention de reposer auprès d'eux après sa mort. Il y fut enterré plus tard, ainsi que nous l'affirme l'abbé Bruté dans sa *Chronologie historique des curés de Saint-Benoît*[2]. Cependant nous ne voyons pas que l'épitaphe ait jamais reçu postérieurement l'addition d'un autre nom; elle était dans l'état où nous la donnons aujourd'hui lorsque La Caille la vit et la copia pour l'insérer dans son *Histoire de l'imprimerie*, qui parut en 1689. En haut de l'épitaphe, Fédéric Morel le Jeune avait fait graver les portraits de son arrière-grand-père Josse Bade et de la femme de celui-ci, Thelif Trechsel. Ce tombeau disparut lors de la destruction du charnier Saint-Benoît.

1. Il existe dans l'*Épitaphier de Paris*, par M. Raunié, une autre rédaction de cette épitaphe; mais le texte donné ici doit être préféré.

2. P. 43.

CHAPITRE IV

Fédéric Morel mit à profit l'instruction qu'il avait reçue de ses maîtres et justifia l'épithète de « tres-docte en langues latine et grecque », que ses contemporains lui décernèrent. Il fut auteur, comme la plupart des imprimeurs du seizième siècle, et se consacra particulièrement aux travaux théologiques ; il en avait pris le goût dans l'officine de Charlotte Guillard, qui s'était fait une spécialité dans ce genre d'éditions.

Pendant qu'il exerçait la profession de correcteur au Soleil d'or, Morel avait lu les œuvres de saint Jean Chrysostome publiées en partie par la veuve Chevallon[1]. Il en traduisit trois oraisons, et, devenu imprimeur, il les fit paraître, en 1557, sous ce titre : *De la prouidence de Dieu ; de l'Ame ; d'humilité, oraisons prinses de sainct Iean Chrysostome,* en un volume in-8. Ce petit ouvrage est devenu très rare, si même il n'a disparu ; car nous n'avons pu nous en procurer un exemplaire, malgré les recherches que nous avons faites dans les principales bibliothèques. Nous serions donc obligé de le citer comme mémoire, si Du Verdier n'en avait laissé des extraits qu'il trouva dignes d'être publiés dans sa Bibliothèque française. Du Verdier cite deux extraits de l'oraison de la Providence de Dieu ; mais il ne nous a rien conservé de l'oraison de l'Ame.

1. Voir p. 20.

Cet opuscule n'était qu'une traduction ; au mois de février 1564 (1565 n. st.), Fédéric Morel fit paraître un traité de sa composition intitulé *De la guerre continuelle et perpetuel combat des chrestiens contre leurs principaux ennemis : Traicté fort vtile et propre pour ce temps et tout autre, nouuellement mis en francois par F. M.*

Cet ouvrage est évidemment l'œuvre de Fédéric Morel lui-même, bien que le titre porte seulement : « mis en francois par F. M. » Contrairement à l'intitulé, Morel, dans sa préface, se déclare l'auteur, lorsqu'il dit : « De laquelle chose (Le combat contre le mal) ie composay ces iours passés vn petit livret, que maintenant ie te presente, amy lecteur, te priant le receuoir de bonne affection. »

Au commencement, il compare le vrai chrétien avec le faux, car depuis les premiers temps du christianisme il y a toujours eu deux sortes de chrétiens : « Les vns qui ne l'ont été que de titre et profession seulement, les autres qui l'ont été de faict et a la verité. » Puis vient une sorte d'avant-propos ou de préliminaire intitulé : « Du combat perpetuel des chrestiens auec la Chair, le Monde et le Diable : ou de la Luicte chrestienne », dans lequel il est dit que les trois ennemis principaux que le chrétien doit combattre sont : la chair, le monde et le diable.

Le corps du traité est divisé en trois chapitres. Dans le chapitre premier, « Du combat contre la chair », Fédéric Morel indique les principales causes des « passions contre la chair » et expose les moyens d'y remédier ; ce sont surtout la prière, le travail et le mariage. Dans cette même partie, l'auteur traite de l'ivrognerie. Il cite fréquemment des passages de poètes anciens mis par lui en vers français. C'est ainsi qu'il traduit un passage de Lucrèce :

> Les vices pas lon ne pourroit
> Oster et les abolir tous
> En sorte que cestuy ne soit
> Plus enclin à ire et courroux
> L'autre craintif plus qu'il ne doit
> Et l'autre trop humain et doux.

Morel nous parle aussi de la colère et de la manière dont il faut supporter l'adversité.

Le second chapitre est consacré au combat contre le Monde. Ce n'est qu'un complément du précédent. Fédéric Morel y traite de la chair et de l'orgueil; puis du blasphème, de la gourmandise et de la vengeance.

Le troisième chapitre, qui est encore un développement du premier et se rattache étroitement au second, est relatif au combat contre le diable. Le diable, comme le monde, est la cause de tous nos vices et de tous nos péchés. Morel termine par une prière de sa composition adressée à Dieu le Père, et par une traduction des Méditations de saint Bernard, touchant les trois ennemis de l'homme.

Dans cet ouvrage, Morel témoigne de sentiments chrétiens et en même temps d'une grande érudition. Ses observations démontrent qu'il avait étudié la théologie. Les citations abondent, heureusement choisies pour venir à l'appui de la thèse. Fédéric Morel, ayant composé son ouvrage pendant les guerres de religion, a eu l'intention de lui donner un caractère politique. Il nous en fait part peu de temps après, dans une épître dédicatoire[1]. En résumé, c'est l'œuvre d'un homme mûr. Morel avait quarante et un ans lorsqu'il la composa.

En 1571, notre imprimeur fit paraître une traduction de

---

1. Épître dédicatoire des *Douze manières d'abus*, 1571.

plusieurs passages de saint Cyprien sous ce titre : *De douze manieres d'abus qui sont en ce monde en diuerses sortes de gents, et du moyen d'iceux corriger et s'en donner garde. Traitté fort vtile et beau, extrait des Oeuures de S. Cyprian, nouuellement reueu et corrigé.* Comme il restait quelques pages blanches à la fin de l'opuscule, Morel les compléta en imprimant *Les douze Règles de M. Ian Pic de la Mirandole, comprenans en brief les choses plus requises pour uiure chrestiennement.* Il dédia la traduction des passages de saint Cyprien et les Règles de Pic de la Mirandole au fils naturel de Henri II, le chevalier d'Angoulême, qui était venu visiter son imprimerie quelque temps auparavant[1].

Dans son épître dédicatoire, Fédéric Morel annonce au chevalier d'Angoulême qu'il avait écrit une première fois cette traduction, en 1566, d'après un manuscrit. Mais la comparaison avec une édition des Œuvres de saint Cyprien, publiée entre temps « d'une façon plus ample et plus complète », lui ayant fait découvrir que son manuscrit était fautif en certains endroits et sur d'autres points plus correct et plus complet, il avait modifié sa traduction en combinant les deux leçons. Morel prévient le chevalier d'Angoulême qu'il n'a pas osé lui présenter autrefois son « petit traité du Combat chrestien », mais qu'à présent il prend cette liberté en se recommandant de M. de Morel, précepteur du prince. Il termine son épître en souhaitant au chevalier de croître en toutes les vertus, et de ne pas démentir l'espérance qu'on a de lui.

Après l'épître dédicatoire vient la préface. Fédéric Morel nous apprend qu' « il y a douze manieres d'abus en ce monde, c'est-à-dire douze sortes de gens qui s'y abusent ».

1. Épître dédicatoire des *Douze manières d'abus*, 1571.

Ce sont :

> Vn sage sans bonnes œuvres
> Vn vieil homme sans religion
> Vn enfant sans obéissance
> Vn riche qui ne fait point d'aumosnes
> Vne femme sans pudicité ni chasteté
> Vn seigneur qui est sans vertu
> Vn chrétien contentieux et noisif
> Vn pauvre orgueilleux
> Vn roi inique et iniuste
> Vn euesque negligent et mal soigneux
> Vne commune sans discipline et
> Vn peuple sans loy.

« Ainsy, ajoute-t-il, la iustice est oppressee et esteincte... Si la roue de ce monde ensuit ces choses, elle s'en va tomber, si Dieu ne l'en destourne, tout droict aux ténèbres d'enfer. »

Ensuite commence la traduction. Morel y fait preuve de critique. Il ajoute en marge des notes explicatives, et nous montre qu'il a pris soin de rechercher dans l'Ancien et le Nouveau Testament tous les passages auxquels saint Cyprien fait allusion. Il cite souvent Tertullien, saint Ambroise et les Actes des apôtres.

La traduction *De douze manieres d'abus* termine la liste des ouvrages un peu étendus que nous a laissés Fédéric Morel. Maittaire en ajoute un autre intitulé *Discours du vray amour de Dieu pour les hommes*[1], et il renvoie à la Bibliothèque de Du Verdier où il a pris ce renseignement. Or cet opuscule n'est pas cité dans la première édition de la Bibliothèque de Du Verdier parue en 1585. Il y a donc lieu de croire que l'information de Maittaire est erronée, ou que le célèbre bibliographe a simplement voulu mentionner une

---

1. *Ann. typ.*, III, pars posterior, p. 692, note *f*.

attribution douteuse de cette traduction à Fédéric Morel.

Certains auteurs ont cru que l'ouvrage intitulé *Eze-chielis Judaïcarum Tragoediarum poetæ Exagogæ Tragœdia de Israelitarum Exodo, græce cum latina metrica, Federici Morelli versione et ejus castigationibus, 1580*, était de notre imprimeur. Née de la Rochelle pense, au contraire, avec raison que ce travail est l'œuvre de Fédéric le Jeune; car il a une grande analogie avec les autres travaux de ce dernier alors âgé de vingt-deux ans [1].

Morel écrit ses traductions en un style clair et net. Il n'aime pas les phrases longues et ne se sert que de courtes propositions. Souvent il sépare à l'aide d'un point deux membres de phrase qu'il aurait pu réunir par une conjonction. Il en résulte une certaine sécheresse de style; mais ce défaut a moins d'importance en des traductions, dont le principal mérite est l'exactitude. Ajoutons que les traductions de Fédéric Morel semblent avoir été recherchées; car dans la nouvelle édition de l'*Oraison de la Prouidence de Dieu*, donnée par Fédéric le Jeune, en 1595, on lit sur un exemplaire conservé à la Bibliothèque nationale ces mots manuscrits : « D'autant plus rare qu'il n'existe pas d'autre traduction de ce petit traité. »

Les ouvrages que nous venons de citer ne suffiraient pas à nous donner une idée juste du style et de l'esprit de Fédéric Morel, si nous ne parlions des préfaces et des épîtres au lecteur, qu'il ajouta quelquefois aux éditions sorties de ses presses. Ces préfaces nous permettent d'apprécier à leur valeur les talents littéraires de notre imprimeur. Dans ces courts passages il nous montre la vivacité de son esprit, ses goûts, ses tendances et ses opinions.

1. *L'Imprimerie savante*, III, p. 254. (Bibl. du Cercle de la librairie.)

Il est bien rare aujourd'hui qu'un libraire ou un imprimeur insère quelques lignes écrites de sa main dans le livre qu'il édite ou qu'il imprime ; d'un bout à l'autre de l'ouvrage la parole est laissée à l'auteur. Il n'en était pas de même au seizième siècle. Souvent la préface était l'œuvre de l'éditeur ; puis, celui-ci engageait avec l'auteur une correspondance familière qu'il reproduisait au commencement du texte, et il intéressait les lecteurs aux diverses péripéties qui avaient accompagné l'exécution typographique. D'autres fois l'imprimeur, inspiré par la beauté de l'œuvre, composait quelques vers grecs ou latins à la gloire de son client et les plaçait en première page. Il s'établissait ainsi entre imprimeurs et gens de lettres une communion intellectuelle qui n'existe plus aujourd'hui. L'éditeur tenait à honneur de conserver la renommée du livre, et montrait qu'il avait une haute idée du caractère moral de sa profession.

On composerait de gros volumes en réunissant les préfaces que les imprimeurs du seizième siècle ajoutèrent à leurs éditions. On constituerait ainsi un recueil intéressant et instructif. Certains éditeurs, comme Josse Bade par exemple, écrivirent un nombre considérable d'avant-propos et de préfaces, en latin ou en français. Les Estienne en produisirent aussi une grande quantité. Contrairement aux habitudes de ses confrères, Morel a peu parlé de lui-même dans ses éditions ; mais il a laissé assez de pièces pour qu'une place leur soit ici consacrée.

Nous avons déjà eu, dans un chapitre précédent, l'occasion de citer l'épître dédicatoire du *Lexicon græco-latinum* de Toussain, au président de l'Estoile, écrite par Morel pendant qu'il était correcteur au Soleil d'or. Nous avons parlé aussi de l'avertissement que notre imprimeur apposa aux premiers feuillets de l'*Entreprise du Roy Daulphin pour le tournoy*, ainsi que de sa préface des *Douze manières d'abus*[1]. La lecture de ces trois pièces nous montre que le style de Fédéric Morel dans ses préfaces est supérieur au style de ses traductions. Il écrit simplement et sans aucune affectation. Ses phrases ne sont plus heurtées ni saccadées, mais elles coulent agréablement à l'oreille; en un mot, Morel se révèle écrivain.

En 1575, notre imprimeur édita les Psaumes de David traduits en vers latins par Jean Mathieu Toscan[2]. Il y ajouta une préface latine qui attira l'attention de Maittaire au commencement du siècle dernier : le célèbre bibliographe la qualifie de « elegantem sane, doctam et piam[3] ». L'appréciation élogieuse donnée par Maittaire mérite que l'on s'arrête un instant à cette préface.

Fédéric Morel rappelle d'abord brièvement les noms des principaux érudits qui essayèrent de traduire en vers latins ou grecs les psaumes de David. Ces différents essais, dont plusieurs ont été comblés de louanges, ne doivent pas induire le lecteur à considérer la nouvelle traduction de Toscan comme une œuvre inutile; car il n'existe pas de poème antique plus difficile à traduire que les psaumes de David. On doit rendre grâce à l'auteur du présent ouvrage d'avoir ajouté un peu de lumière à tant d'obscurité, et les poètes ne travailleront jamais en vain à rendre clairement le texte hébraïque, que beaucoup de gens ne peuvent comprendre. Le nouveau traducteur a dû éviter deux écueils : d'abord, celui d'une traduction libre. Ici Fédéric Morel juge avec

1. Voir p. 83.
2. Voir p. 60.
3. *Hist. typ. par.*, I, p. 96.

exactitude le mauvais goût dans lequel sont tombés la plupart de ses contemporains, imbus de la mythologie, lorsqu'en parlant de Jean-Mathieu Toscan il dit : « Piget (illum)
enim eorum qui, nimium poëticis pigmentis addicti, adeo
subinde longo ab hebraïca sententia intervallo feruntur, ut
non modo versus integros, verum etiam integras quandoque
periodos de suo addant, sibique placeant si quid ab ipsius
autoris mente alienissimum valeant comminisci. Ibi sunt qui
Cererem et Bacchum et Fortunam et Sortem et Fatum
aliaque impiis tantum gentibus nota nomina sacris poëma-
tis impudentissime inserunt. »

Le second écueil était l'inconvénient d'une traduction faite
d'une manière peu poétique, en suivant de trop près les tour-
nures hébraïques. Les traducteurs précédents, ajoute Morel,
n'ont pas su éviter ces défauts ; mais Jean-Mathieu Toscan
y a réussi, et notre imprimeur termine par ces mots : « Ego
quidem quod, ad me attinet (nec solus sum in hac sententia),
ita censeo : eiusmodi esse hoc opus ex quo non mediocrem
voluptatem, utilitatem vero non minimam et sacrarum et
humanarum litterarum studiosi sint percepturi. Vale. »

Pour célébrer David et son traducteur, Fédéric Morel
joignit à cette préface la pièce de vers latins suivante :

In Dauidem et eius interpretem. F. M.

Orpheus interpres Superum, diusque sacerdos,
   Est habitus, princeps Threiciæque chelys :
Quem fidibus memorant retulisse canoris
   Arcana, atque sacrum concinuisse melos.
Iessiades sacer at vates, cantorque supremi est,
   Hebraicæ gentis sceptra regensque lyram.
Hic Patris ætherei sancta est oracla profatus
   Dum vada Iordanis per sua plectra movet.

> Nunc sacer Hesperiis venit Toscanus ab oris
> Dauidis interpres, Dauid ut ipse Dei.

Ces réflexions sont judicieuses; mais Fédéric Morel ne tombe-t-il pas lui-même sur un des écueils qu'il signalait tout à l'heure lorsqu'à propos de David il nous parle d'Orphée ?

N'y tombe-t-il pas encore, lorsque au *De animi natura eiusque immortalitate*, ouvrage philosophique de Jean Deniset[1], il ajoute les vers suivants :

> Vnde hominum genus atque Animi immortalis origo,
> Ceu tripode ex Phœbi hic tu, Denisete, doces,
> Ac si de cœlo descendit Nosce te ipsum (*sic*)
> Nimirum hic supero decidit axe liber.   F. M.

On voit que Fédéric Morel ne se contentait pas d'ajouter des préfaces à ses éditions, mais qu'il y intercalait aussi des vers de sa composition. Nous citerons encore les pièces suivantes imprimées en 1577 dans le *Peplus Italiæ*, autre ouvrage de Jean-Mathieu Toscan, où cet auteur passe en revue tous les hommes célèbres qui ont illustré l'Italie et donne une courte notice biographique sur chacun d'eux :

> Qui dedit ingeniis laudem præstantibus, æquum est
> Non illaudatum, laude carere sua.
> Nam laudare probos, proprium hoc virtute probati,
> Quæque probat studia, hæc quisque colenda putat.
> At patres, inquis, laudat : quos Græcia jactat ?
> Quos Romana canit Musa nisi Ausonios ?
> Scilicet hos celebrat, quis præco est unica virtus,
> Quos peplo intexit patria terra suo.
> Ergo opus hoc animi est multa ac antiqua tenentis,
> Hoc cupidi est seræ posteritatis opus.   F. M.

1. Autour peu connu, né à Gens.

Ὁπποῖον κ'εἴπησθα ἔπος, τοῖον κ'ἐπακούσαις
Εἶπεν ὁμήρειων εὐεπίη πραπίδων
Ὧδ' ἐφάθ' Αἰνείας Πηληίαδη Ἀχιληΐ
Μάψ. Σοί δ'ἐξερέω ἀτρεκέως τόδ' ἔπος
Καί ταδε : γλῶσσα βροτῶν στρέπθη, πόλεες δ'ἐνί μῦθοι,
Ἐσθλῶν τοί δ'ἔπεων καί νόμος ἐσθλος ἔφυ.

Φέδ. ὁ Μορέλλος [1].

et aussi les deux distiques grec et latin qu'on lit dans la *Publii Virgilii Maronis egloga quarta*, parue en 1583.

Ἀττικά Ῥωμαῖων γέ νεώτερα τ'ἐστί καί ἥττω
Ατθίς μέν γάρ ὄλωλ', Ἀΰσονις αἶα κρατεῖ [2];

Sunt mutila ista, licet magi' sint nova Græca latinis.
Græcia quippe iacet, Roma sed alma viget.

Ces différentes pièces de distiques et la préface de la traduction des Psaumes de David justifient le jugement que
porta Maittaire sur Fédéric Morel en écrivant ces mots :
« Ex his (operibus) facile agnoscas virum optimo scribendi
Attico Romanoque stylo in utrumvis sermonem, sive prosa
oratione sive metrica uteretur, paratissimum [3].»

C'est dans la préface de l'Histoire de Paul-Émile Véronais
(1580) que notre imprimeur se surpassa au double point de
vue du style et de l'élévation des sentiments.

Cet avant-propos, dédié à Henri III, roi de France et de

1. « Puisses-tu entendre des paroles semblables à celles que tu as prononc-
cées », disait le beau poème des pensées homériques. Ainsi parlait Énée, s'adressant à Achille, fils de Pélée. Vœu stérile. Moi je vous adresse hardiment la même
parole, et j'y ajouterai celle-ci : « La langue des mortels est fourbe, bien des
mensonges s'y glissent; mais assurément aussi elle est l'instrument des nobles
paroles. »

2. « Les œuvres littéraires des Attiques, bien que plus récentes que celles
des Romains, sont plus mutilées par le temps. C'est que la terre d'Athènes a
péri, et que la terre d'Ausonie est dans la gloire. »

3. *Hist. typ. par.*, I, p. 96.

Pologne, est écrit en français et empreint du plus haut patriotisme. « Sire, dit Fédéric Morel, quand ie considere les magnanimes faicts des anciens François, i'y trouue beaucoup de choses fort vtiles et profitables, tant pour ceux qui uiuent en leur priué que pour ceux qui s'entremettent des affaires publiques... Certainement i'oserois affirmer que iamais n'y eut de Royaume (si l'amour que ie porte a mon pays ne me trompe) où se peust trouver autant ny de meilleurs exemples : et où la uertu et la religion, la guerre et la paix, et les choses appartenantes à l'vne et à l'autre, ayent esté maintenues en plus grand honneur. »

Fédéric Morel rappelle ensuite que les Français ont su conserver leur titre de fils aînés de l'Église, mais qu'ils ont eu le tort de ne pas célébrer leurs propres louanges dans les langues de toutes les nations; car ils « ont touiours esté plus prompt a faire, que non pas a dire... et ne se sont pas beaucoup souciez de cercher par tesmoignage d'elegants escripts a auoir louange de la postérité ». L'Histoire de Paul-Émile Véronais vient heureusement combler ce vide, et, ici, Morel annonce à Henri III qu'il préfère Paul-Émile à Tite-Live. Celui-là « observe si diligemment l'ordre des temps, que à raison de ce il pourroit estre preferé à Tite Liue, parce qu'il s'accorde tousiours en la suyte et continuation de cet ordre et ne se contredit nulle part, ce que souvent on peult apperceuoir en Tite Liue. Et dauantage il décrit les Régions et lieux en telle sorte et dextérité, quand l'affaire le requiert, qu'il semble proprement qu'on les voye a l'œil..... Les harangues et oraisons sont quelque peu mieux ordonnées, plus propres et certainement plus faciles à entendre que celles dudict Tite Liue. »

Un peu plus loin, Fédéric Morel fait allusion aux connais-

sances historiques d'Henri III, en lui disant : « Mais a qui,
Sire, pourroit-on a meilleur droict consacrer et dedier ce
livre, qu'a vous ? qui par votre heureuse mémoire sçavez par
cueur tous les faicts et gestes des François, et qui, d'une
telle douceur de langue, d'une telle éloquence et d'une telle
majesté de face les racontez souuent, que ceux qui vous escou-
tent ne vous admirent pas moins que souloient jadis les vieux
François admirer cest Hercules gaulois tant renommé en eloquence. »

Enfin Morel termine par cette phrase qui ne manque pas
de grandeur : « Or recevez donc cette histoire des François, vous, Sire, leur tres bon, tres grand et magnanime
Roy, ornee et paree d'vn si bel accoutrement historial,
qu'elle ne demande, ce semble, qu'à se presenter deuant
les yeux de son Roy, et conferer avec lui à la verité, et sans
rien deguiser, des faicts et gestes de ses Maieurs. »

Nous avons eu l'occasion de parler de M. de Morel, seigneur de Grigny et précepteur du chevalier d'Angoulême[1].
M. de Morel, ami de notre imprimeur, était mort en 1581.
Ce fut un grand deuil pour Fédéric Morel, qui composa en
l'honneur du défunt les phaleuques suivants, dans lesquels il
fait allusion aux trois filles de M. de Morel, et surtout à la
célèbre Camille[2] :

> Lugete Aonides pium Morellum,
> Morellum decus inclytum suorum,
> Phœnicem iuvenum, senum Catonem,
> Regum Nestora, Cynthiumque vatum,
> Suade flexanimæ deæ medullam.

1. Voir p. 77.
2. Camille de Morel est appelée par Pierre de l'Estoile « une des perles de
nostre aage ». (*Mémoires-Journaux*, édition de la Librairie des bibliophiles, II,
p. 34.) Elle a laissé un grand nombre de poésies.

Lugete Aonides pium Morellum,
Morellum Charitum trium satorem,
Deloina[1] parens quibus verenda :
Quarum maxima lugubri Camilla
Amictu dolet, ingemitque raptas
Sorores geminas, parentem utrumque,
Vestri deliciæ chori Camilla.

Beate Aonides polo Morellum,
Qui pro luminibus minus valebat
Caligantibus, acrius videbat
Mentis lumine perspicaciore.
At lucis cupido beatioris
Aeternæque domus, Deus beatam
Lucem perpetuo dedit fruendam.
Morellum Aonides polo beastis[2].

F. M. P.

Cette pièce de vers termine le recueil, trop bref à notre gré, des œuvres littéraires de Fédéric Morel. Bien que leur nombre fût petit, elles méritaient d'être étudiées avec intérêt. Il est regrettable que Maittaire ne leur ait pas consacré une plus grande place dans ses *Vitæ typographorum parisiensium.*

1. La femme de Jean de Morel s'appelait Antoinette Deloine.
2. *Tumulus Joannis Morelli Ebredunensis*, p. 39.

CHAPITRE V

Les deux fils de Fédéric Morel continuèrent l'honneur de
son nom et la réputation de son imprimerie. L'aîné, Fédéric,
surpassa son père en érudition et fut l'un des plus savants
commentateurs au dix-septième siècle; il donna un grand
nombre d'éditions grecques des Pères de l'Église et devint
doyen des professeurs du Roi. Ses éditions d'Aristote, de
Dion Chrysostome et de Strabon restèrent célèbres, ainsi que
ses traductions latines de Libanius, d'Hiéroclès, de Théo-
doret et de Maxime de Tyr. Sa science était si considérable
que son protecteur Jacques Amyot modifia sa traduction de
Plutarque sur plusieurs points, parce que Fédéric le Jeune la
considérait comme inexacte [1]. Fédéric Morel le Jeune exerça
jusqu'en 1602, époque à laquelle il se retira des affaires
pour se consacrer entièrement à des travaux d'érudition, et
laissa la maison paternelle aux soins de son frère Claude, qui
devint aussi imprimeur du Roi.

Claude Morel, moins docte que son frère, maintint néanmoins la réputation de la Fontaine qui, pendant les trente
premières années du dix-septième siècle resta une des plus
célèbres imprimeries de Paris, autant par l'importance que
par le nombre et la beauté de ses productions. Les principaux ouvrages édités par Claude Morel sont les œuvres de
saint Cyrille, de saint Grégoire de Nazianze et de Philo-
strate; car, nous dit Maittaire : « Morellorum familia hoc

---

1. Michaud, *Biographie universelle*, au mot *Morel.*

munus, quasi sibi proprium, suscepisse visa est, ut edendis Sanctorum Patrum operibus suum prælum vacaret : qua certe causa, non solum theologorum, sed et quotquot Christi nomine gaudent omnium gratias immortales meruerunt[1].

Claude mourut âgé de cinquante-deux ans, le 16 novembre 1626[2]. Pendant quatre années l'officine de la Fontaine produisit encore de beaux ouvrages, sous la direction de Fédéric le Jeune, qui s'était remis à la tête de la maison paternelle; mais celui-ci étant mort en 1630, la décadence se fit rapidement sentir. Claude Morel avait eu deux fils : l'un mourut probablement en bas âge, l'autre entra dans les ordres et devint docteur en Sorbonne. La Fontaine resta donc la propriété exclusive des enfants de Fédéric le Jeune, Charles et Gilles, qui, nés dans la richesse, se désintéressèrent de l'imprimerie et préférèrent embrasser des carrières libérales. Charles Morel avait été reçu imprimeur et libraire, le 19 juillet 1629; puis imprimeur du Roi, le 20 janvier 1635. Malgré cette distinction si honorable, il abandonna en 1639 sa maison à son frère Gilles, qui était son associé depuis deux ans, et devint secrétaire du Roi[3].

Les recueils bibliographiques ne relatent pour cette époque qu'un petit nombre d'impressions portant la marque de la Fontaine. Gilles Morel, créé imprimeur du Roi le 18 septembre 1639, exerça la typographie pendant vingt-neuf ans. Le 4 mars 1668 il vendit la maison paternelle à un libraire nommé Simon Piget, et se fit recevoir conseiller au Grand Conseil. Sa charge fut vendue par ses créanciers

1. *Hist. typ. par.*, I, p.
2. Ph. Renouard, *Imprimeurs parisiens*, 1898, p. 276.
3. Bibl. nat., dossiers bleus, 472.

le 15 juillet 1675. Cependant il la racheta le 28 juillet suivant[1]. « Sic late viguit Morellorum nomen : quorum typographeum ab anno 1557 ad 1646[2] celebratum utramque illustravit centuriam; diutiusque quam ullum aliud, si Stephanos excipias, literariæ reipublicæ operam suam indefessam consecravit. » C'est ainsi que Maittaire termine son étude sur la famille Morel[3]. Ajoutons que la célébrité des Morel resta vivante pendant le dix-huitième siècle. Dans le *Précis pour les libraires et imprimeurs de Paris sur la capacité d'être promus à l'échevinage*, paru en 1765, on lit la phrase suivante : « Outre ces deux fameuses imprimeries (l'imprimerie du Vatican et l'imprimerie royale), combien d'autres se sont rendues célèbres dans toutes les parties du monde?... Telles ont été, en France, celles des Estiennes, des Collinets, des Vascosans, des Parissons (*sic*), des Morels[4]. » Nous trouvons aussi un éloge des Morel dans l'*Idée générale des sciences*[5]. On y lit : « Les compagnons ne visent plus à donner au jour de belles productions qui pourroient encore égaler ou surpasser dans Paris la gloire des Estiennes, des Morels, des Plantins et des Cardons. »

Il existe au Cabinet des titres de la Bibliothèque nationale une généalogie des Morel, écrite en 1717; elle nous donne jusqu'à cette date quelques renseignements sur la descendance de notre imprimeur. Malheureusement une note marginale nous apprend que l'auteur de cet arbre généalogique

1. Bibl. nat. Dossiers bleus, 472.
2. En réalité 1668.
3. *Hist. typ. par.*, I, p.
4. *Précis pour les libraires et imprimeurs de Paris sur la capacité d'être promus à l'échevinage.* (Bibl. du Cercle de la librairie, B. 17.)
5. Collection Anisson-Duperron (Bibl. nat., fr. 22108). L'*Idée générale des sciences* fut publiée en 1650.

s'est inspiré de La Caille, dont le travail est erroné, et, de fait, ce tableau des Morel nous fournit une suite de parentés établies sur une simple analogie de noms. Nous avons essayé d'exposer en tableau synoptique la descendance de Fédéric Morel, en nous fondant sur des données certaines, et en ajoutant un point d'interrogation à plusieurs personnes dont nous n'avons pu contrôler les rapports de parenté avec les Morel.

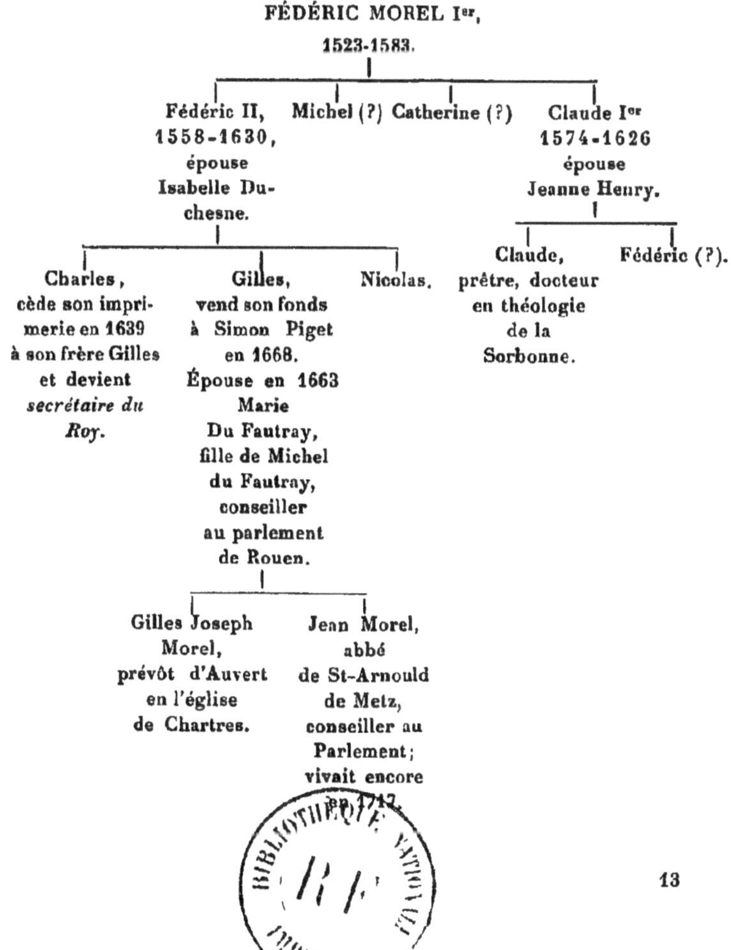

13

Cependant on trouve mention de trois autres Morel, qui se rattachent évidemment à la famille de notre imprimeur, sans qu'il soit possible d'établir leur degré d'affinité avec lui. C'est tout d'abord le principal du collège de Reims à Paris, Jean Morel, qui naquit au hameau d'Avègre, à quinze lieues de Mézières ; il appartenait à la famille noble des Morel de Champagne, ainsi que nous le prouvent deux inscriptions placées en tête de deux quatrains de sa composition. Dans ces inscriptions, il est qualifié de « nobilitate generis ac doctrina conspicuum [2] ».

En second lieu, on trouve dans un nobiliaire mention de Daniel Morel, écuyer, conseiller, secrétaire du Roi, maître de la chambre aux deniers de Sa Majesté, dont les armes sont exactement conformes aux armes de Fédéric Morel l'Ancien [1].

Enfin, nous lisons aussi dans ce recueil l'article suivant : « Joseph Louis de la Tour de France, chevalier, seigneur de Monthières... et Louise Morel, son épouse, porte de même que cy devant (c'est-à-dire porte fasce d'argent et d'azur de six pièces, les fasces d'argent chargées de six fleurs de lis de gueules, posées trois, deux et une) accolé d'or à une teste de Maure posée de profil, de sable liée d'argent et accompagnée en pointe d'un cor aussy de sable et suspendu au col de la teste par un lien de gueules [3]. » La seconde partie de la description héraldique est conforme au blason de la famille Morel.

---

1. Voir l'*État des armoiries des personnes et communautés, rédigé par maistre Adrien Vanier* en 1697. (Bibl. nat. Mss., Cabinet des titres.)

2. Bouillot, *Biographie ardennaise*, II, 234 *sqq*.

3. Id., *ibid.*

DEUXIÈME PARTIE

CHAPITRE PREMIER

Les caractères employés par Fédéric Morel.

L'imprimerie, succédant aux manuscrits, avait reproduit le caractère gothique ; mais bientôt parut le caractère romain.

Les premiers caractères romains furent gravés, vers 1467, au couvent de Subiaco, près de Rome, par les éditeurs

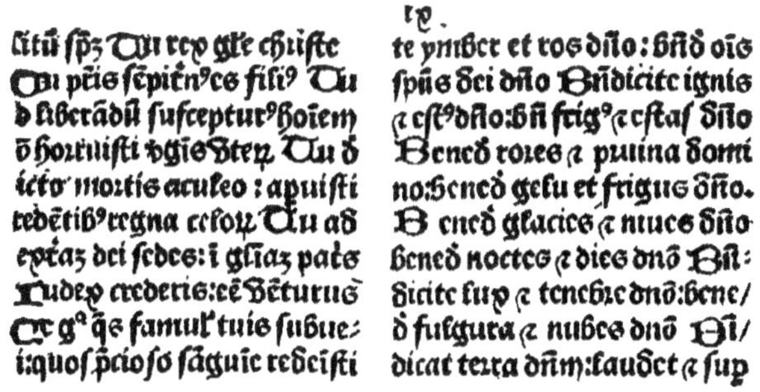

GOTHIQUE PURE
(Bréviaire de Cologne. 1495.)

mayençais Conrad Sweynheym et Arnold Pannartz, à l'imitation de l'écriture employée par les humanistes italiens du quinzième siècle, qui avaient remis en honneur la pure caroline des manuscrits du neuvième et du dixième siècle[1].

En 1470, le célèbre imprimeur de Venise, Nicolas Jenson,

1. On trouve à l'École des chartes le fac-similé d'une page d'un Salluste manuscrit (nouv. série, 347) copié à Milan en 1467. Les lettres de ce Salluste ressemblent fort aux caractères des *Commentaires de César*, imprimés en 1469 par Sweynheym et Pannartz. — Cette réforme calligraphique avait été commencée à Florence, au début du quinzième siècle.

d'origine française, perfectionna les caractères de Sweynheym et Pannartz, et mit au jour de très beaux types romains ; ceux-ci devinrent bientôt d'un usage fréquent.

Interfectufē etiā fortiſſime pugnanſcraſtinuſ: cuiuſ mentionem ſupra fecimuſ: gladio in oſ aduerſum cóiecto. Neqʒ id fuit falſū: quod ille in pugnā pficiſcēſ dixerat. Sic ení Ceſar exiſtimabat eo prelio excellentiſſimā uirtutem Craſtini fuiſſe: optimeqʒ eū de ſe meritum iudicabat. Ex pópeiano exercitu circiter milia. xv. cecidiſſe uidebanē. ſed in deditionē uenerūt ampliuſ milia. xxiiii. nāqʒ etiā cohorteſ: que pſidio í caſtelliſ fuerāt: ſeſe Sylle ſimiliter dediderūt. multi preterea in finitimaſ ciuitateſ refugerūt. ſignaqʒ militaria ex prelio ad Ceſarē ſunt relata. Clxxx. et aqle. lviiii.

CARACTÈRES ROMAINS DE SWEYNHEYM ET PANNARTZ
(*Commentaires de César* de 1469.)

Quippe & Diomedē & multos alios ſi calcibus ſecum certaret omnino ſuperar&: ipſum etiā pugilem thaſium ad barathrum de cælo calcibus facile deiiceret. Credamus enim deo qʒ etiam thaſius ābroſia nectareqʒ deorum in cælo utat. Nūc demum itelligo diuinū quid eſſe cæleſtibus uti. Quod ſi philoſophi omēs itellexiſſēt omni uirtutis genere ſpreto Thaſiū pugilem imitati fuiſſent: cui ímortalitatē qdé ut Diomedi dii non conceſſerunt. Sic aūt honorarūt ut quum ænea ſtatua eius quaſi animata ſuper pulſantem hoſtem ceciderit. Quumqʒ Thaſii quaſi diuinarum rerum ignari ſcelus illud putaſſent: í mareqʒ ſtatuam iccirco

CARACTÈRES ROMAINS DE NICOLAS JENSON

Claude Garamont, né en 1480, mort en 1561, grava aussi de la gothique ; puis, enthousiasmé par les types de Nicolas Jenson, il les reproduisit vers l'année 1515, sans toutefois dépasser les mérites de son modèle.

Après Garamont vinrent Guillaume Le Bé, Grandjean, Alexandre; mais leurs types ne sont pas parfaits.

Fédéric Morel, en homme de goût, adopta les types de Garamont. Nous allons les étudier dans les éditions de cet imprimeur.

1. — LES TYPES DE GARAMONT

Ces types sont remarquables par leur netteté et par la fermeté de la gravure; ils sont plus larges que la plupart

Le petit-fils de Sébastien Cramoisy lui succéda dans la

TRISMÉGISTE DE GARAMONT

Corps 36 romain.

de nos caractères modernes, leurs formes sont aussi plus arrondies et rendent la lecture facile; mais elles ne pré-

Le petit-fils de Sé-
bastien Cramoisy lui suc-
céda dans la direction de

TRISMÉGISTE DE GARAMONT

Corps 36 italique.

sentent pas la régularité qui a été seulement acquise de nos jours[1].

La boucle inférieure de la lettre « a » est très petite, ainsi

Le petit-fils de Sébastien Cramoisy lui succéda dans la direction de l'imprimerie du Louvre; mais il n'eut ni les talents, ni l'exactitude de

PALESTINE DE GARAMONT
Corps 24 romain.

que la boucle supérieure de l' « e »; la lettre « o » forme une circonférence parfaite; l' « s » n'est pas assez replié sur lui-

Le petit-fils de Sébastien Cramoisy lui succéda dans la direction de l'imprimerie du Louvre; mais il n'eut ni les talents, ni l'exactitude de son grand

PALESTINE DE GARAMONT
Corps 24 italique.

1. Les spécimens des trois plus gros corps de Garamont (p. 101, 102 et 103), ainsi que les grecs du Roi (p. 111), nous ont été fournis par l'Imprimerie nationale, qui possède les poinçons de ces types avec les matrices datant de la même époque. C'est à M. Héon, prote à l'Imprimerie nationale, que nous sommes redevable de cette bienveillante communication.

même; le « g » penche légèrement vers la droite. Quant aux capitales, elles sont relativement plus larges et plus grasses que le bas de casse. L' « O » et le « Q » paraissent gravés de

Le petit-fils de Sébastien Cra-
moisy lui succéda dans la direction
de l'imprimerie du Louvre; mais
il n'eut ni les talents, ni l'exacti-
tude de son grand-père. Louis

GROS ROMAIN DE GARAMONT
Corps 18 romain.

travers ; car les parties grasses de ces lettres sont disposées sur une ligne oblique ; la boucle du « P » n'est jamais fer-mée; l' « S » capital est légèrement penché. Il n'y a pas de grandes capitales accentuées : lorsque le sens exige que l'on

Le petit-fils de Sébastien Cramoisy
lui succéda dans la direction de l'im-
primerie du Louvre; mais il n'eut ni les
talents, ni l'exactitude de son grand-
père. Louis XIV fit venir de Lyon, en

GROS ROMAIN DE GARAMONT
Corps 18 italique.

mette un accent aigu, l'ouvrier compose d'abord la lettre muette, puis la fait suivre d'une apostrophe. Cette dispo-sition n'a pas lieu pour l'accent grave ni pour l'accent circonflexe. Les mêmes remarques peuvent s'appliquer aux petites capitales.

L'œil de quelques lettres dépasse la hauteur du corps; ces

lettres sont l' « f », l'f « » bas de casse et le « Q » capital.
La queue de cette dernière lettre, dans le mot *Qui*, par
exemple, s'avance jusqu'au niveau de l' « i ».

Les fontes de caractères romains employées par Fédéric
Morel contiennent un certain nombre de sortes, dont l'usage
est aujourd'hui abandonné. Nous y avons relevé, entre autres,
les signes suivants :

ſ ﬀ ﬁ ﬂ ﬅ ﬃ ſb ﬀ &[1]
ſ ﬀ ﬁ ﬂ ﬅ ﬃ ſb ﬀ & ƺ

Il faut ajouter à cette liste toute la série des abréviations,
moins nombreuses, il est vrai, qu'au siècle précédent. Par
contre, il n'y avait pas d' « Y » capital ni d' « U » capital.

Claude Garamont grava aussi de l'italique en s'inspirant

> L'me ſouuient vous auoir promis au liure
> que i'ay faiɛ́t imprimer de la nouuelle In-
> uention pour biē baſtir & à petits frais, de-
> dié à la Maieſté de noſtre creſchreſtien &
> tresbon Roy CHARLES, que ſi ie voy-
> ois ſadiɛ́te Maieſté auoir quelque conten-
> tement de mes labeurs, & prendre plaiſir
> à ce que i'eſcris, ie m'efforcerois de met-
> tre en lumiere pluſieurs autres belles œu-

GROS TEXTE DE GARAMONT

Corps 14 romain.

des types d'Alde Manuce, qui lui-même avait, dit-on, copié
l'écriture de Pétrarque ; mais il simplifia heureusement la gravure des italiques aldins, qui étaient presque une polytypie.

---

1. Le signe & n'existe plus de nos jours que dans les caractères de fantaisie.

Lætitia à Domina sectans ad castra Tierri,
  Millia quâ nostris casa fauente duo.
Cætera damnato clementia marte remisit
  Regia, in externum non reditura solum.
Gallia nunc ter Io, ter Io nunc Gallia cantet:
  HENRICO Henricus auspice victor adest.

GROS TEXTE DE GARAMONT
Corps 14 Italique.

L'italique n'est pas aussi bien gravé que le romain.
Dans chaque corps l'œil est un peu moins gros que celui du

ne desdittes seize prouinces,
pleinement & paisiblemét sans
permettre qu'il y soit contre-
uenu en aucune maniere.
Car tel est nostre plaisir.
Et à fin de perpetuelle memoire nous auons fait mettre no-

SAINT-AUGUSTIN DE GARAMONT
Corps 12 romain.

romain correspondant. Les lettres semblent dirigées en des
sens différents ; ce caractère n'a du reste été bien gravé qu'à

L'origine des Langues.

SAINT-AUGUSTIN DE GARAMONT
Corps 12 italique.

partir du milieu de notre siècle. Même dans les types Didot,
dont la régularité a marqué un si grand progrès sur les

14

caractères antérieurs, les grandes capitales italiques sont imparfaites.

Le nombre des lettres dépassant le corps est plus grand que dans le romain. L'*ſ* et l'*f*, notamment, portent à

> ſi ie ne t'euſſe faiſt ce petit aduertiſſement. Tu prendras don-
> ques le tout en bonne part, & ſans accuſer l'autheur d'indiſ-
> cretion, t'accommoderas en liſant ces eſcripts, non au temps
> qu'ilz ont eſté publiez, mais qu'ilz ont eſté faiſts : les mettàr,
> ſi bon te ſemble, au ranc de tant de preparatifs de triomphe &
> reſiouiſſance, qui pour ceſte meſme occaſion ſont demou-
> rez inutiles.   ADIEV.

PHILOSOPHIE DE GARAMONT
Corps 10 romain.

faux en haut et en bas, si bien que dans beaucoup d'impressions de Morel nous voyons que ces lettres ont été cassées pendant le cours du tirage.

> *L'auteur prie les Lecteurs differer leur iugement iuſques à la*
> *fin du liure, & ne le condamner ſans auoir premierement*
> *bien neu & examiné ſes raiſons.*

PHILOSOPHIE DE GARAMONT
Corps 10 italique.

Les lettres fondues ensemble sont aussi plus nombreuses dans l'italique que dans le romain. En outre de la liste donnée ci-dessus qui, à l'exception du signe &, est commune au romain et à l'italique, nous avons relevé dans cette dernière catégorie les types suivants, qui sont de véritables ligatures :

ß. ſp. ll. us. is. at. ex. as. st. nt. la. el. es. &

Enfin l'italique de Garamont contient certaines lettres particulières, le *z* et le *t* de la fin d'un mot. Ces lettres finales

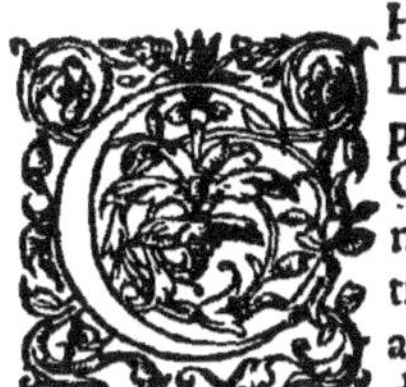

PETIT ROMAIN DE GARAMONT
Corps 9 romain.

ont été reproduites récemment par quelques fondeurs comme fantaisies elzéviriennes.

L'œil des caractères de Garamont avait peu de relief.

PETIT ROMAIN DE GARAMONT
Corps 9 italique.

Souvent, dans le tirage, les points isolés à la fin d'une ligne sont entourés d'un cercle noir s'alignant avec la partie supérieure de la lettre précédente. Cette tache provient de la pression exercée par l'ouvrier imprimeur, pression qui avait pour résultat de faire plonger le papier jusqu'au fond de l'espace resté naturellement bas au-dessus du point ; car le dépôt d'encre suit exactement l'angle du morceau de plomb. Cet accident ne se serait pas produit si l'œil avait eu plus de relief[1]. Voici un exemple de l'effet produit par cette tache :

Morel ꝛ

Dans les caractères de Garamont, les hastes des lettres à queue sont gravées sur des longueurs différentes : la haste

IL est permis à Federic Morel Imprimeur & Libraire en l'Vniuersité de Paris, d'imprimer & uendre ce present liure intitulé, Entreprise du Roy-Daulphin, &c. & autres œuures poëtiques de IOACHIM DVBELLAY. Et defendu tresexpressement de par le Roy à tous autres Imprimeurs & Libraires d'imprimer, ne exposer en uente, soit de son impression ou d'autre, sans son consentement, ledict liure, & autres œuures dudict autheur imprimees par ledict Morel: Et ce, sur peine de confiscation des liures, & d'amende arbitraire enuers le Roy, l'Autheur, & ledict Imprimeur. Ainsi que plus amplement il appert par le Priuilege octroyé audict DVBELLAY, Donné à Fontainebleau le troisieme iour de Mars, l'an de grace M. D. LVII, & de nostre regne le unzieme.   Par le Roy, le seigneur Dauanson conseillier au priué conseil, present.   Signé   DVTHIER.

GAILLARDE DE GARAMONT
Corps 8 romain.

inférieure du « p », par exemple, est plus longue que la haste supérieure du « b ». De plus, l'œil n'est pas fondu au milieu du corps de la lettre ; cette disposition a un résultat très avantageux, parce que le correcteur voit immédiatement, en marquant une coquille, s'il se trouve, par exemple, en présence d'un « u » ou d'un « n » retourné ; en ce dernier cas, la lettre ne s'aligne pas avec le reste du mot.

Morel employa toujours les chiffres de romain à l'exclu-

---

1. Fertel, dans la *Science de l'imprimerie*, parue en 1723, se plaint encore des fondeurs qui ne donnent pas assez de talus à leurs caractères.

Iam siluit nostrum satis obluctata tenebris
Fama diu Nomen: iam, iam se ostendere luci
Fas est, atque hominum tandem volitare per ora.
Hinc procul indoctum vulgui, procul esto maligna
Turba nouu Varum, quæ laudibus inuida latras:
At tu Mnemosynes Templum mihi fama reclude:
Vosque mihi Musæ currum concedite vestrum,
Quo super Astra vehar domito liuore triumphans.

I'AY trop long temps esté sans me faire cognoistre,
Il fault sortir au iour, il fault qu'à ceste fois
I esclarcisse mon nom, à fin que le François
Sçache au temps à venir que le Ciel m'a faut naistre.
Loing, loing de moy fois tu Peuple ignorant & traistre,
Qui enuieusement deslachant tes abboys:
Grinces la dent dépite aussi tost que tu vois
Quelqu'vn de qui l'honneur peu à peu vient à croistre:

NONPAREILLE DE GARAMONT

Corps 6, romain et italique.

sion des chiffres italiques. Les chiffres de romain fondus par Garamont sont disposés sur des alignements inégaux.

1234567890

CHIFFRES MIXTES

C'est ce qu'on appelle des chiffres mixtes. De plus, ils sont fondus sur des calibres différents, c'est-à-dire que le chiffre « 1 », par exemple, repose sur un corps moins large que le « 4 », tandis qu'aujourd'hui tous les chiffres « tombent » invariablement sur demi-cadratin[1]. La disposition adoptée par Garamont était incommode pour les ouvriers, lorsqu'ils avaient à composer un tableau, car ils ne pouvaient diviser leurs colonnes par quadrature, c'est-à-dire suivant une largeur correspondant exactement à un ou plusieurs cadrats du corps employé; ils devaient compenser l'inégalité de largeur des chiffres par des espaces fines, voire même des morceaux de papier[2]. Il en résultait une perte de temps et un manque de solidité dans l'ensemble du tableau.

Les caractères remis en usage depuis une quarantaine d'années sous le nom d'« elzévir » ne sont autres que les types romains ou italiques de Garamont employés par Fédéric

---

1. Excepté dans certains types d'elzévir.

2. C'est ce qu'on appelait des espaces *à la troyenne* dans le vieux langage typographique.

Morel. On les désigna sous ce vocable pour remettre en mémoire une illustre famille d'imprimeurs dont les caractères, il est vrai, ressemblaient à ceux de Garamont ; mais

Millet avait vu de près la ferme normande, il n'avait qu'à faire un appel à ses souvenirs pour peindre le paysan au milieu des aurores mouillées ou des âpres chaleurs de midi. Le dur labeur

CARACTÈRES ELZÉVIRS ACTUELS
Inspirés des types de Garamont (romain).

l'artiste qui grava le type appelé aujourd'hui elzévir prit comme modèle les caractères de Garamont. Il est fâcheux que le nom de Garamont n'ait pas été attaché à une rénovation de

Millet avait vu de près la ferme normande, il n'avait qu'à faire appel à ses souvenirs pour peindre le paysan au milieu des aurores mouillées ou des âpres chaleurs

CARATÈRES ELZÉVIRS ACTUELS
Inspirés des types de Garamont (ital.)

ses anciens types ; cependant, jusqu'à ces derniers temps on donnait encore en Allemagne le nom de *Garmund* à un caractère représentant notre corps huit.

LES « GRECS DU ROI »

Les caractères grecs connus sous le nom de types royaux furent employés par Fédéric Morel de 1571 à 1583. Les *grecs du Roi* se divisent en trois corps :

1° Le petit grec, équivalent à notre corps onze ;

2° Le moyen grec, correspondant au corps dix-huit ;

3° Le gros grec, égal à notre corps vingt-deux.

Ces trois corps de caractères furent gravés entre 1544 et

> Ἐπειδὴ πᾶσαν πόλιν ὁρῶμεν κοινωνίαν
> τινὰ οὖσαν καὶ πᾶσαν κοινωνίαν ἀγαθοῦ τινὸς
> ἕνεκεν συνεστηκυῖαν· τοῦ γὰρ εἶναι δοκοῦντος

GROS GREC DE GARAMONT (CORPS 22).

> Ἐπειδὴ πᾶσαν πόλιν ὁρῶμεν κοινωνίαν τινὰ οὖσαν
> καὶ πᾶσαν κοινωνίαν ἀγαθοῦ τινὸς ἕνεκεν συνεστηκυῖαν·
> τοῦ γὰρ εἶναι δοκοῦντος ἀγαθοῦ χάριν πάντα πράττουσι
> πάντες· δῆλον ὡς πᾶσαι μὲν ἀγαθοῦ τινὸς στοχάζονται,
> μάλιστα δὲ, καὶ τοῦ κυριωτάτου πάντων, ἡ πασῶν

MOYEN GREC DE GARAMONT (CORPS 18)

> Ἐπειδὴ πᾶσαν πόλιν ὁρῶμεν κοινωνίαν τινὰ οὖσαν καὶ πᾶσαν κοινωνίαν ἀγαθοῦ
> τινὸς ἕνεκεν συνεστηκυῖαν· τοῦ γὰρ εἶ δοκοῦντος ἀγαθοῦ χάριν πάντα πράττουσι
> πάντες. δῆλον ὡς πᾶσαι μὲν ἀγαθοῦ τινὸς στοχάζονται, μάλιστα δὲ, καὶ τοῦ
> κυριωτάτου πάντων, ἡ πασῶν κυριωτάτη καὶ πάσας περιέχουσα τὰς ἄλλας·
> αὕτη δ' ἐστὶν ἡ καλουμένη πόλις καὶ ἡ κοινωνία ἡ πολιτική. Ὅσοι μὲν οὖν οἴονται

PETIT GREC DE GARAMONT (CORPS 11)

1550. Le moyen grec fut achevé en 1544 ; le petit grec en 1546 et le gros grec en 1550[1].

M. A. Renouard, dans les *Annales des Estienne*[2], dit que les *grecs du Roi* furent dessinés sous la direction de Robert I⁰ʳ Estienne par son fils Henri, alors âgé de quinze ans,

---

1. Aug. Bernard, *Histoire de l'imprimerie royale du Louvre*, p. 8 *sqq.*
2. *Annales des Estienne*, 3ᵉ édit., p. 306.

et par le calligraphe Ange Vergèce. Quant à la gravure, elle fut confiée à Claude Garamont par le roi François I⁰ʳ.

Les *grecs du Roi* sont de beaucoup supérieurs à tous les caractères grecs gravés auparavant en France et à l'étranger. Le dessin est gracieux et la gravure est d'une netteté incomparable.

Toutes les impressions grecques de Fédéric Morel ne furent pas exécutées avec les types royaux. Morel avait

ΙΩΑΝΝΗΣ ΑΥΡΑΤΟΣ ΕΙΣ
Ἀττικῆς γλώσσης Ἀπολογίαν.

Εἷς οἰωνὸς ἄριστος ἀμύνεσθαι περὶ πάτρης;
Εἶπεν Ὁμηρείων δίεπιν χαρίτων.
Ἐν δὲ κλέος μέγ᾽ ἄριστον ἀμύνεσθαι περὶ γλώττης
Τῆς πατρίης, κἀγὼ φημὶ παρῳδήσας.
Βελλάς᾽ ὡς γοῦν σεῦ πρόγονοι φιλοπάτριδες ἄνδρες
Ἤκουσαν, πατρίης γῆς πέρι μαρνάμενοι·
Οὕτως καὶ πατρίης σὺ συνηγορίᾳ περὶ γλώττης,
Κλῆδόν᾽ ἀείσασεις, ὡς φιλόπατρις ἀνήρ.

GREC DE FÉDÉRIC MOREL

un grec qui lui appartenait en propre, dont il se servit avant sa nomination d'imprimeur royal. Ce grec, bien inférieur aux types royaux, n'a pas été gravé par Garamont. Il fut sans doute l'œuvre d'un graveur de second ordre.

Depuis l'invention de l'imprimerie jusque vers 1860, le mode de gravure des caractères n'a pas varié : l'œil des lettres était creusé perpendiculairement, comme on peut le voir encore dans les poinçons romains et grecs de Didot. Dans le tirage à bras, la pression étant verticale, ce procédé de gravure n'a pas d'inconvénient. Mais sous la rotation du cylindre mécanique, les lettres des anciens types ont manqué de solidité. Aujourd'hui la gravure des caractères se fait obliquement; par ce moyen, on donne un « épaulement » ou soutien à l'œil de la lettre.

CHAPITRE II

Fédéric Morel, comme la plupart des imprimeurs de son temps, se préoccupait beaucoup plus de la correction des textes que de l'élégance typographique, tandis qu'au début du siècle certains éditeurs accordaient une très grande part aux encadrements, aux vignettes, en un mot à la richesse de la décoration. Antoine Vérard et Geoffroy Tory sont incomparables sur ce point.

Cependant Morel ne bannit pas absolument de ses livres l'ornementation. C'est ainsi qu'à l'exemple de Vascosan, son beau-père, il entoura de filets rouges certains exemplaires de luxe. Ces filets donnent un cachet tout particulier aux exemplaires sur lesquels ils sont tracés. Nous voyons encore qu'il n'abandonna pas l'emploi des vignettes et des lettrines, car on en trouve dans beaucoup de ses ouvrages. Toutes les lettres patentes et les Édits du Roi qu'il a imprimés sont décorés d'une frise où l'on aperçoit souvent les initiales F. M. ; la première lettre du nom du Roi est une capitale ornée. Dans les livres, la fin des chapitres est quelquefois occupée par un cul-de-lampe. Mais tous ces ornements, culs-de-lampe, frises, vignettes ne sont pas coloriés; ils sont tirés en noir avec le corps du texte.

Dans la composition d'un titre, l'imprimeur moderne s'ingénie à reproduire la forme d'une coupe dont la plus grande largeur est figurée par la ligne principale de l'intitulé, et le pied par le nom de l'éditeur. Toutes les lignes intermé-

diaires sont de différentes longueurs. Chez Fédéric Morel,
les lignes d'un titre, au lieu d'être brisées, remplissent également la justification, et les mots composés en capitales sont
divisés au bout de la ligne, à la façon d'une page ordinaire.

Il ne se préoccupe pas de
faire ressortir en plus gros
caractère le mot qui ex-
prime la pensée principale.

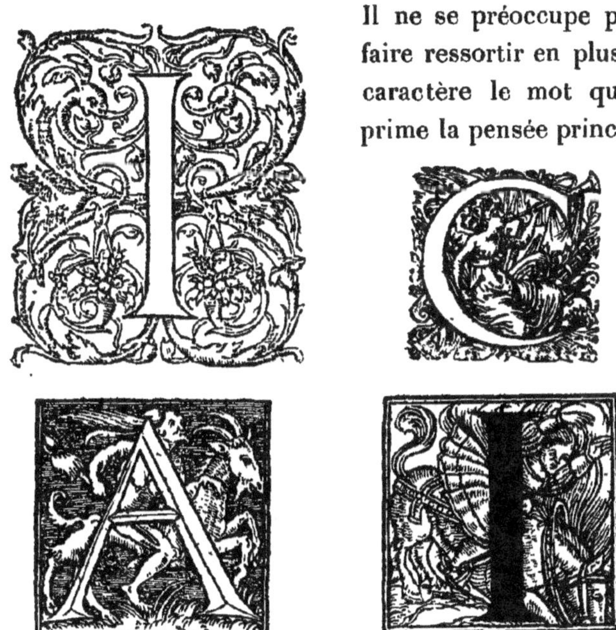

LETTRES TIRÉES DES IMPRESSIONS DE FÉD. MOREL

Les capitales, le bas de casse romain et italique s'y trouvent employés sans méthode [1].

Morel ne songe pas à remédier aux inégalités de blanc
résultant de la forme de certaines lettres capitales. Par
exemple, si l'on espace à un point les lettres du mot
CHAPITRE, on doit faire exception pour la seule lettre A,

1. Nous n'avons donné en fac-similé que les plus beaux titres de Fédéric
Morel.

parce qu'elle présente du blanc dans sa partie supérieure. Comme nous l'avons dit quelques lignes plus haut, les règles de bon goût ne préoccupaient pas l'imprimeur du seizième siècle.

Contrairement à l'usage actuel, les titres ne sont jamais annoncés par un faux titre.

Immédiatement après le titre on trouve, dans les éditions modernes, une courte préface précédée quelquefois d'un avant-propos; puis l'ouvrage commence. Il n'en était pas ainsi au temps de Morel. A une préface souvent trop longue les auteurs ne manquaient pas d'ajouter un avant-propos, quelques sonnets célébrant les louanges de l'ouvrage, des approbations, un privilège, une dédicace, un avis au lecteur, à ce point que, dans des ouvrages peu étendus, la place accordée à ces préliminaires était exagérée. On pourrait dire de ces livres ce que disait La Bruyère un siècle après : « Si l'on ôte de beaucoup d'ouvrages de morale l'avertissement au lecteur, l'épître dédicatoire, la préface, les tables, les approbations, il reste à peine assez de pages pour mériter le nom de livre. »

Dans un ouvrage imprimé au seizième siècle, l'aspect de la composition est compact; les alinéas y sont rares, le titre courant est contigu à la page; en un mot, la lumière fait défaut. Le texte, au lieu d'être disposé en deux colonnes, comme dans la plupart des incunables, est à longues lignes. Si le compositeur commet un « bourdon », c'est-à-dire s'il oublie un mot, il est obligé de remanier une grande partie de la composition, sans trouver d'alinéa où il puisse s'arrêter. Le plus souvent les chapitres se suivent, au lieu de commencer en belle page.

A l'époque de Fédéric Morel, les signes abréviatifs commencent à ne plus être d'un usage courant; ils servent uniquement à justifier les lignes trop serrées en permettant d'espacer les autres mots. Lorsqu'un trait d'union gêne l'écartement des mots à la fin d'une ligne, le compositeur le supprime. Les fontes, au temps Morel, n'ont pas, comme aujourd'hui, des traits d'union de différentes longueurs destinés à faciliter la justification des lignes serrées. La virgule est fondue sur demi-cadratin, ce qui produit un blanc désagréable; mais, parce qu'elle porte du blanc, on se dispense de la faire précéder d'une espace. Dans les citations guillemettées au long, le guillemet déborde la justification et constitue un parangonnage qui rend plus coûteuses la mise en pages et l'imposition.

A part quelques exceptions, nous ne nous sommes pas aperçu que Morel se fût servi d'interlignes, du moins dans le corps de la composition. En voici deux preuves :

1° Les hastes supérieures et les hastes inférieures des lettres se touchent d'une ligne à l'autre, par exemple :

long
de

2° Le manuel de Fertel [1], publié au commencement du dixhuitième siècle, nous donne encore l'état de la typographie au temps de Fédéric Morel : « Pour distribuer, dit Fertel, le compositeur doit prendre sa composition entre deux réglettes de bois. » L'office des réglettes de bois serait évidemment rempli par les interlignes, si ces interlignes avaient été d'un usage courant dans la composition.

Les caractères fondus au seizième siècle portaient un grand talus qui remplaçait l'interligne : ainsi une lettre dont

1. Fertel, *la Science de l'imprimerie*, 1723, in-4.

l'œil représenterait notre corps dix était alors fondue sur le corps douze. Mais l'absence d'interlignes rendait sans doute la « mise en pâte » plus fréquente, et lorsqu'on serrait les formes on devait prendre des précautions pour éviter le cintrage. L'interligne apparut dès le quinzième siècle; certains auteurs affirment même qu'elle était de parchemin, mais ce n'est à vrai dire qu'une supposition. Au temps de Morel, le compositeur maintenait chaque paquet au-dessus du folio ou du titre courant par une ou plusieurs interlignes d'environ trois points d'épaisseur. Toutefois, dans les impressions de Fédéric Morel, on voit des interlignes d'un point qui se sont levées au cours du tirage.

A peine les imprimeurs du seizième siècle commencèrent-ils à rejeter les caractères gothiques, comme lourds et peu lisibles, qu'ils tombèrent dans un autre défaut. L'italique venait d'être inventé par Alde Manuce, au commencement du siècle. Ce caractère devint d'un usage fréquent, et, tandis que de nos jours il est utilisé seulement pour attirer l'attention du lecteur, il servit alors à composer des ouvrages entiers. Morel lui aussi employait l'italique d'une façon abusive. Plusieurs ouvrages sortis de ses presses sont entièrement composés avec ce caractère, aujourd'hui considéré comme disgracieux et d'un usage onéreux, car certaines lettres, les *f*, par exemple, dépassant l'épaisseur du corps, se cassent facilement. Cet inconvénient avait encore plus de gravité au seizième siècle, les lettres fondues hors du corps étant plus nombreuses que de nos jours. Fédéric Morel employait principalement l'italique dans les œuvres poétiques.

Morel mélangeait souvent dans le même mot les grandes capitales de romain avec l'italique bas de casse. Cette disposition défectueuse est inexplicable, car les fontes d'italique avaient les grandes capitales. C'est généralement au bas des titres, au nom d'imprimeur, et au commencement des vers que l'on remarque cet usage dont voici un exemple :

Apud Federicum Morellum, in vico Bellouaco
ad urbanam Morum.

Fédéric Morel n'emploie pas le signe & en italique. Il se sert tantôt du signe &, c'est-à-dire d'un « e » et d'un « t » réunis et présentant un aspect agréable, tantôt des deux lettres « e » et « t » ordinaires mais fondues ensemble. Enfin, pour justifier les lignes trop serrées il prend le signe & qui offre l'avantage d'occuper un peu moins de place que le signe &.

Au seizième siècle, l'ouvrier composait en pages directement, sans laisser de côté les titres des chapitres. Il exécutait ainsi un volume ou une partie complète de volume. Aujourd'hui, le paquetier compose les lignes et ne se préoccupe pas des titres ni des chapitres qui forment le volume. Le metteur en pages divise ces paquets de lignes en parties d'égale longueur, y met la pagination, place les titres ; en résumé, c'est lui qui donne au livre son aspect. Ce procédé coïncide avec l'apparition des mécaniques, vers 1840, lorsque, pour obtenir une exécution rapide, l'usage s'établit de répartir le travail de composition en plusieurs mains.

L'esprit de méthode manquait trop souvent aux imprimeurs du seizième siècle dans l'exécution des travaux de même genre. Ainsi les titres les plus fréquents des lettres patentes imprimées par Fédéric Morel sont : « Edict du Roy » ou « Arrest de la Court ». L'unité de format de ces documents permettait d'agencer les titres suivant un type commun. Nous voyons au contraire que le choix des caractères et la disposition de la première ligne varient à l'infini. La même observation s'applique au nom d'imprimeur : tantôt on libelle : « De l'imprimerie de Fédéric Morel », tantôt on écrit : « Par Fédéric Morel ».

Fédéric Morel suit des modes variés dans la pagination de ses impressions. Ici il donne un folio à chaque page, ailleurs il n'en met pas. On ne s'explique pas cette irrégularité. A partir de 1575 il a paginé toutes ses impressions, tandis qu'auparavant il les foliotait seulement, les paginait de temps à autre, ou même ne les chiffrait pas. Généralement chaque page de ses livres est surmontée d'un titre courant composé en capitales romaines espacées d'un ou deux points. Quelquefois ces capitales sont en italique. Lorsqu'il n'y a pas de titre courant, au lieu de placer les folios au milieu de la justification, entre deux tirets, le compositeur les rejette à l'extrémité de la justification, mauvaise disposition dont l'effet est de dégarnir la partie supérieure de la page et de laisser un blanc désagréable.

Le bas de la page est renforcé par une ligne de cadrats au bout de laquelle se trouve la signature. Le système des signatures adopté par Fédéric Morel est très simple. Dans tous les formats il y a une signature au recto de chaque feuillet, sauf au recto du quatrième et du huitième feuillet dans les in-octavo, et du quatrième feuillet dans les in-quarto. Dans le format in-folio la disposition est différente; car Morel encarte la seconde et la troisième feuille dans la première, de façon à former un cahier de trois feuilles. Le tableau suivant démontrera la disposition des signatures.

IN-FOLIO		IN-OCTAVO		IN-QUARTO	
Recto du feuil-		Recto du feuil-		Recto du feuil-	
let 1	A.	let 1	A	let 1	A
— du feuillet 2.	Aij	— du feuillet 2.	Aij	— du feuillet 2.	Aij
— — 3.	Aiij	— — 3.	Aiij	— — 3.	Aiij
— — 4.	Aiiij	— — 4.	Néant.	— — 4.	Néant.
— — 5.	Néant.	— — 5.	B	— — 5.	B
— — 6.	Néant.	etc …		— — 6.	Bij
— — 7.	B			— — 7.	Biij
— — 8.	Bij			— — 8.	Néant.
etc….				— — 9.	C
				etc….	

On voit que l'in-octavo est considéré comme un double
in-quarto.

Les signatures, composées dans le caractère du texte,
sont beaucoup trop grosses et nuisent à l'aspect de la
page. Ce que nous venons d'exposer dans le tableau au sujet
de la signature A n'est que théorique ; la signature compte,
mais on ne l'imprime pas sur le premier feuillet d'un
livre.

La signature, dans la plupart des impressions de Morel,
est complétée par la réclame. On appelle réclame la répé-
tition faite au bas d'une page de la première syllabe qui
commence la page suivante[1]. Cet usage a persisté jusqu'au
temps des Didot. Les réclames jouaient le rôle des signatures : c'était une indication plus précise donnée au bro-
cheur ou au relieur pour l'assemblage des feuilles. Fédéric Morel, cependant peu soucieux de l'élégance, n'imprimait
pas de réclames sur les pages qui terminaient un chapitre,
lorsque le bas de la page restait blanc. Enfin, quand la

1. On trouve déjà des réclames dans les manuscrits du onzième siècle.

syllabe de réclame était très courte, on y ajoutait la syllabe suivante.

Morel, ainsi que d'autres imprimeurs du seizième siècle, divisait la hauteur totale des pages de grand format en portions de vingt à vingt-cinq lignes marquées par les lettres A. B. C., etc., placées dans la marge. Ces tranches servaient de points de repère pour les *index*, afin de diminuer le temps des recherches dans une page de grandes dimensions.

Les impressions de Morel ne portent pas de notes, tandis que les livres modernes en contiennent souvent. Lorsqu'un passage avait besoin d'éclaircissement, Morel mettait cet éclaircissement entre parenthèses à l'appui du texte, ou bien il réunissait toutes les notes à la fin de l'ouvrage en manière de supplément.

Au quinzième siècle et au début du seizième, les imprimeurs terminaient leurs livres par un *explicit*, suivi de la date à laquelle le travail avait été achevé. Morel n'imita pas, sur ce point, ses prédécesseurs. Nous ne trouvons donc pas d'*explicit* dans ses éditions, sauf à de très rares exceptions, comme dans le *Premier tome de l'Architecture de Philibert de Lorme.*

Enfin, on voit ordinairement dans les éditions de Fédéric Morel, après la place qu'aurait occupée l'*explicit*, une garantie pour la vente du livre : c'est la copie d'une lettre patente enregistrée au Parlement. Cette garantie se présente sous trois formes différentes :

1° Sous la forme d'un Extrait ou Sommaire du Privilège général d'imprimeur royal, apposé seulement aux impressions officielles ou à celles qui sont exécutées par ordre du Roi (à partir du 4 mars 1571) ;

2° Sous la forme de privilège particulier, relatif à l'ouvrage même, et alors ce privilège est reproduit *in extenso*;

3° Sous la forme de privilège conféré à l'imprimeur pour toutes les éditions d'un même auteur.

Ces actes comportaient des défenses faites à tous les autres imprimeurs ou libraires d'imprimer ou de vendre l'ouvrage à la fin duquel ils étaient apposés, sous peine d'amende et pendant un espace de temps qui variait de trois à six et à neuf ans.

La place ordinaire de l' « Extraict du Privilège » était la page finale de l'ouvrage. Cependant, lorsque le volume se terminait avec la dernière page d'une feuille, Fédéric Morel plaçait le privilège au verso du titre, afin de ne pas tirer un carton à part.

Au commencement du seizième siècle, les imprimeurs avaient abandonné les formats incommodes de la période des incunables et adopté des formats plus portatifs. Morel imprima très peu d'in-folio ; il publia surtout des in-quarto et des in-octavo. Les in-quarto et les in-octavo du seizième siècle étaient moins grands que les nôtres. Du reste la platine des presses était de si petites dimensions qu'il aurait été impossible de tirer des formats semblables à ceux que nous employons aujourd'hui. L'in-quarto de Morel équivaut à l'in-octavo carré de nos jours, quoiqu'un peu moins haut. L'in-octavo représente l'in-dix-huit raisin actuel.

Le papier se fabriquait à la main et était fait de chiffons de toile. On sait que tous les papiers destinés à recevoir l'écriture sont collés, mais que cette préparation n'est pas nécessaire pour le tirage à l'encre grasse. Cependant Fédéric Morel se servit exclusivement de papier fortement collé.

Le collage rendait le papier plus ferme en coagulant les fibres et garantissait le livre contre les piqûres. Le papier employé par Morel a l'aspect légèrement teinté et plus jaune que celui des éditions du quinzième siècle. Il porte en filigrane un B, chiffre d'un fabricant dont nous n'avons pu découvrir le nom. Peut-être Morel faisait-il venir son papier de la Champagne, son pays natal. Troyes, centre de papeterie, était aussi un marché pour la vente des livres. Les imprimeurs parisiens portaient leurs éditions à la foire de Troyes et prenaient en échange un chargement de papier.

L'encre d'imprimerie, au temps de Morel, était fabriquée de la même manière qu'aujourd'hui. Elle se composait essentiellement de noir de fumée et d'huile de lin qu'on faisait bouillir ensemble. Fédéric Morel, comme tous les imprimeurs de son époque, fabriquait son encre. Alors comme aujourd'hui, la cuisson de l'huile n'était pas toujours parfaite. Nous avons vu à la Bibliothèque royale de Bruxelles une impression de Morel qui n'était pas encore sèche après trois cents ans. On effaçait l'encre en passant l'ongle sur certaines pages !

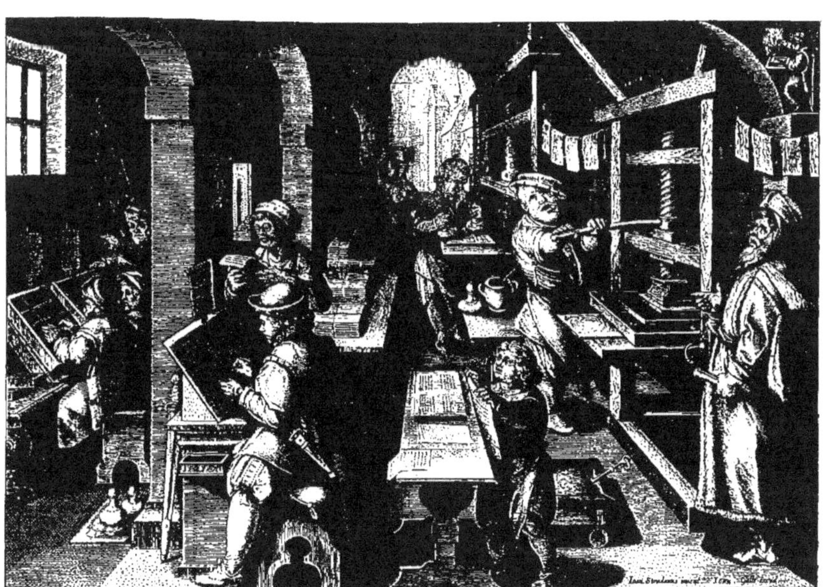

UNE IMPRIMERIE AU SEIZIÈME SIÈCLE. — Gravure flamande exécutée d'après STRADAN (1590 ?).

CHAPITRE III

L'aspect des ateliers d'imprimerie au seizième siècle nous est donné par les estampes de l'époque. Il faut citer la célèbre marque de Josse Bade représentant un intérieur d'imprimerie avec la devise *Prælum Ascensianum*, et surtout une gravure exécutée d'après Stradan [1], peintre flamand qui vécut de 1536 à 1605.

Suivant une ordonnance de décembre 1579, les imprimeurs étaient tenus de suspendre à leur boutique une enseigne portant ses mots : Céans est la maison de X... L'imprimeur affichait la liste de ses éditions, accompagnée de l'indication des prix, à l'extérieur de la boutique. Cette pancarte remplaçait le catalogue moderne.

Les compositeurs travaillaient assis sur des tabourets. Leurs casses, faites d'une seule pièce, comprenaient environ cent soixante cassetins réguliers; elles étaient très lourdes et, garnies de leur matériel, pesaient soixante livres. On ne répartissait pas les minuscules suivant l'ordre alphabétique, mais on les disposait de telle façon que les lettres les plus usuelles se trouvassent à la portée de la main du compositeur; les capitales seules étaient rangées en ordre alphabétique. Ce procédé a été conservé de nos jours.

La composition du grec présentait une grande complication; car le nombre des signes, augmenté notablement par les lettres à ligatures, s'élevait à sept cent cinquante. Ces signes

1. Bibl. nat. Estampes.

étaient répartis en plusieurs boîtes dont l'étendue causait à l'ouvrier une perte de temps considérable. Aussi l'exécution d'un livre grec coûtait à l'auteur des sommes importantes.

On plaçait la copie sur un *visorium*, petit instrument servant à maintenir le feuillet à l'abri de la souillure du plomb. Le compagnon alignait les lettres une à une dans un outil appelé composteur, fait en bois au commencement du seizième siècle et, à la fin du même siècle, en fer avec une partie mobile se resserrant à volonté pour s'adapter à la justification du texte.

On distinguait les différentes échelles de caractères à l'aide de noms bizarres comme Nonpareille, Gaillarde, Petit texte, Gros canon, Parangon, Trismégiste[1]. Le long des

1. Voici quelles étaient les dénominations des différents corps de caractères au siècle dernier :

ÉCHELLE DES CARACTÈRES	POINTS ACTUELS	ÉCHELLE DES CARACTÈRES	POINTS ACTUELS
Diamant	3	Gros romain	18
Perle	4	Parangon	20, 22
Parisienne ou sédanaise	5	Palestine	24
Nonpareille	6	Petit canon	26
Mignonne	7	Trismégiste	36
Petit texte	7 1/2	Gros canon	40, 48
Gaillarde	8	Double canon	56
Petit romain	9	Double trismégiste	72
Philosophie	10	Triple canon	88
Cicéro	11	Grosse nonpareille	96
Saint-Augustin	12, 13	Moyenne de fonte	100
Gros texte	14, 15, 16		

La Philosophie, le Cicéro, le Saint-Augustin, la Palestine, le Canon et le Trismégiste ont été ainsi appelés du nom des ouvrages où ils furent employés pour la première fois. Quant aux autres dénominations, il est facile d'en deviner l'origine. — L'usage de ces vocables n'a disparu que depuis une trentaine d'années, et encore pourrait-on en trouver des traces dans certaines imprimeries de province.

murs se trouvaient de grands bahuts remplis de caractères neufs; c'étaient les *bardeaux,* qui servaient de réserve et en même temps de régulateurs où les ouvriers déversaient les caractères surabondants et puisaient les sortes qui leur manquaient.

Les typographes eurent le droit de porter l'épée jusqu'en 1571, époque à laquelle le port de cette arme leur fut interdit[1] à cause des rixes qui éclataient souvent entre compagnons, et aussi parce qu'étant dispensés de faire le guet, l'épée ne leur était d'aucune utilité. Cependant cette coutume se perpétua en Flandre, ainsi que nous le montre la planche gravée d'après Stradan.

Les presses du seizième siècle sont remarquables par leur simplicité; elles se composent de deux montants, ou jumelles, reliés par une pièce de bois et fixés au plafond afin que la presse acquière toute la fixité désirable.

La platine, qui au commencement du siècle était encore en bois, fut remplacée vers l'année 1575 par une plaque de cuivre, ainsi que nous l'apprennent les comptes de Plantin[2].

Avant de commencer son tirage, le pressier fait ce que l'on appelle la mise en train. Cette opération consiste à coller de petits morceaux de papier sur le tympan, en vue de compenser les inégalités de la platine, et à découper au contraire les bords des pages qui apparaissent lourds. La mise en train est une opération très importante; elle est une des conditions d'un bon tirage. Pour imprimer, l'ouvrier place la feuille sur le tympan entre trois épingles et abat sur

----

1. Ils ne tinrent pas compte de cette défense. Voir *Essai sur la police des compagnons imprimeurs sous l'ancien régime,* par M. Louis Morin, p. 18 et 19.

2. Max Rooses, *Histoire de l'imprimerie Plantin,* Pièces justificatives.

le tympan la frisquette, sorte de châssis recouvert d'un papier percé à jour de façon à ne laisser libres que les endroits destinés à recevoir l'impression, puis il abat la frisquette et le tympan sur la forme ; ensuite il amène le train sous la platine et donne un premier coup de barreau pour imprimer la première moitié de la feuille. Enfin, faisant glisser le train encore plus avant, il abaisse une seconde fois la platine, car elle est trop petite pour imprimer d'un seul coup la feuille entière.

Les feuilles sont percées de deux petits trous, l'un à droite, l'autre à gauche, provenant de l'entaille faite dans le papier par les pointures qui sont placées de chaque côté du tympan. Lorsque l'ouvrier reprendra les feuilles déjà tirées d'un côté pour les imprimer de l'autre, il les mettra dans les pointures de façon que les trous s'y adaptent exactement et que le repérage soit parfait. Les pressiers tirent d'abord le verso (ou côté de deux), et ensuite le recto (ou côté de première), afin que, la seconde impression repoussant le foulage de la première, le lecteur ne sente pas un gaufrage désagréable en ouvrant le livre à la première page.

L'imprimeur ne travaille pas seul à la presse ; il est assisté d'un aide ou compagnon, qui étale l'encre sur les formes. Pour cette besogne, l'aide tient dans chaque main un tampon ou balle de laine recouverte de peau de chien. Cette peau est amenée préalablement à un état voisin de la putréfaction afin qu'elle acquière la souplesse nécessaire. Derrière la presse se trouve une petite table de bois enduite d'encre ; le compagnon prend les balles, et les remue l'une sur l'autre pour que l'encre soit également distribuée, puis il touche la forme trois ou quatre fois. C'est ici que se présente la difficulté : si l'encre est étalée irrégulièrement, la feuille tirée aura des « moines », c'est-à-dire qu'elle apparaîtra recouverte de parties noires et de parties blanches, comme l'habit d'un religieux dominicain.

Le papier destiné au tirage est l'objet d'un traitement spécial. On trempe les feuilles dans un baquet d'eau, à raison de une sur vingt environ, et on les dispose en un tas sur lequel on place un poids ou un pavé. La pression exercée par ce corps lourd a pour effet d'imbiber les feuilles qui ne sont pas humectées au moyen de celles qui le sont. Le résultat du trempage est d'assouplir le papier, et de faciliter l'impression tout en diminuant l'usure des caractères.

Contre le mur, dans une niche, se trouve la statue de saint Jean à la Porte-Latine, patron des imprimeurs. Tous les ans, le six mai, jour de la fête du saint, les compositeurs se réunissent et célèbrent joyeusement leur patron. Pendant l'année ils entretiennent avec soin la « chappelle » au moyen du produit des collectes et de la retenue d'un exemplaire sur chaque ouvrage.

L'installation d'une imprimerie au sizième siècle se complétait par une chambre réservée aux correcteurs et une boutique de librairie. Les livres étaient vendus reliés et rognés.

CHAPITRE IV

Les marques employées par Fédéric Morel.

L'usage des marques remonte à l'apparition du titre dans les impressions, c'est-à-dire à la fin du quinzième siècle.

Les premiers imprimeurs, s'inspirant des manuscrits, énonçaient parfois le sujet de l'ouvrage en deux ou trois lignes disposées comme un faux titre. A la fin du quinzième siècle, lorsque parut le grand titre, on plaça au centre de la page un ornement destiné à remplir le vide et séparant du nom de l'imprimeur le sujet de l'ouvrage. Puis la marque remplaça le fleuron banal. Mais, par un excès facile à comprendre, la marque, au lieu de rester un ornement complémentaire, prit des dimensions exagérées et finit par occuper la majeure partie de la page d'intitulé. Enfin, dans la période qui nous intéresse, c'est-à-dire la seconde moitié du seizième siècle, les marques furent réduites à de justes proportions.

Les marques employées par Fédéric Morel comptent assurément parmi les plus décoratives que les imprimeurs du seizième siècle aient choisies. Pour que l'harmonie restât parfaite en tous les formats, Morel avait fait graver le même sujet sur deux dimensions différentes et les adaptait à l'espace resté libre au milieu de l'intitulé. Cette précaution eut pour effet de compenser par une heureuse disposition l'apparence compacte que présentaient ses titres.

On peut diviser en cinq catégories les emblèmes dont se servit Fédéric Morel :

1° Les marques au Franc-Mûrier qu'il employa de 1557 à 1579, pendant qu'il habita rue Saint-Jean-de-Beauvais ;

2° Les marques à la Fontaine qu'il plaça sur ses livres à partir de 1579, après qu'il eut hérité de son beau-père Michel de Vascosan et qu'il se fut installé dans la maison de ce dernier, rue Saint-Jacques, à l'enseigne de la Fontaine ;

3° Les marques des imprimeurs royaux. Il eut le droit de s'en servir à partir du 4 mars 1571, date à laquelle son privilège d'imprimeur royal lui fut conféré ;

4° Deux marques dont il ne se servit qu'exceptionnellement ;

5° Les marques qu'il apposa seulement à la fin de ses ouvrages pour remplir les pages blanches.

La première marque dont se servit Fédéric Morel lorsqu'il s'établit rue Saint-Jean-de-Beauvais, en 1557, fut le franc mûrier[1]. Fédéric Morel, imitant les autres imprimeurs de son temps, eut soin d'adopter un emblème qui rappelait son nom par un jeu de mots ; mais, au lieu de faire le choix banal de la tête de Maure, comme la plupart de ceux qui s'appelaient Morel, il prit pour marque le mûrier, en latin *morus*, ou plutôt il choisit le franc mûrier, *urbana morus*. Maittaire nous donne l'explication de cette préférence lorsqu'il nous dit : « Morum etiam maluit urbanam et in horto consitam, utpote quæ, assiduo coloni labore culta, maturiores et salubriores fructus producit[2]. » Entre les branches du mûrier, Fédéric Morel fit graver une banderole entrelacée sur laquelle on lit ces mots grecs : « ΠΑΝ ΔΕΝΔΡΟΝ ΑΓΑΘΟΝ ΚΑΡΠΟΥΣ ΚΑΛΟΥΣ ΠΟΙΕΙ », ou bien en latin : « OMNIS ARBOR BONA FRVCTVS BONOS FACIT » ; et Maittaire ajoute : « Hoc

1. Voir plus haut, p. 23 *sqq*.
2. Maittaire, *Hist. typ., par.*, I, p. 91.

lemma sumpserat ut suum adversus ignaviam et infruc-
tuosum vitæ genus declararet odium[1]. »

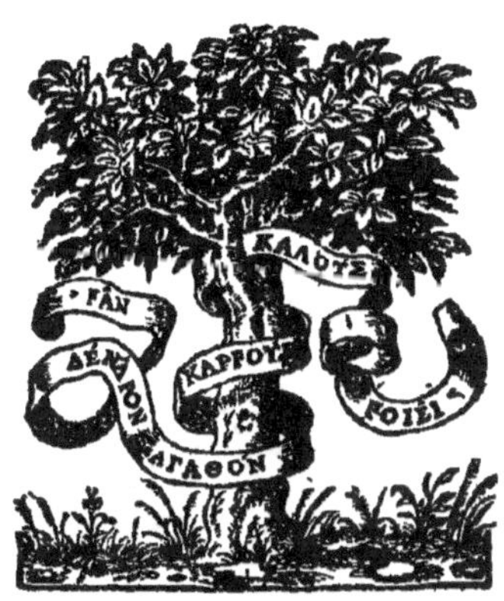

MARQUE AU MURIER

Fédéric Morel avait tiré ces belles paroles de l'évangile de saint Matthieu (VII, 17). Il ne se servit d'abord que de la devise traduite en grec; mais dans la suite il l'employa indifféremment avec la devise latine. Cependant il eut toujours une préférence pour la première et ne fit graver la devise latine qu'en petit format.

Pendant le cours de sa carrière, Morel dut faire renouveler plusieurs fois la gravure de ses mûriers, dont le relief s'usait. C'est l'explication des différences, au reste peu apparentes, qu'on aperçoit en examinant attentivement le

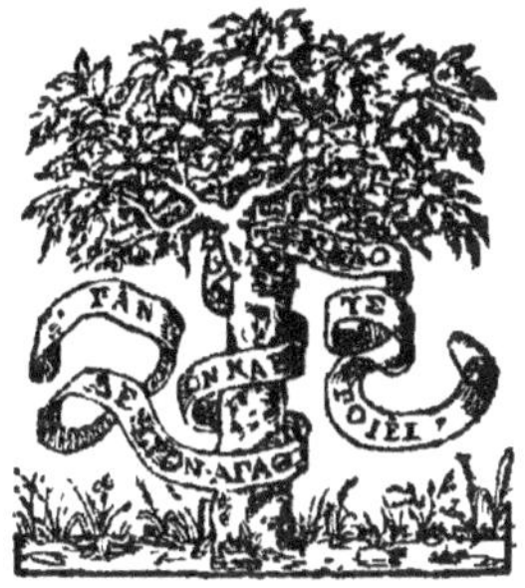
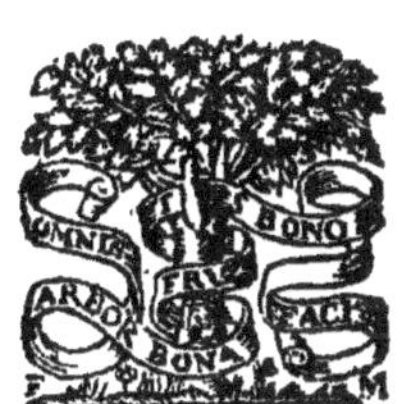

MARQUES AU MURIER

dessin : tantôt le feuillage est disposé d'une autre façon que

1. La marque au mûrier, avec la devise grecque, tomba plus tard entre les mains d'un imprimeur nommé Pierre Blaise (*Petrus Blasius*), qui exerçait à Paris en 1640. Voir F. Rothscholtz, *Insignia bibliopolarum et typographorum*, sectio XXII.

dans le prototype, tantôt le tronc est gravé plus grossièrement. Nous avons donné un spécimen des trois types principaux de la marque au Franc-Mûrier.

Il faut ajouter à la série des marques au mûrier une variante que nous avons rencontrée seulement dans un très petit nombre d'exemplaires. Elle représente un arbre dont plusieurs rameaux se détachent, au pied duquel on lit ces mots : « ΔΕΝΔΡΟΝ ΠΑΙΔΕΙΑΣ », et autour du tronc cette légende tirée de Pythagore : « ΤΑΥΤΑ ΠΟΝΕΙ, ΤΑΥΤ᾽ ΕΚ-ΜΕΛΗΤΑ, ΤΟΥΤΩΝ ΧΡΗ ΕΡΑΝ ΣΕ[1] »; « unde velit intelligi, nous dit Maittaire, quanta animi industrii indefessique pertinacia ipsum juvaret typographicis laboribus indulgere[2]. » C'est une réminiscence de la marque des Estienne.

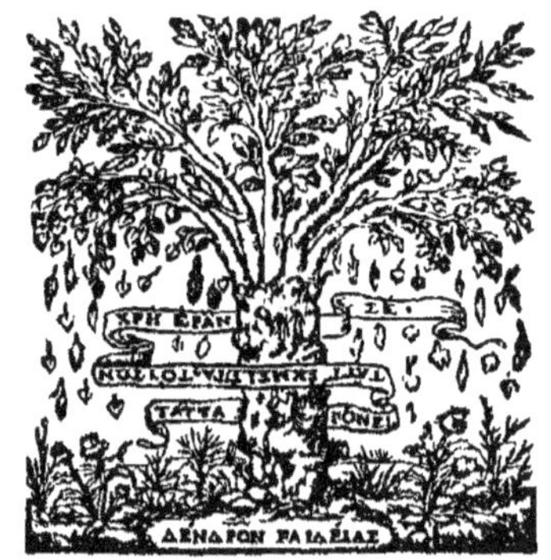

MARQUE ΔΕΝΔΡΟΝ ΠΑΙΔΕΙΑΣ

Fédéric Morel conserva le mûrier jusqu'au milieu de l'année 1579, date à laquelle il quitta la rue Saint-Jean-de-Beauvais pour habiter rue Saint-Jacques. A partir de cette époque, il employa le signe de la Fontaine, moins décoratif que le mûrier et ayant, pour le goût du temps, le désavantage de ne pas rappeler par un jeu de mots le nom de l'imprimeur.

Comme pour le Franc-Mûrier, Morel eut plusieurs formats de sa marque à la Fontaine; mais ce nouvel emblème n'eut pas les variantes constatées pour le mûrier. Au contraire,

---

1. Ces choses fatiguent, ces choses exercent; il faut que tu les aimes.
2. *Hist. typ., par.* I, p. 90.

une fois établi rue Saint-Jacques, Morel fit graver quatre types de fontaine dont il se servit concurremment. Ces types représentent une fontaine à deux vasques, dont la

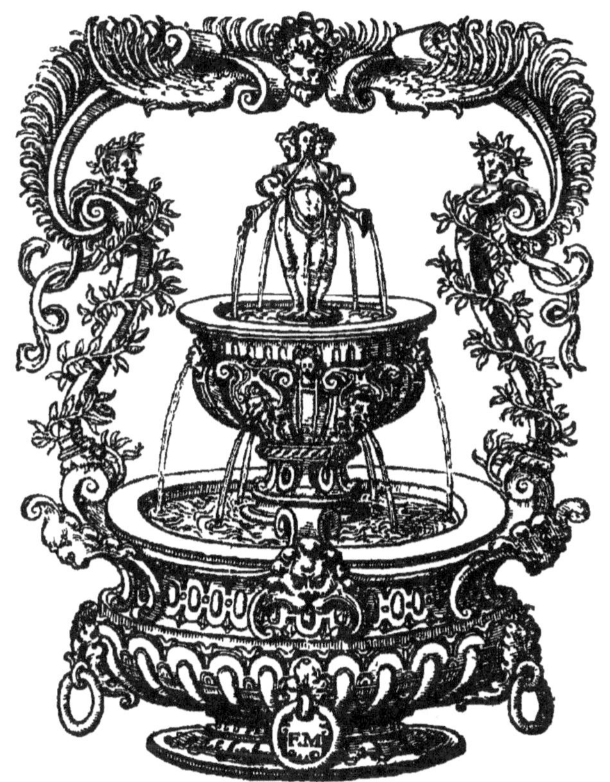

GRANDE MARQUE A LA FONTAINE [1]

partie supérieure est surmontée de génies laissant tomber l'eau d'une corne d'abondance.

En adoptant cette marque, Morel témoignait de son res-

1. Fédéric Morel n'a employé cette marque que dans son édition de l'Histoire de Paul-Émile, Véronais.

pect pour la mémoire de son beau-père, Michel de Vascosan, et mettait à profit la célébrité attachée à l'enseigne d'une maison si honorable.

L'emblème de la Fontaine n'a pas été particulier à Fédéric Morel; il fut commun à plusieurs imprimeurs, entre autres à Scipion de Gabiano établi à Lyon vers la fin du seizième siècle[1]. Un libraire anversois, nommé en latin *Cornelius Clypeus*, avait aussi une marque à la Fontaine qui présentait quelque ressemblance avec celle de Fédéric Morel[2].

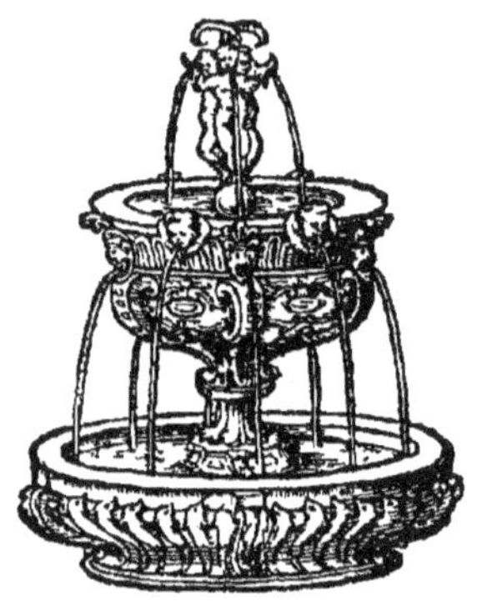

MARQUE A LA FONTAINE

La troisième catégorie de marques employée par Fédéric Morel fut commune aux imprimeurs du Roi. Les marques d'imprimeur royal dont il se servit, à partir du 4 mars 1571, présentent deux types :

1° Un basilic à tête de salamandre s'enroulant, avec un

MARQUES A LA FONTAINE

rameau d'olivier, autour d'une pique, et pour devise ces mots grecs imités d'Homère (*Iliade* III, 179) : Βασιλεῖ τ' ἀγαθῷ κρατερῷ τ' αἰχμητῇ. « Cette explication, nous dit M. Au-

1. P. Delalain, *Inventaire des marques du Cercle de la librairie*, p. 114.
2. Van der Hagen, *Recueil de marques d'imprimeurs des Pays-Bas*, I.

guste Bernard, donnée par M. Didot (*Nouvelle Biographie,* t. XVI, col. 495), est bien préférable à celle de M. Renouard. Le basilic fait allusion au premier mot de la devise grecque, l'olivier et la pique au rôle du roi faisant la guerre ou la paix[1]. » Voici l'explication que donne M. Renouard dans les Annales de l'imprimerie des Estienne[2] : « Un

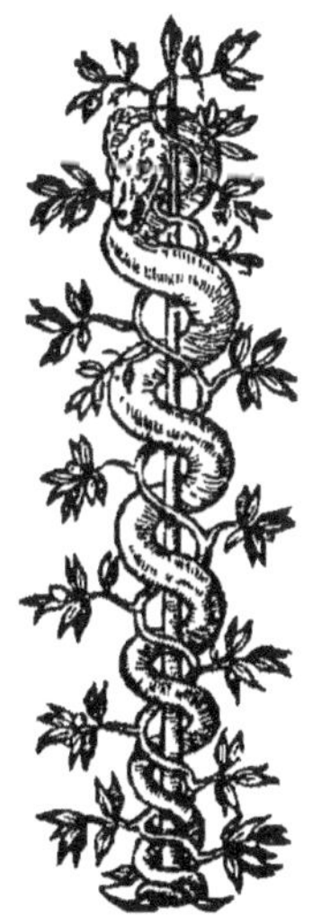

Βασιλῆ τ᾽ ἀγαθῶ, κρατερῷ τ᾽ αἰχμητῆ.

MARQUE AU BASILIC

thyrse entouré d'un rameau d'olivier et d'un serpent », et il ajoute : « Robert étant le premier qui ait fait usage de ce symbole, on peut croire que c'est lui qui l'a imaginé » ;

2° La marque *Pietate et Ivstitia,* formant une véritable composition artistique dont voici la description : A

1. *L'Imprimerie royale du Louvre,* p. 9, n 2.
2. *Annales de l'imprimerie des Estienne,* édition de 1838, IIe partie, p. 27

droite se trouve la Justice coiffée d'un casque; elle tient dans
la main droite un glaive et dans la gauche une balance; elle
est assise sur une cuirasse
au-dessous de laquelle est
placé un bouclier; près d'elle
est un rameau d'olivier. — A
gauche on voit la Piété tenant
dans la main droite la Bible
et dans la gauche une croix;
elle est assise sur les Tables
de la Loi; ses cheveux sont
recouverts d'un voile, près
d'elle est une palme. — Au
milieu, entre deux colonnes

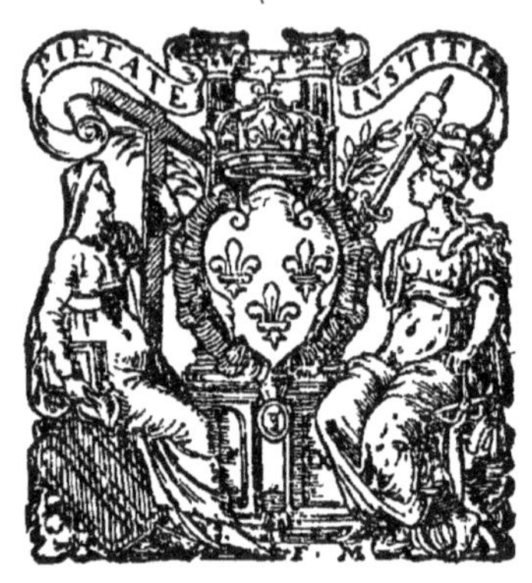

MARQUE *PIETATE ET IVSTITIA*

corinthiennes à la base desquelles sont gravées les Tables
de la Loi, se trouve l'écusson de France à trois fleurs de
lis, surmonté d'une couronne et entouré du
cordon de Saint-Michel que termine un médaillon. Sur une banderole on lit ces mots :
« Pietate et Ivstitia ». C'est la devise de
Charles IX, composée par
le chancelier Michel de
l'Hôpital. Charles IX mourut en 1574, mais Fédéric
Morel ne cessa pas d'em-
ployer cette marque ac-
compagnée de la devise du
Roi défunt. Nous la trou-

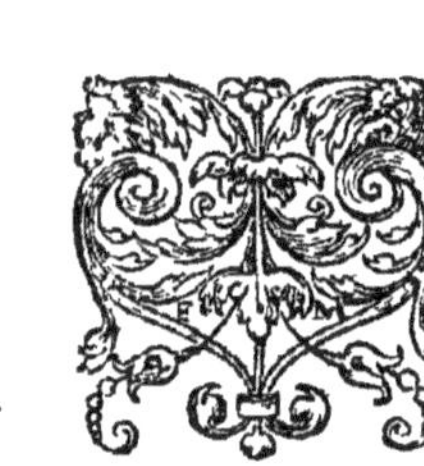

MARQUES D'UN EMPLOI EXCEPTIONNEL

vons dans l'Oraison funèbre de Charles IX par Marc-Antoine
Muret, imprimée peu de temps après la mort du Roi, et dans
le *Panegyricus Martini Akakiæ*, qui parut en 1578.

La quatrième catégorie de marques de Fédéric Morel
comprend deux spécimens rarement utilisés, que Sylvestre
n'a pas publiés. C'est d'abord une composition assez gra-
cieuse représentant une femme vêtue d'une robe parsemée
de fleurs de lis. A ses pieds est couché un lion à la langue
pendante ; elle élève au-dessus de sa tête trois couronnes

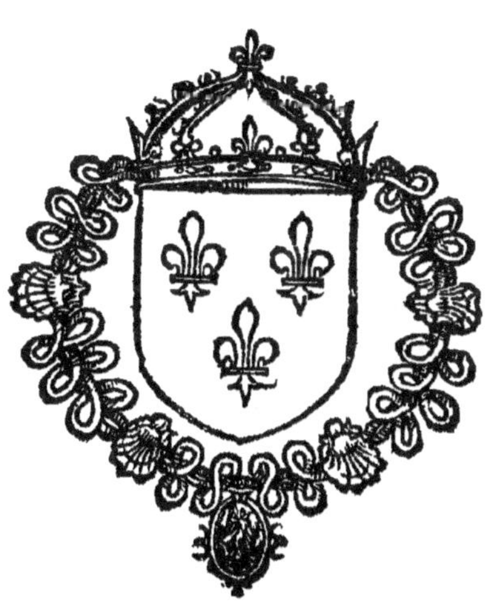

MARQUE DE L'ÉCUSSON DE FRANCE
Entouré du cordon de S.-Michel.

entrelacées. Nous n'avons
rencontré cette marque
que dans le *Chant de loye
à Nostre-Dame de Liesse
pour la victoire du très
heureux Roy Henri III,
Henry duc de Guise chef
de son armée*, et dans la
rédaction latine du même
ouvrage.

On peut aussi consi-
dérer comme marque
d'imprimeur un fleuron
insignifiant en lui-même,
qui porte les initiales
F. M.

La cinquième série des emblèmes de Fédéric Morel comprend des marques qui servent, non pas à garnir une page de
titre, mais à combler le vide laissé par deux ou trois feuillets
blancs à la fin d'un ouvrage. Parmi ces ornements complé-
mentaires, celui que Morel emploie le plus souvent représente l'écusson de France surmonté d'une couronne et entouré d'un collier de l'ordre de Saint-Michel, reconnaissable
aux coquilles alternant avec les anneaux de la chaîne.
On rencontre aussi la marque *Pietate et Ivstitia* décrite

plus haut, mais gravée sur une dimension occupant la page entière. La marque du Mûrier déjà insérée au frontispice était quelquefois répétée à la fin de l'ouvrage. Enfin Morel *i*mprima souvent comme ornement final deux belles compo-

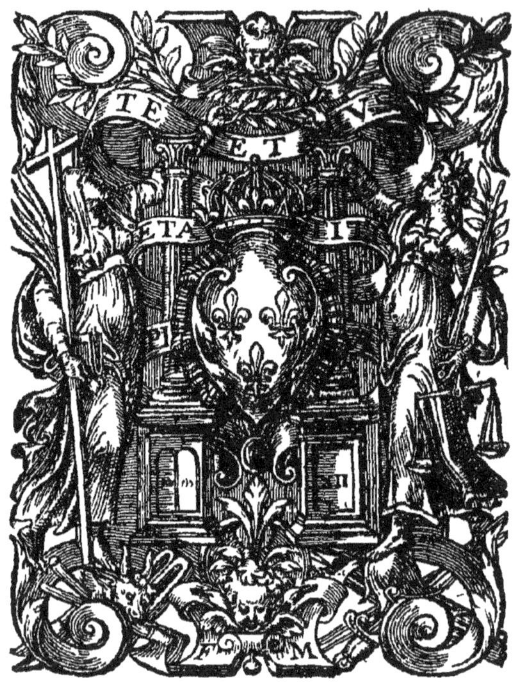

MARQUE *PIETATE ET IVSTITIA* (FINALE)

sitions allégoriques dessinées en médaillon, qu'il employa séparément ou toutes les deux à la suite, l'une en recto, l'autre en verso. La première figure la Liberté. Elle représente une femme marchant nu-pieds au milieu d'une contrée accidentée ; cette femme tient dans la main gauche une corne d'abondance et dans la droite un éventail en plumes.

La jambe gauche est découverte. En bas, entre les deux cercles elliptiques qui entourent le médaillon on lit le mot ΕΛΕΥΘΕΡΙΩΣ.

La seconde représente la Vérité. On la voit au milieu d'un beau paysage, le pied droit sur la boîte ouverte dont

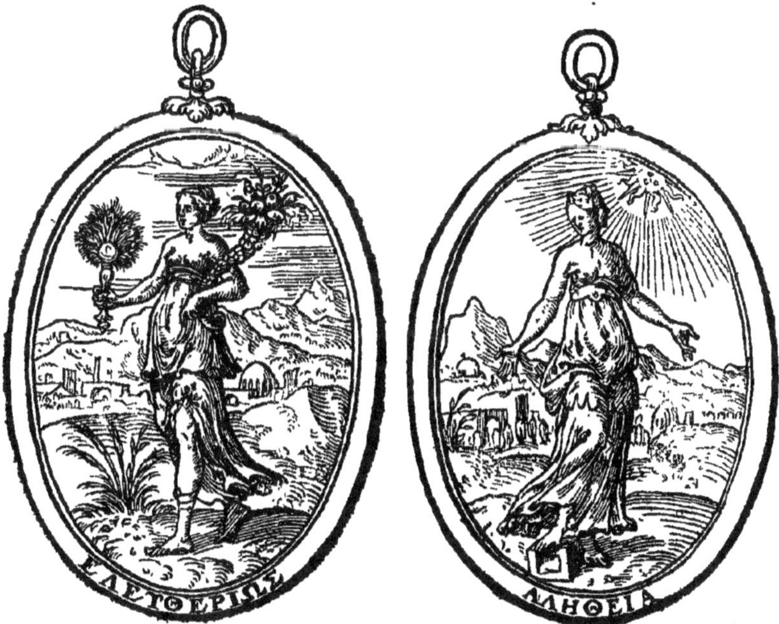

ÉCUSSONS DE FIN DE VOLUME

elle vient de sortir. Elle avance les bras comme pour accueillir quelqu'un. Un brillant soleil éclaire toute la scène. En bas, entre les deux cercles elliptiques qui entourent le médaillon, on lit ΑΛΗΘΕΙΑ.

Telle est la série des marques employées par Fédéric Morel pendant sa carrière. Elles nous montrent la tendance à l'allégorie qui caractérise le goût de la Renaissance.

Fédéric Morel n'apposa pas sa marque à tous les exemplaires sortis de ses presses. Maittaire nous dit : « Signo aliquando nullo utebatur »; mais il ne nous en donne pas la raison, qui est purement typographique : lorsque Morel avait à composer un titre trop plein ou rétréci par un cadre, il supprimait la marque pour ne pas resserrer outre mesure les lignes de l'intitulé; il mettait un fleuron de petites dimensions lorsqu'un peu de place restait vacant.

CONCLUSION

La vie et les travaux de Fédéric Morel nous ont prouvé qu'il était juste de le placer parmi les imprimeurs illustres de la Renaissance.

Les bibliophiles loueront en Fédéric Morel les qualités de ses prédécesseurs et, en outre, lui sauront gré d'avoir mis au jour les œuvres posthumes de Joachim du Bellay, qui seraient peut-être restées dans l'oubli si elles n'avaient eu la bonne fortune de rencontrer un éditeur capable de les apprécier.

Ce n'est pas un vain hommage que Maittaire rend à notre imprimeur en lui consacrant un chapitre à côté des Estienne, de Simon de Colines et surtout de Vascosan dont Morel fut le digne successeur.

Malgré les pages de Maittaire, Fédéric Morel ne jouissait pas de la notoriété que ses talents méritaient. Peut-être ce modeste essai aura-t-il contribué à le tirer de l'oubli.

APPENDICES

PIÈCES JUSTIFICATIVES

I.—PRIVILÈGES

OBTENUS PAR FÉDÉRIC MOREL

I

Amboise, 18 mars 1559 (1560 n. st.). — Lettres patentes de François II accordant à Fédéric Morel le privilège d'éditer les œuvres posthumes de Joa chim du Bellay et de les vendre pendant neuf années, à l'exclusion de tous les autres éditeurs.

François, par la grâce de Dieu, etc... Nostre bien amé Federic Morel... nous a tres humblement faict remonstrer que feu nostre cher et bien amé Joachim Dubellay auroit obtenu de nostre seigneur et pere le Roy dernier décédé, que Dieu absolve, certaines lettres patentes en forme de priuilege, datees du troisiesme jour de Mars, l'an mil cinq cens cinquante sept,... et après son decez iceluy exposant auroit recouvert plusieurs autres œuvres dudict Dubellay, non encore imprimees par cy devant, lesquelles iceluy exposant feroit volontiers imprimer auecques les autres ia auparavant imprimées, de sorte que toutes les œuvres dudict feu Dubellay se peussent avoir en un ou deux justes volumes. Mais iceluy exposant craint, qu'après avoir employé plusieurs grans fraiz a une bonne et correcte impression desdictes œuvres, il ne soit frustré du profit qu'il doit attendre de son travail par quelques autres telz quelz imprimeurs, lesquelz si tost qu'ilz peuvent recouvrer quelque copie nouvellement imprimee à la vente de laquelle ilz pensent faire quelque profit, la font soudain imprimer en impression difforme et incorrecte... Pour ce est il... etc...

Donné à Amboyse le xviiiᵉ jour de Mars, l'an de grace mil cinq cens cinquante neuf, et de nostre regne le premier.

Par le Roy, Monsieur le Cardinal de Lorraine présent.

ROBERTET.

(J. Du Bellay. Défense et illustration de la langue française, édition in-4, 1561).

II

Paris, 4 mars 1571. — Lettres patentes de Charles IX conférant à Fédéric Morel la charge d'imprimeur du Roi.

Charles par la grâce de Dieu Roy de France. A tous ceulz qui ces presentes lettres verront, salut. Scavoir faisons que pour le bon tesmoignage et rapport qui faict nous a esté de la personne de notre cher et bien amé Federic Morel, Imprimeur Libraire en notre bonne ville et université de Paris, et a plain confians dans ses sens, suffisance, loyaulté, preudhommye, experience en l'art d'imprimerie et bonne diligence et mesmes ayant egard qu'il a cy devant imprimé plusieurs beaulx livres tant en grec, latin que francoys et autre (*sic*) langues, comme il desire continuer pour le prouffict et commodite publicque. Pour ces causes et aultres bonnes et grandes considerations a ce nous mouvans avons ce jour d'hui retenu et retenons ledict Morel en l'estat et charge de notre imprimeur ordinaire tant en hebrieu, Grec, Latin que en francoys, et mesmement pour le faict de nos editz, ordonnances, statutz, Lettres patentes et aultres noz mandemens et Lettres qui debvront estre imprimees et publiees, et, ledict estat vacquant a present par la mort et trespas de feu Robert Estienne, luy auons donné et octroyé, donnons et octroyons par ces presentes pour icelluy tenir et exercer et en joyr et user par ledict Morel, aux honneurs, auctoritez, prerogatives, preeminances, privileges tant generaulx que particuliers, franchises et libertez, gaiges et droitz accoustumez et audict estat appartenans. Voulans en oultre qu'il ayt les poincons, moules, matrices, caracteres et fontes de notre grec pour en joyr et nous en servir quant besoing sera et en sera requis, sans qu'il soit besoing iceulx privileges specifier et declarer et lesquelz nous tenons ici pour tous specifiez et declarez avec defenses tres expresses à tous imprimeurs et libraires d'imprimer ou faire imprimer lesdicts livres, edictz, ordonnances, lettres patentes et aultres noz mandemens par luy imprimez sans le consentement dudit Morel a peine de confiscation des livres et d'amende arbitraire; voulons en outre et nous plaist qu'apposant par ledict Morel ung extraict sommaire des presentes, au commencement ou a la fin de chacun desdits livres, elles soient tenues pour

suffisamment notifiees et venues a la congnoissance particulière de
tous qu'il appartiendra sans qu'ilz en puissent prétendre cause
d'ignorance, et ce tant qu'il nous plaira. Si donnons en mandement
par ces mesmes presentes a noz amez et feaulz les gens de notre
court de parlement de Paris, prevost dudict lieu et a tous aultres
noz justiciers et officiers qu'il appartiendra que cesdictes presentes
noz lettres ilz facent lire et enregistrer et dudict Morel prins et
receu le serment qui seroit requis en tel cas, icelluy metent ou facent
mectre de par nous en bonne possession et joyssance dudict estat et
office de notre Imprimeur et d'iceluy ensemble de tout ce que dessus
le facent, seuffrent et laissent joyr et user pleinement et paisible-
ment et a luy obéir et entendre de tous ceulx qu'il appartiendra es
choses touchans et concernans ledict office, faisant observer estroitement et executer les susdictes defenses contre tous ceulx qu'il
appartiendra en mandant à celluy de noz tresoriers generaulx ou
particuliers et comptables a qui ce pourra toucher que lesdicts gaiges et droitz audict estat apartenans ilz payent, baillent et delivrent
ou facent payer, bailler et delivrer audict Morel par chacun an en la
forme et maniere accoustumee. Et rapportant par luy ces presentes
ou vidimus d'icelles duement collacionne à l'original avec quictance
sur ce suffisante, nous voulons tout ce que paye, baille et delivre
aura este a l'occasion susdite estre passe et alloue en la despense de
leurs comptes par noz amez feaulz les gens de noz comptes a Paris
ausquelz nous mandons ainsi le faire sans difficulté, car tel est notre
plaisir. Nonobstant quelzconques edictz, ordonnances, priuileges et
lettres obtenues ou a obtenir au contraire ausquelles desa present
comme pour lors et dès lors comme desa present nous avons deroge
et derogeons par cesdictes presentes. Donne à Paris le quatriesme
jour de Mars l'an de grace mil cinq cens soixante et unze et de nostre regne le unziesme ; ainsi signe sur le reply : par le Roy, le grand
aumosnier present, De Neufville, enregistrees, sur ce le procureur
general du Roy, pour en joyr par l'impetrant selon leur forme et
teneur a Paris en Parlement, le dernier jour d'Apuril, l'an mil cinq
cens soixante unze. Signe : Dutillet. Collation est faicte a l'original.

DUTILLET.

(Registres du Parlement *Recueil des ordon. de Charles IX*, X¹ᵃ 8629, f. 90 vᵈ.)

III

Paris, 2 novembre 1581. — Lettres patentes de Henri III, conférant à Fédéric Morel le Jeune la charge d'imprimeur du Roi, en remplacement de son père.

Henry, par la grace de Dieu Roy de France et de Pologne. A tous ceulx qui ces presentes lettres verront, salut. Scavoir faisons que nous, ayans esgard aux bons et agreables services que notre cher et bien amé Federic Morel pere, nostre imprimeur ordinaire, a des longtemps faictz au feu Roy Charles nostre tres cher seigneur et frere et a nous, en sondict estat, comme il fait et continue encore chacun jour, et desirans Iceulx recongnoistre non seullement envers luy mais aussi a l'endroit de Federic Morel, son fils, lequel ayant bien estudié et faict profession des bonnes lettres et sciences et travaillant comme il fait aujourdhuy avec et soubz sondict pere à l'Impression des bons Livres et exemplaires hebrieuz, grecz, latins, francoys et autres, s'est rendu capable de nous faire service audict estat, et a plain confians de la personne d'icelluy Morel filz et de ses sens, suffisance, loyaulté, preudhommye, experiance en l'art d'Imprimerie et bonne diligence, Icelluy, pour ces causes et autres a ce nous mouvans, avons cejourdhuy retenu et retenons en l'estat et charge de nostre Imprimeur ordinaire tant en hebrieu, grec, latin que francoys et mesmement pour le faict de nos edictz, ordonnances, statutz, lettres patentes et autres nos mandemens et lettres qui deburont estre publiees et imprimees; et ledict estat que soulloit tenir et exercer, tient et exerce encores de present ledict Morel pere, vaccant a present par la pure resignation qu'il en a cejourdhuy personnellement faicte en noz mains au nom dudict Federic Morel, son filz, a condition de survivance d'eulx deux, luy avons donne et octroye, donnons et octroyons par ces presentes pour icelluy tenir et exercer et en joyr et user par lesdictz Morel pere et filz et par le suruiuant d'eulx deux aux honneurs, auctoritez, prerogatives, preeminances, previleges tant generaulx que particulliers, franchises, libertez, gaiges et droictz accoustumez et audict estat appartenans sans que par le trespas du premier deceddant ledict estat puisse estre dict vaccant ne impetrable sur le suruiuant. Auquel suruiuant nous avons Icelluy estat desapresent comme pour lors reserve et

reservons, sans que pour quelque don et provision que nous en
pourrions faire par inadvertance ou autrement en faveur de quelque
autre personne que ce feust, ne aussi soubz umbre des ordonnances
et editz par nos predecesseurs et par nous faictz sur la reuocation de
semblables survivances il puisse estre audict suruiuant mis ou donne
aucun trouble ny empeschement au contraire. Léquel survivant si
bon ne luy semble ne sera tenu prendre ne recouurer de nous ny de
noz successeurs autres lettres de don et provision dudict estat que
cesdictes presentes, ne faire autre serment qu'en a ja faict ledict
Morel pere et qu'en fera ledict Morel fils en vertu d'icelles presentes. Voullons en oultre qu'ilz et chacun d'eulx ayent les poinsons,
mousles, matrices, caracteres et fontes de notre grec pour eulx en
ayder et nous en servir qu'en (*sic*) besoing sera et que requis en
seront sans qu'il soit besoing Iceulx preuileges speciffier et declarer
et lesquelz nous tenons icy pour tous speciffiez et declarez auec
deffenses tres expresses a tous Imprimeurs et Libraires d'imprimer
ou faire imprimer lesdictz liures et edictz, ordonnances, statutz,
lettres patentes et autres noz mandemens par lesdictz Morel pere et
filz imprimez sans leur consentement a peyne de confiscacion des
livres et d'amende arbitraire. Voullons et nous plaist aussi qu'en
apposant par lesdictz Morel et le survivant d'eulx deux ung extraict
sommaire des presentes au commancement ou a la fin de chacun des-
dictz livres, elles soient tenues pour suffisamment nottifiées et
venues à la cognoissance particulliere de tous ceulx qu'il appartiendra, sans qu'ilz en puissent pretendre cause d'ignorance, et ce
tant qu'il nous plaira. Si donnons en mandement par ces mesmes presentes a noz amez et feaulx conseillers les gens tenant notre
court de parlement à Paris, Preuost dudict lieu ou son Lieutenant et a tous autres noz justiciers et officiers qu'il appartiendra
que cesdictes presentes nos Lettres ils facent lire et registrer et
dudict Morel filz prins et receu le serment qui seroit en tel cas
reqvis et accoustume, ilz le mettent ou facent mettre de par nous en
bonne possession et joyssance dudict estat de notre Imprimeur et
d'Icelluy ensemble de tout ce que dessus facent, souffrent et laissent
ledict Morel pere, sa vye durant, et apres son trespas ledict Morel
son filz et le suruiuant d'eulx deux, jouir et user plainement et paisi-

blement et a eulx obeyr et entendre de tous ceulx et ainsi qu'il appartiendra en mandant a celluy de noz tresoriers et receveurs generaulx ou particulliers et contables a qui ce pourra toucher que lesdictz gaiges et droictz audict estat appartenans ils payent, baillent et delivrent ou facent payer, bailler ou delivrer audict Morel filz et audict suruiuant doresnavant par chacun an aux termes et en la maniere accoustumce et en rapportant cesdictes presentes ou vidimus d'icelles deuement collationné a l'original auec quictance sur ce suffisante, nous voullons tout ce que payé, baillé et déliuré aura esté a l'occasion susdicte estre passé et alloué en la despence, desduict et rabattu de la recepte des comptes de celluy qui aura faict icelluy payement par noz amez et feaulx les gens de noz comptes a Paris ausquelz nous mandons ainsi le faire sans difficulté, car tel est nostre plaisir, nonobstant lesdictz edictz et ordonnances faictes et a faire sur la reuocation de semblables suruiuances esquelles ne voulons la presente estre comprise ny entendue ains l'en avons des a present comme pour lors exceptée et réservée, exceptons et réservons et a iceulx et quelconques autres edictz, ordonnances, mandemens, deffences et lettres obtenues ou a obtenir a ce contraire auons derogé et derogeons par cesdictes presentes ausquelles, en tesmoing de ce, nous avons faict mectre et apposer nostre scel. Donné à Paris le deuxieme jour de Nouembre, l'an de grace mil cinq cens quatre vingtz ung, et de nostre règne le huictiesme. Ainsi signé sur le reply, Par le Roy, Pinart, et scellces sur double queue jaulne du grand scel. Registrées, oy le procureur general du Roy, comme il est contenu ou registre de ce jour à Paris en parlement le vingt deuxième Janvier mil cinq cens quatre vingtz deux. Signé : Dehenez.

Collacion est faicte avec l'original rendu audict Morel.

DEHENEZ.

(Arch. nat. **Registres du Parlement** X¹ᴬ 8536, fº 66 vº *sqq.*)

II.— LES IMMEUBLES DE FÉDÉRIC MOREL

I

**9 avril 1548. — Cession faite à Michel de Vascosan et Antoinette Vagnault,
par Jean Hémon et sa femme, de la maison du *Regnard qui ferre*.**

A tous ceux qui ces presentes lettres verront Anthoine du Prat
esc. Scavoir faisons que par devant Pasquier Vallee et Jean Cruce
clercs notaires du Roy furent presents en leurs personnes honnora-
bles personnes Jean Hemon marchand boucher et Pasquette Boute-
villain sa femme, aagee de trente ans ou environ, comme ils ont dit,
de luy souffisamment authorisee en ceste partie, fille et héritière
seule et pour le tout de feu Jean Boutevilain en son vivant boulanger
à Paris, jadis son pere ; lesquels de leurs bons grez et bonnes vou-
lontez, sans aucune contrainte, recogneurent et confesserent en la
présence et par devant lesdits notaires comme en droit jugement
avoir vendu ceddé, quité, transporté et délaissé et par ces présentes
vendent, ceddent, quitent, transportent et délaissent du tout dès maintenant à tousiours à honnorable homme Sire Michel de Vascosan,
marchand libraire et Anthoinette Vagnault, vefue de feu Honnoré
Chevalier, a ce presens achapteurs et acquesteurs chacun par moitié
pour eux, leurs hoirs et ayans cause au temps aduenir, un quart et
demy par indivis et tout tel autre droit, part et portion qui ausdits
vendeurs à cause de ladite Pasquette Boutevilain peut duire, com-
peter et appartenir et à elle venu succédé et escheu à cause de la
succession dudit deffunct Jean Boutevilain son pere cy et sur une
maison et petite court du lieu, comme il se comporte de fonds en
comble, assis a Paris rue Sct Jacques ou souloit pendre pour enseigne le Regnard qui ferre et de present la Fontaine, tenant d'une
part a une maison appartenant a Regnault Chaudiere, d'autre à une
maison appartenant à l'Hostel-Dieu de Paris, estant icelle maison en
la censive des chanoines de l'église Sct Benoist à Paris et chargée
enuers eux la totalité d'icelle de trois sols neuf deniers parisis de
cens, de six livres six sols six deniers parisis de rente envers
le chappelain de la chapelle Notre Dame de la Table fondée
en ladicte Eglise St Benoit et encore de trente trois sols six

deniers parisis de rente envers le chappelain de la chapelle Sct Augustin fondée en l'Eglise de Paris et aux autres charges, etc... Ceste vente cession transports ainsy faicts ausdictes charges pour portion et outre moyennant et parmy le prix et somme de douze cent livres tournois que pour ce lesdits vendeurs confesserent et confessent auoir eüe et receüe desdicts achapteurs chacun pour leurdicte moitié etc... Promettant, obligeant, renonçant. En tesmoing de ce, nous à la relation desdits notaires auons fait mettre à ces présentes le scel de ladicte preuoste de Paris qui furent faites et passees l'an mil Vᵉ quarante huict le mardy ıxᵉ iour d'Auril. Ainsy signé. P. Vallée. J. Cruce.

> (Inventaire des tiltres du chappitre de l'église de Mgr Sainct Benoist le bien tourné. Arch. nat., S 897ᴮ.)

II

Mention d'une rente de trois sous six deniers parisis de cens, prise
par les chanoines de Saint-Benoit sur la maison de la *Fontaine.*

. . . .

Une ancienne lettre faisant mention de trois sols six deniers parisis de cens — c'est sur la maison où pend pour enseigne la *Fontaine,* que tient à present Vascozan libraire.

> (Inventaire des tiltres du chappitre de l'église de Mgr Sainct Benoist le bien tourné. A. N., S 897ᴮ.)

III

Mention d'une rente annuelle de dix sous parisis prise par la Sorbonne
sur la maison des *Ciseaux d'or*, appartenant à Vascosan.

Au clos Bruneau.

Sur une maison anciennement appelee les escolles d'Allemaigne, apartenant a la nation de ladicte Allemaigne. . . . .

Sur une maison a icelle contigue apartenant à Michel Vascosan libraire juré en l'Uniuersité de Paris, en laquelle pend pour enseigne les Cyseaulx d'or, pour chacun an, au jour et la feste Sainct Jehan Baptiste . . . . Xˢ parisis.

> (Extrait de l'*Inventaire des biens de la maison de la Sorbonne dressé par ordre du Roy le 10 décembre 1557*, publié par M. Gréard dans « Nos adieux à la vieille Sorbonne ». Pièces justificatives, p. 265.)

IV

26 juillet 1569. — Reconnaissance faite par Vascosan de la propriété de trois maisons sises à Paris et portant pour enseignes la *Fontaine*, les *Ciseaux d'or* et le *Mortier*.

1569, 26 Juillet. — Honorable homme Michel Vascosan, libraire juré en l'Université de Paris, confesse être détenteur et propriétaire de la moitié indivise moins un seizième d'une maison, court et autres appartenances, assise à Paris rue Saint-Jacques où pend pour enseigne la *Fontaine*, où il est demourant, tenant d'une part, la totalité à Regnauld Chaudière, d'autre à l'Hôtel-Dieu de Paris, par derrière aux héritiers Jacques le Rousse, par devant à la rue Saint-Jacques.

Item une autre maison et ses appartenances, rue de saint Jehan de Beauvais, aux *Sizeaulx d'or*, tenant d'une part à la maison du *Cadran*, d'autre à une maison qui appartient à la nation d'Allemagne.

Item, la moitié par indivis d'une autre maison, rue de la Bûcherie, à l'enseigne du *Mortier* ; et sur les dits biens tant du dit Vascosan et Catherine Bade, sa femme, que de Denis Desauves, marchand apothicaire et espicier, et Marie Bade, sa femme, Bertrand Lefèvre, marchand bourgeois de Paris et Jehanne de Passavant, sa femme, à cause d'elle, comme héritière de Marie Danès sa mère, ont droit de prendre 25 l. de rente qui dès le 22 aoust 1549, furent par lesdits Vascosan et Desauves et leurs femmes vendus et constitués à Guillaume Danès, père de la dite défunte Marie Danès.

(Archives de Brûlé, notaire.) — Baron Pichon et G. Vicaire. *Documents pour servir à l'histoire des libraires de Paris.*

V

17 mai 1577. — Supplique adressée par Fédéric Morel et sa femme au prévôt des marchands et aux échevins de Paris afin d'obtenir l'ensaisinement de la maison des *Trois-Bourses*, acquise par héritage de Vascosan, moyennant la moitié des droits de vente et saisine.

A messieurs les preuost des marchans et eschevins
de la ville de Paris.

Supplient humblement Federic Morel imprimeur ordinaire du Roy et Jehanne Vascosan sa femme, fille et heritiere de feu Michel

Vascosan marchant libraire et Imprimeur juré en l'université de Paris et de feue Catherine Bade femme en premiere nopces dudict Vascosan, Nicolas Dubray et Claude Lefevre sa femme, Marc Gaboureau et Denise Lefevre sa femme, lesdictes Claude et Denise Lefèvre heritiers de feue Robine Coing leur mere, femme en premieres nopces de feu Augustin Lefevre, leur pere, et en secondes noces dudict feu Michel Vascosan. Comme ledict deffunct Michel Vascosan, pendant et constant le mariage de luy et de ladicte Robine Coing, ayt acquis de Claude Lefèvre et Marie de Courselles, sa femme, la moictié en ung tiers qui est la sixieme partie et portion par indivis en la totalité d'une maison contenant deux corps d'hostel, court au millieu, ouvrouer, puis et lieux comme ilz (*sic*) se comportait de fondz en comble et de toutes partz assiz en ceste ville de Paris rue du *Petit Pont* ou pend pour enseigne les *Trois Bourses*, tenant la totalité d'icelle maison et lieu d'une part a l'hostel de l'escu de Bourgongne, d'autre au *Gros Tournois*, abboutissant d'un bout par derriere a la maison du Sabot et de l'Image sainct Jehan qui aultreffois a esté des appartenances de ladicte maison des Trois Bourses et d'autre bout par devant a ladicte grande rue, ainsy qu'il appert par les lectres de ladicte acquisition faictes et passées par devant Chappelain et Chappelain (*sic*), notaires au Châtelet de Paris, dattees du Samedy vingt septieme Jour de Fevrier M V^c soixante ung, laquelle maison est en la censive et seigneurie fonciere de ladicte ville. Ce considéré, messieurs, il vous plaise ensaisiner les supplians de ladicte acquisition en paiant au domaine de ladicte ville les droictz de vente et saisine qu'il vous plaira leur modérer a moictié et vous ferez bien.

Soyt monstre au Procureur du Roy et de la ville. Faict au bureau de la ville le xvii jour de May 1577.

DE PRESLE.

En consideration des services faictz à la ville par ledict Morel et suivant le pourpalé et comme accord qui a esté faict auecques lesdicts suppliantz ie n'empesche qu'en paiant par eux douze deniers parisis pour livre ilz soient ensaisinés.

PERROT.

Seront ensaisines en payant douze deniers parisis pour livre, montant le tout à la somme de quarante six liures dix sept sols six deniers tournois. Faict au bureau de la ville le xvii jour de May 1577.

DE PRESLE.

(Arch. nat., Q¹ 1133 ⁴ᴮ.)

VI

30 juillet 1580. — Reconnaissance faite par Fédéric Morel de la possession par moitié indivise des maisons portant pour enseigne : la *Fontaine*, les *Ciseaux d'or* et le *Mortier*.

Honorable homme Fédéric Morel, imprimeur ordinaire du Roy, bourgeois de Paris rue S. Jacques, à la Fontaine, paroisse S. Benoist, confesse que, à cause de Jehanne Vascosan, sa femme, il est propriétaire de la moitié par indivis (1/16ᵉ en moins) d'une maison, court et appartenances, rue S. Jacques, à la *Fontaine*, tenant la totalité d'une part à Regnauld Chaudiere, d'autre à une maison de l'Hostel-Dieu, — et d'une autre maison rue S. Jehan de Beauvais, aux *Sizeaulx d'or*, — moitié d'une maison, rue de la Bucherie, au *Mortier*. Sur ces heritages qui ont appartenu a defunt honorable homme Michel de Vascosan, libraire juré de l'Université de Paris, et autres biens qui ont appartenu tant au dit feu Vascosan qu'à Catherine Bade, jadis sa femme et a Denis de Sauves, marchand apothicaire, et Marie Bade sa femme, — Bertrand Lefèvre, marchand, et Jehane de Passavant sa femme, à cause d'elle, comme fille de Marie Danès, sa mère, ont droit de prendre 8 escus 1/3 de rente.

(Arch. de Brûlé, notaire.) — Documents pour servir à l'histoire des libraires de Paris, par le baron Pichon et G. Vicaire.

VII

(1650.) — Mention d'une rente annuelle de six sous trois deniers parisis, prise sur la maison de la *Fontaine* par le chapelain de la chapelle Notre-Dame de la Table à l'église Saint-Benoît.

Chapelle nostre dame de la table fondee a l'autel de la Vierge :

Premièrement. Sur une maison rue Saint Jacques ou estoit anciennement l'enseigne du *regnard qui ferre* et maintenant la *fontaine* apartenant aux Sieurs Charles Morel secretaire du Roy et

Gilles Morel advocat en parlement, enfans et heritiers de Federic Morel leurs (*sic*) père, imprimeur du Roy, le chappelain de la Chappelle nostre Dame de la table a droit de prendre au jour St Remy annuellement la somme de six liures six sols trois deniers parisis.

(Inventaire du revenu des chapelles de Saint-Benoît le bien tourné, fait en 1652. Arch. nat., S 897 *.)

III. — OPPOSITION

FAITE PAR GUILLAUME DE NYVERD

A L'ENREGISTREMENT

DES LETTRES DU 4 MARS 1571 ÉTABLISSANT FÉDÉRIC MOREL IMPRIMEUR DU ROY

I

22 mars 1751. — Ajournement au 23 mars 1571 de la comparution des parties, fixée primitivement au 22 mars 1571.

Entre Federic Morel . . . .

. . . .

. . . .

Après que Brisson pour le demandeur a demandé défault, present Duboys procureur du deffendeur, et que Amelot pour ledict deffendeur a dict qu'il n'a a present ses pièces et offert en venir au premier jour, joinct qu'il n'y a aucun à venir,

La Court enjoinct au procureur de Nyvert deffendeur d'en venir demain a sept heures a huys clos, alias sera baillé exploict et sera la cause rappelée.

(Arch. nat., X 5031, fol. 421 v°.)

II

Lundi 30 avril 1571. — Confirmation des lettres patentes du 4 mars 1571 établissant Fédéric Morel imprimeur du Roi.

Du Lundi trentiesme et dernier jour dauril l'an mil cinq cens septante et ung.

Veües par la Court les lettres du Roy donnees à Paris le quatriesme jour de mars dernier passé, signees de Neufville, par

lesquelles et pour les causes et considerations y contenues, ledit
Seigneur donne et octroye a Fedric Morel Imprimeur et Libraire
en ceste ville et Université de Paris l'estat et charge de son Imprimeur ordinaire tant en hebrieu, grec, Latin que François et
mesmement pour le fait de ses Edits, ordonnances, status, lettres
patentes, et autres mandemens et lettres qui doibvent estre imprimez et publiez, ledit estat et charge vacant par le decez et trespas
de feu Robert Estienne, pour en joyr par ledit Morel ainsi que fai-
soit ledit deffunct, avec deffenses a tous Imprimeurs et Libraires de
imprimer ne faire imprimer lesdits Livres, Edits, ordonnances,
status, lettres patentes et autres mandemens par lui imprimez sans
le consentemeet dudit Morel, le jugement donné au conseil privé du
Roy le quatriesme jour de ce mois, signé Dolu et ledit Morel et
Guillaume de Nyverd imprimeur à Paris, par lequel ledit de Nyverd
est deboutté de la Requeste par luy formee a la verification desdites
lettres, et tout considéré,

Ladite Court a ordonné et ordonne que lesdites lettres seront
enregistrées en icelle, oy sur ce le Procureur general du Roy, pour
en joyr par ledit Morel y denommé selon leur forme et teneur.

(Arch. nat., X ^{1A} 1632, f⁰ 31.) — Bibl. nat. mss., bureau de la librairie 21819, p. 28.

IV. — DATE DU MARIAGE DE FÉDÉRIC MOREL

23 novembre 1552.

Tuition à Jacques et Pierre de Vascosan, enffans de Michel de
Vascosan et de feue Catherine Badieulx (pour Bade) leurs parents.

(Étaient présents :)

Michel de Vascosan, père.

M⁰ Fedric Morel, beau frère.

. . . .

Les dessusdicts apres sermen par eux fet ont esleu pour tuteur
le père, et pour subrogé tuteur ledict Jehan de Rosny, etc...

(Arch. nat., Y 5249, f⁰ 231 v⁰.)

V. — RELATIONS DE FÉDÉRIC MOREL
AVEC PLANTIN

5 mai 1561. — Note de Christophe Plantin, imprimeur à Anvers, relatant un envoi de livres fait à Fédéric Morel.

Le 5ᵉ de May 1561. Envoyé une commande de livres au Sire Martin le jeune marchant libraire à Paris et Mathieu Vandeville, voicturier de Dermonde a 45 s. pour c'est marqué à la marcque et nombre icy en marge.

Dedans la mesme pour le sire Jean Royde. . . . .

. . . .

. . . .

Le susdict au Sire Frederick Morel.

4 Ouidij opᵃ Plant. 3 vol.	7 s. 6.
4 Terentius Plant.	2 s.
4 Catullus Tibullus.	2 s.
4 Sententiae poetarum 16°	20 s.
4 Dom. Flaccus alias fenestella	2 s. 6.

Ledict 5ᵉ de May 1561
au Sire Federic Morel
comme deuant.

4 Rynardii Tribonianus 8°.	15 d.
2 Breviarium Rom. Plantini 1561.	12 s. 6 d.
2 Diurnal Rome pᵐ (parvum) Plant. 1561.	3 s. 6 d.
3 Horulæ Plantin.	18 d.
6 Antidotarium in-8.	

(Archives du musée Plantin. Pièce communiquée par M. Max Rooses.)

BIBLIOGRAPHIE

I.—LIVRES ET OPUSCULES (1557 A 1582)[1]

1557

1. — Caroli bo- ‖ villi samarobrini ‖ geometricvm opvs, ‖ dvobvs libris com- ‖ prehensvm. ‖ lvtetiae, ‖ Apud Michaëlem Vascosanum, uia ‖ Iacobæa ad insigne Fontis. ‖ m. d. lvii. ‖ cvm privilegio regis. ‖

In-8 de 102 ff. c. Réclame au v° des feuillets. Nombreuses figures géométriques. Le 102ᵉ contient au r°, un Somm. du privil. relatif à l'ouvrage, accordé à Vascosan le 7 des ides de février (9 février) 1553 (1554 n. st.); le v° est bl. Le v° du titre est blanc. Au f. 2, épître de Ch. de Bouelles au lecteur, datée de Noyon, le jour des ides de février (13 février) 1552 (1553 n. st.). Au r° du f. n. c. 3, distiques latins de l'auteur au lecteur.

2. — De la Providence, de l'Ame, d'Humilité, oraisons prinses de saint Jean Chrysostome, traduites par F. Morel, 1557. In-8.

3. — Discours sur la rupture de la trêve de 1556; 1557. In-8.

4. — Ivlii caesaris ‖ scaligeri ‖ exotericarvm ‖ exercita- tionvm ‖ liber ‖ qvintvs decimvs, ‖ de ‖ svbtilitate ‖ ad ‖ hiero- nymvm cardanvm. ‖ In extremo duo sunt indices : prior breviusculus, conti- ‖ nens sententias nobiliores; alter opulentissimus, pene omnia complectens. ‖ lvtetiae ‖ Apud Federicum Morellum, in vico Bellouaco, ‖ ad insigne Mori, ‖ m. d. lvii. ‖ cvm privilegio regis. ‖ .

In-4 de iv-478 ff. c. plus 32 ff. d'index non chiffrés. Au v° du titre, vers grecs non signés, dédiés à l'auteur. Au f. ii r° : épître de J. C. Scaliger

---

1. Les articles qui ne sont suivis ni de description, ni de référence à un autre article, concernent des ouvrages que nous avons vus mentionnés en divers recueils bibliographiques sans pouvoir recourir à l'exemplaire original rarissime ou disparu.

à Vascosan, dans laquelle il est dit que Vascosan prend à sa charge les frais de l'édition. — Au f. ii v°, épître de Scaliger au lecteur. Au f. iii r° et v°, épître au lecteur par Jean Berge, médecin. Au f. iii v°, distiques grecs à Scaliger (Σκαλανος), par Dorat et Imbert de Condom. Au f. iv r° et v°, préface. Plusieurs figures géométriques dans le texte. Réclame au v° de chaque feuillet.

Cet ouvrage est écrit en réponse à un traité de Jérôme Cardan sur le même sujet, où Scaliger avait relevé des erreurs. Scaliger écrit en termes fort courtois d'ailleurs (ce n'était pas son habitude), et dédie son travail à Jérôme Cardan lui-même, bien que celui-ci fût décédé peu de temps auparavant, ainsi que nous l'apprend l'épître au lecteur.

Au commencement Scaliger nous explique ce qu'il entend par le mot *Subtilitas* : « Subtilitas est ratio qua sensibilia a sensibus, intelligibilia ab intellectu difficile apprehenduntur. » L'ouvrage se termine par un Extrait du privilège du Roi, accordé à Vascosan le 11 février 1553. A la fin : « Lutetiæ Parisiorum imprimebat Michael Vascosanus. An. D. m.d.lvii. mense Julio. »

5. — Sophoclis tragœdiæ in lucem emissæ per Joannem Lalamantium apud Vascosanum et apud Morellum, 1557. In-8.

1558

6. — Ad carolvm car- ‖ dinalem lotarenvm ‖ mich. hospit. de pace ‖ carmen. ‖ parisiis, ‖ *Apud Federicum Morellum, in uico Bellouaco,* ‖ *ad urbanam Morum.* ‖ m. d. lviii. ‖ cvm privilegio regis. ‖

Marque : mûrier avec πᾶν δένδρον. In-4 de 4 ff. n. c. ; le dernier blanc Le v° du titre blanc. Sans réclames.

Le chancelier Michel de l'Hôpital supplie le cardinal Charles de Lorraine d'user de son influence pour rétablir la paix qui aurait déjà dû être signée après la prise de Calais, et de mettre fin aux troubles intérieurs.

7. — Ad margaritam ‖ regis sororem, ‖ michaelis hospitalii ‖ epistola. ‖ parisiis, ‖ *Apud Federicum Morellum, in uico Bellouaco,* ‖ *ad urbanam Morum,* ‖ m.d.lviii. ‖ cvm privilegio regis. ‖

Marque : mûrier avec πᾶν δένδρον. In-4 de 6 ff. n. c. ; le dernier blanc. Réclame au v° des ff. 2 et 3. Le v° du titre blanc.

Michel de l'Hôpital écrit à Marguerite, sœur du roi, pour écarter les sentiments de défiance qu'elle a envers lui.

8. — Amplissimi cv ‖ ivsdam viri epistola ad ‖ illustriss. principem ‖ francisc. lotaringvm ‖ dvcem gvisianvm: ‖ *Cui addita*

est Elegia IOACH. BELLAII, *cum aliquot eiusdem epigrammatis.* ||
PARISIIS, || *Apud Federicum Morellum, in uico Bellouaco, ad
urbanam Morum.* || 1558. || CVM PRIVILEGIO REGIS. ||

Marque : mûrier avec πᾶν δένδρον. In-4 de 8 ff. n. c. Réclame au v° des ff. 3
et 4. Au v° du titre, extrait du privilège du roi relatif à l'ouvrage, octroyé à
Fédéric Morel le 17 janvier 1557 (1558 n. st.).

Après l'épître en vers latins de l' « amplissimus vir », qui est évidemment
Michel de l'Hôpital, nous trouvons une pièce de vers latins de J. du Bellay
à la jeunesse française qui périt pendant l'expédition de Naples ; une autre
sur ceux qui furent tués à la bataille de Saint-Quentin, une troisième au
cardinal de Lorraine, une quatrième sur la prise de Calais et une cinquième sur
le mariage futur de Marie Stuart. A la fin : IOACH. BELL. LVDEBAT LVTETIÆ, anno
M. D. LVII.

9. — Catulli Epigrammata quædam selecta in usum pudicæ
juventutis, 1558. In-4.

10. — DE CALETI ET GVI- || NÆ, OPPIDORVM PROXIMO || HOC BELLO
CAPTORVM, EXPV- || GNATIONE, CARMEN LONGE || DOCTISSIMVM. ||
Cuius auctor is ipse est, qui et illius eruditiss. Epistolæ ad ||
Francisc. Guisiorum Principem, proxime a nobis editæ. || PARI-
SIIS, || *Apud Federicum Morellum, in uico Bellouaco,* || *ad urba-
nam Morum.* || 1558. || CVM PRIVILEGIO REGIS. ||

Marque : mûrier avec πᾶν δένδρον. In-4 de 4 ff. n. c. Le v° du titre ainsi que
le v° du f. n. c. 4 sont blancs. Réclames au v° des ff. 2 et 3. Au v° du f. 2, nous
voyons le folio 74, erreur de typographie.

La note ajoutée au titre par Fédéric Morel indique que le poème est de
Michel de l'Hôpital.

11. — DE THEAVILLA CAPTA || MICHAELIS HOSPITALII || CARMEN. ||
PARISIIS, || *Apud Federicum Morellum, in uico Bellouaco,* || *ad
urbanam Morum* || M. D. LVIII. || CVM PRIVILEGIO REGIS. ||

Marque : mûrier avec πᾶν δένδρον. In-4 de 4 ff. n. c. V° du titre blanc. Caract.
italiques. Réclames au v° des ff. 2 et 3.

12. — DISCOVRS AV ROY || SVR LA TREFVE DE || L'AN M.D.L.V.
PAR IOACH DV BELLAY ANG. || A PARIS, || DE l'Imprimerie de Federic
Morel, rue S. Ian || de Beauuais, au Franc Meurier. || M. D. LVIII.
|| AVEC PRIVILEGE DV ROY. ||

Marque : mûrier avec πᾶν δένδρον. In-4 de 6 ff. c. Réclame au v° de chaque
feuillet.

13. — Divers ievx rv- || stiqves, et avtres || oevvres poeti- || ques de || ioachim dv bellay || angevin. || a paris, || *De l'imprime- || rie de Federic Morel, rue S. Ian || de Beauuais, au franc Meu- || rier.* || m. d. lviii. || avec privilege dv roy. ||

Marque : mûrier avec πᾶν δένδρον. In-4 de 76 ff. c. plus 1 p. bl. Réclame au vᵒ de chaque feuillet.

L'ouvrage n'a pas de table. Il est dédié au chancelier Duthier. On y trouve entre autres le Morctum de Virgile et la Courtisane repentie, du latin de P. Gillebert. A la fin, extrait du privilège du 17 janvier 1557 (1558 n. st.), signé Duthier. Au commencement, épître au lecteur par J. du Bellay dans laquelle l'auteur se plaint de l'ignorance des imprimeurs et loue indirectement Féd. Morel de son savoir.

14. — Epithalame sur le Mariage du duc de Savoye, 1558. In-4. (*Voir le nᵒ 25.*)

15. — Hymne a la || lovange de monsei- || gnevr le dvc de Gvyse, || par i. de amelin. || a paris, || En la boutique de Federic Morel, rue S. Ian || de Beauuais, au franc Meurier. || m. d. lviii. avec privilege dv roy. ||

Marque : mûrier avec πᾶν δένδρον. In-4 de 4 ff. n. c. Le texte commence au vᵒ du titre. A la fin, signature E. C.

16. — Hymne au Roy sur la prinse de Calais par J. du Bellay. 1558. In-4. (*Voir le nᵒ 27.*)

17. — In francisci || illvstriss. franciæ del- || phini, et mariae sereniss. || scotorvm reginae nvptias, || viri cvivsdam amplis. || carmen || parisiis, || *Apud Federicum Morellum, in uico Bellouaco, ad urbanam Morum.* || m. d. lviii. || cvm privi- legio regis. ||

Marque : mûrier avec πᾶν δένδρον. In-4 de 4 ff. n. c.

18. — Ioachimi bellaii || andini poematvm || libri qvatvor : qvibvs continentvr, || elegiae. varia epigr. || amores. tvmvli. || parisiis, || *Apud Federicum Morellum, in uico Bellouaco,* || *ad vrbanam Morum.* || m. d. lviii. || cvm privilegio regis. ||

Marque : mûrier avec πᾶν δένδρον. In-4 de 62 ff. c. P. bl. à la fin. Au vᵒ du titre, extrait du privilège défendant à tout autre imprimeur que Féd. Morel d'imprimer ou de vendre le présent ouvrage pendant six ans à compter

de la date des présentes. Fontainebleau 3 mars 1557 (1558 n. st.). Au f. 2 r°:
Ex quadam epistola Francisci Oliuarij Gall. Nomophylacis ad I. Morellum
Ebrodunens. Au f. 2 v°, distiques latins à Marguerite, sœur de Henri II. Au
f. 61 r°, distiques latins de Charles Utenhove le Jeune sur Joachim du Bellay.
Au f. 62 r°, distiques grecs du même au même. A la fin, errata.

19. — Le premier livre || des antiqvitez de rome, || conte-
nant vne generale || description de sa gran- || devr, et comme
vne deplo- || ration de sa rvine : || par || ioach. dvbellay ang. ||
Plus un Songe ou vision sur le mesme subiect, || *du mesme
autheur.* || a paris, || *De l'imprimerie de Federic Morel, rue
S. Ian* || *de Beauuais, au franc Meurier.* || m. d. lviii. || avec pri-
vilege dv roy. ||

Marque : mûrier avec πᾶν δένδρον. In-4 de 14 ff. c. 1 p. bl. à la fin. Au v° du
titre, épître au roi. Au r° du 14ᵉ feuillet, privilège du roi du 3 mars 1557
(1558 n. st.), à Fontainebleau. Le roi dit qu'il a enjoint à du Bellay de choisir
un imprimeur assez docte et intelligent, pour imprimer fidèlement ses œuvres.
Réclame au v° de chaque feuillet.

20. — Les regrets || et autres oevvres || poetiqves de ioach.
|| dv bellay || ang., || a paris, || *De l'imprimerie de Federic Morel,
rue S. Ian de Beauuais, au franc Meurier.* || m. d. lviii. || avec
privilege dv roy. ||

Marque : mûrier avec πᾶν δένδρον. In-4 de iv ff. n. c. plus 46 f. c. Au v° du
titre, vers latins au lecteur. L'ouvrage est dédié à M. d'Avanson, conseiller du
Roy en son conseil privé (épître en vers français); au v° du f. iv, épître en
vers de l'auteur à son livre. A la fin, extrait du privilège du Roi relatif à
l'ouvrage, en date du 17 janvier 1557 (1558 n. st.). Réclame au v° de chaque
feuillet.

1559

21.—Carmen de pace, || ad ioan. iacobvm ver- || niam vasaten.
d. cathe- || *rinæ augustæ oratorem eximium, Authore Helia An-
drea Burdigalen.* || parisiis, || *Apud Federicum Morellum, in vico
Bellouaco,* || *ad vrbanam Morum.* || 1559. ||

Marque : mûrier avec πᾶν δένδρον. In-4 de 4 ff. n. c. Réclame au v° des ff. 2
et 3. V° du titre blanc.

22. — Discours au Roy sur la trève de 1555, par J. du Bellay, 1550. In-4. (*Voir le n° 12.*)

23. — Discovrs de || certaines choses || dignes de mémoire

nouvelle- ‖ mēt faictes à Rome par ‖ nostre sainct pere ‖ le
Pape. ‖ A PARIS, ‖ De l'imprimerie de Federic Morel, rue S. Ian ‖
de Beauuais, au franc Meurier. ‖ 1559. ‖ AVEC PRIVILEGE. ‖

In-8 de 19 ff. n. c. Au vº du titre, extrait du privilège. Réclame au vº de chaque feuillet.

24. — ENTREPRISE DV ‖ ROY-DAVLPHIN POVR ‖ LE TOVRNOY,
SOVBZ LE ‖ NOM DES CHEVALIERS ‖ ADVANTEVREVX. ‖ *A la Royne, et*
aux Dames ‖ PAR IOACH. DVBELLAY ANG. ‖ A PARIS, ‖ *De l'imprime-*
rie de Federic Morel, rue S. Ian ‖ *de Beauuais, au franc Meu-*
rier. ‖ M. D. LVIIII. ‖ AVEC PRIVILEGE DV ROY ‖

Marque : mûrier avec πᾶν δένδρον. In-4 de 14 ff. n. c.; le vº du dernier est
blanc. Réclame au vº de chaque feuillet, sauf aux trois derniers feuillets. Au vº
du titre, extrait du privilège.

On trouve dans cet opuscule :

1º « entreprise du roy-daulphin povr le tovrnoy, sovbz le nom des chevaliers
advantevrevx » (5 feuillets);

2º « entreprise de Monsievr de Lorraine » (2 feuillets);

3º Inscriptions (6 feuillets), à la fin épître en vers italiens au card. de Lorraine.

Au rº du dernier feuillet épitre de l'imprimeur au lecteur. — L'imprimeur
informe les lecteurs que la plus grande partie de l'ouvrage était imprimée avant
la mort du roi, et les prie de ne pas se froisser des plaisanteries qu'ils y trou-
veront.

25. — EPITHALAME SVR ‖ LE MARIAGE DE TRES ILLVSTRE ‖ PRINCE
PHILIBERT EMANVEL, DVC ‖ DE SAVOYE, ET TRES ILLVSTRE PRIN-
CESSE MARGVERITE DE FRANCE, SŒVR ‖ VNIQVE DV ROY, ET DV- ‖
CHESSE DE BERRY : ‖ PAR ‖ IOACH. DV BELLAY ANGEVIN. ‖ A PARIS, ‖
De l'imprimerie de Federic Morel, rue S. Ian ‖ *de Beauuais, au*
franc Meurier. ‖ M. D. LVIIII. ‖ AVEC PRIVILEGE DV ROY. ‖

Marque : mûrier avec πᾶν δένδρον. In-4 de 14 ff. n. c.
Au rº du 14º feuillet : « Charles de Vtenhove gaulois sur le mesme suiect. »
Au vº du même feuillet, extrait du privilège.

26. — HENRICI II. GAL- ‖ LORVM REGIS CHRISTIA- ‖ NISS. EPITA-
PHIA. ‖ IVLII CAESARIS SCALIGERI ‖ FVNVS. ‖ MELLINI SANGELASII ‖
EPICEDIVM. ‖ Autore Auger. Ferrerio Tolos. medico. ‖ PARISIIS, ‖
Apud Federicum Morellum, in vico Bellouaco, ad vrbanam
Morum. ‖ M. D. LVIIII. ‖

Marque : mûrier avec πᾶν δένδρον. In-4 de 8 ff. n. c.; le dernier blanc. Réclame au v° de quelques feuillets.

A la fin on trouve une pièce de Mellin de Saint Gelais intitulée « De stella pleno die radiante », M. D. LVIII.

27. — HYMNE AV ROY ‖ SVR LA PRINSE DE ‖ CALAIS, ‖ PAR IOACH. DV BELLAY. ‖ *Auec quelques autres œuures du mesme autheur,* ‖ *sur le mesme subiect.* ‖ A PARIS, ‖ *De l'imprimerie de Federic Morel, rue S. Ian* ‖ *de Beauuais, au franc Meurier.* ‖ M.D.LVIIII. ‖ AVEC PRIVILEGE DV ROY. ‖

Marque : mûrier avec πᾶν δένδρον. In-4 de 6 ff. n. c., plus 1 f. bl. Réclame au v° de chaque feuillet.

A la fin, à partir du f. 5, on trouve : « Evocation des dieux tutélaires de Guynes, Exécration sur l'Angleterre, Sonnet à la Royne d'Escosse. »

28. — IN VIOLENTAM ‖ ET ATROCEM CAEDEM ‖ ANTONII MINARDI PRAESIDIS ‖ INCVLPATISSIMI, NAENIA, ‖ AVTORE ANT. MIZALDO ‖ MONLVCIANO. ‖ PARISIIS, ‖ *Apud Federicum Morellum, in vico Bellouaco, ad vrbanam Morum.* ‖ M. D. LIX. ‖

Marque : mûrier avec πᾶν δένδρον. In-4 de 4 ff. n. c. Le v° du titre et du f. n. c. 4 sont blancs.

Cette pièce, en hexamètres latins, est dédiée à Pierre et à Antoine Minard, fils du défunt. Elle est datée du jour des ides de décembre 1559 (13 décembre).

29. — LEODEGARII A ‖ QVERCV VOTVM, PRO PIEN- ‖ TISSIMO GALLIARVM REGE ‖ HENRICO, PRIDIE QVAM ‖ MORERETVR. ‖ *Eiusdem de eodem Epitaphium.* ‖ PARISIIS, ‖ *Apud Federicum Morellum, in vico Bellouaco,* ‖ *ad vrbanam Morum.* ‖ M. D. LVIIII. ‖

Marque : mûrier avec πᾶν δένδρον. In-4 de 2 ff. n. c. Réclames aux ff. 2 et 3.

30. — Les Regrets... (le reste identique au n° 20), par J. du Bellay, M. D. LVIIII. In-4. (*Voir le n° 20.*)

31. — LVDOVICI REGII ‖ CONSTANTINI ORATIO ‖ AD INVICTISSIMOS POTENTIS- ‖ *simosque principes Henricum II. Franc. et* ‖ *Philippum Hispan. Reges, de Pace et* ‖ *concordia nuper inter eos inita,* ‖ *et bello religionis chri-* ‖ *stianæ hostibus in-* ‖ *ferendo.* ‖ *Apud Federicum Morellum, in vico Bellouaco* ‖ *ad vrbanam Morum* ‖ 1559. ‖ CVM PRIVILEGIO REGIS. ‖

Marque : mûrier avec πᾶν δένδρον. In-4 de 18 ff. c., plus 2 ff. n. c. comprenant une lettre à Charles de Lorraine, une au roi d'Espagne Philippe II, une à Philibert Emmanuel de Savoie, et une « Privilegii sententia ». Réclame au vº de chaque feuillet.

32. — Lvdovici regii ‖ constantini sele- ‖ ctiores aliqvot ‖ epistolae. ‖ parisiis, ‖ *Apud Federicum Morellum, in vico Bellouaco. ad ‖ vrbanam Morum.* ‖ 1559. ‖ cvm privilegio regis. ‖

Marque : mûrier avec πᾶν δένδρον. In-4 de 27 ff. c.; le vº du dernier blanc, et 1 f. n. c. bl.

Au vº du titre : « Privilegii sententia. »

On trouve dans cet opuscule des lettres adressées à divers personnages. A la fin, épître en grec à Guillaume Budé.

33. — Triomphes, pompes et magnificences faites à Lyon pour la paix (sans nom d'auteur), 1559. In-4.

34. — Tvmvlvs henrici ‖ secvndi gallorvm regis christia- ‖ niss. per ‖ ioach. bellaivm. ‖ idem gallice totidem ‖ *uersibus expressum per eumdem.* ‖ accessit et eivsdem elegia ‖ *ad illustriss. Principem Carolum Card.* ‖ *Lotharingum.* ‖ parisiis ‖ *Apud Federicum Morellum, in vico Bellouaco,* ‖ *ad vrbanam Morum.* ‖ m. d. lix. ‖

In-4 de 14 ff. n. c.

Le titre n'indique pas exactement ce que contient l'ouvrage. Voici l'analyse du livre :

F. n. c. 1, rº, titre; vº : adr. tvrnebi epigr. ‖ ad ioach. bellaivm.

F. n. c. 2, rº : ioch. bellaivs ad ‖ ianvm morellvm ‖ ex catvllo. ‖

Le texte du tombeau d'Henri II par Joachim du Bellay commence au vº du f. 2. Ce sont des distiques latins avec traduction en alexandrins français en regard. Le tumulus se termine au vº du f. 7.

En bas du vº du f. 7 on voit : « eivsdem epitaphivm per eumdem », distiques latins avec trad. en alex. fr. en regard, au rº du f. 8. Le texte latin se continue au vº du f. 8 et la trad. fr. immédiatement au-dessous.

Au rº du f. 9, on trouve : lettre dv mesme avthevr ‖ à un sien amy sur la mort du feu Roy, et le departe- ‖ ment de madame de Savoye. ‖

Cette lettre est un éloge de Henri II et de Marguerite de Savoie. J. du Bellay regrette vivement de n'avoir pu présenter lui-même ses hommages à Marguerite de Savoie; une surdité qui le tient enfermé dans sa chambre depuis un mois l'en a empêché. La lettre est datée de Paris, 5 octobre 1559.

Au vº du f. 10 on voit un avertissement au lecteur par lequel l'éditeur annonce que, pour garnir les pages vides, il ajoute au « tumulus Henrici » quelques pièces relatives de Mellin de Saint-Gelais.

En effet on trouve au bas du vº du f. 10 : tvmvlvs mellini ‖ sangelasii. ‖ en vers hendécasyllabiques, puis : MELLINI SANG. ETYMON., ID EIVSD CARMINA. (ces deux pièces egalement en vers hendéc.); MELLINI IPSIVS CVM *animam exhalaret*, puis une pièce de J. du Bellay : BELLAII IN EAND. SENTENTIAM.; enfin, IN RVFVM QVENDAM. ex gallico. Mel. Sangelasii (hendéc.) qui comprend le rº du 12e feuillet.

Ce supplément, en italique, n'a pas de traduction française.

Enfin au vº du f. 12 on voit l'élégie de J. du Bellay au card. de Lorraine (au-dessous du titre : *scripsit uiuo adhuc Henrico*), pièce en distiques latins sans traduction. A la fin : AD ZOILVM. || Invide qvid nobis svrdas sic obiicis avreis ? || qvi male non avdit, non mihi svrdvs hic est. || CVM PRIVILEGIO REGIS. ||

1560

35. — AD || CLARISS. || VIRVM || D. Michaëlem Hospitalem || Franciæ Cancellarium || Adriani Turnebi || Epistola. || PARISIIS, || Apud Federicum Morellum, in vico Bel- || louaco, ad urbanam Morum. || 1560. ||

Marque : mûrier avec παν δένδρον. In-4 de 6 ff. chiffrés à partir du f. 3. Réclames au vº des ff. 2, 3, 4. Le vº du titre et celui du f. 6 sont blancs.

Pièce fort remarquable où A. Turnèbe, le célèbre imprimeur, après avoir fait un court éloge de Michel de l'Hôpital, lui dépeint l'état où la France est tombée par suite de l'amour exagéré des procès qui a surgi entre les gens du peuple. Il demande au chancelier de remédier à tous ces abus qui, selon lui, proviennent du parlement dont les membres réclament toutes les causes pour eux.

36. — Ad Illvstrissimam || Reginam D. Catharinam || Mediceam, Francisci. II. Franciæ Regis inuictissi- || mi potentissimique matrem, Consolatio Ludo- || uici Regij Constantini, in morte Henrici Regis || eius mariti : ubi per occasionem exitus eius nota- || bilis exponitur, quæque antecesserunt aut conse- || cuta sunt mirabilia narrantur. ||

Eivsdem, quod omnia infra Lv- || nam, præter animos cœlitùs demissos, mortalia et caduca || perpetuæque mutationi obnoxia, et quod nulli uita fragi- || lior quam homini : de cuius præstantia et miseria multa in || utramque partem differuntur, repetita è media philoso- || phia : ac probatur in tantis malis, quibus subiectus est, mor- || tem illi non esse deprecandam, sed potius confidenter ob- || eundam, fortitèrque ferendam, uelut aut necessitatem na- || turæ, aut laborum et ærumnarum quietem, aut commutationem uitæ fœlicioris. || Additvs est Liber

epistolarvm eivsdem ‖ ad prestantissimos clarissimosque huius ætatis Viros. ‖ Parisiis. ‖ Apud Federicum Morellum, in vico Bellovaco, ‖ ad vrbanam Morum. ‖ M. D. L. X. ‖ Cum Privilegio Regio. ‖

In-4 de 41 ff. c. plus 1 f. n. c. bl.

Jusqu'au f. 19 Ludovici Regij consolatio. F. 19 à 29 Ludovici Regii corollarium. F. 29 à la fin : Epistolarum liber. (On y trouve différentes lettres de Louis Leroy adressées à François II, roi de France; à Philippe II, roi d'Espagne; à Édouard VI, roi d'Angleterre; à Philibert Emmanuel de Savoie; au cardinal de Lorraine; à François de Lorraine; au chancelier François Olivier; à Antoine Perrenot, évêque d'Arras; à Jean de Montluc; à Michel de l'Hôpital; à Louis de Marillac, archevêque de Vienne. Toutes ces lettres sont en latin. A la fin on trouve une « privilegii sententia » signée Hurault.

37. — De arbore eruditionis, Joannis Artopæi oratio, 1560. In-8.

38. — De hortensivm ‖ arborvm insitione ‖ opvsculvm, antonii ‖ mizaldi monlvciani ‖ stvdio et diligentia ‖ concinnatvm. ‖ eivsdem dendranatome, ‖ hoc est partiū corporis arborei explicatio breuis : ‖ vbi de earundem nutritione. ‖ lvtetiae, ‖ Apud Federicum Morellum, in vico ‖ Bellouaco, ad vrbanam Morum. ‖ m. d. l. x. ‖ ex regis privilegio. ‖

Marque : mûrier avec πᾶν δένδρον. In-8 de 28 ff. c. et 2 ff. n. c. bl. Réclame au v° de chaque feuillet.

Au v° du titre Somm. du privil. relatif à l'ouvr. accordé à F. Morel le 8 des ides de février (6 février) 1559. L'ouvrage est dédié à François Olivier, chancelier.

39. — De meti vrbe capta ‖ et ab hostivm ingen- ‖ ti obsidione liberata, ‖ ampliss. viri m. h. ‖ carmen. ‖ parisiis, ‖ *Apud Federicum Morellum, in vico Bellouaco,* ‖ *ad vrbanam Morum.* ‖ 1560. ‖ cvm privilegio regis. ‖

Marque : mûrier avec πᾶν δένδρον. In-4 de 4 ff. n. c.

Les initiales M. H. désignent Michel de l'Hôpital. Au v° du 4e feuillet « Privilegii Sententia », signée Lalemant, donnant à Fédéric Morel le privilège de vendre les poèmes de Michel de l'Hôpital pendant l'espace de six ans.

40. — De ‖ sacra francisci ‖ ii. galliarvm regis ‖ initiatione, regniqve ‖ ipsivs administrandi pro- ‖ videntia, mich. hosp. ‖ sermo. ‖ parisiis. ‖ *Apud Federicum Morellum, in vico Bellouaco,* ‖ *ad vrbanam Morum.* ‖ m. d. lx. ‖

Marque : mûrier avec πᾶν δένδρον. In-4 de 10 ff. n. c., le vᵒ du f. n. c. 10 est blanc.

Au f. 9 et au f. 10 rᵒ, pièces d'hexamètres latins à François Olivier, chancelier de France. L'ouvrage même est en vers latins hexamètres. L'auteur est Michel de l'Hôpital.

41. — Discovrs svr le sa-‖cre dv tres chrestien‖roy françoys ii. avec‖la forme de bien re-‖gner accommodee avx‖moevrs de ce royavme :‖ Faict premierement en vers Latins par Michel de‖ l'Hospital, Conseiller du Roy en son priué‖ conseil, et premier President de‖ ses comptes : et mis en vers‖ Françoys par Ioach.‖ du Bellay.‖ a paris,‖ De l'Imprimerie de Federic Morel, rue S. Iean‖ de Beauuais, au franc Meurier.‖ 1560.‖ avec privilege dv roy.‖

Marque : mûrier avec πᾶν δένδρον. In-4 de 12 ff. c. Réclame au vᵒ de chaque feuillet.

Au vᵒ du titre, trad. en vers français de l'épître en vers latins de M. de l'Hôpital à Charles de Lorraine. Du f. 10 à la fin, traduction par Scévole de Sainte-Marthe d'une épître de Michel de l'Hôpital adressée au chancelier François Olivier. A la fin, extrait du privilège du 11 mars 1559 relatif à toutes les œuvres de M. de l'Hôpital.

42. — Divers jeux rustiques par J. du Bellay, 1560. In-4. (*Voir le nᵒ 13.*)

43. — Elegie svr le‖ trespas de fev ioach.‖ dv bellay ang.‖ par‖ *G. Aubert de Poictiers, Aduocat en la Court de Parlement de Paris.*‖ a paris,‖ *De l'imprimerie de Federic Morel, rue S. Ian‖ de Beauuais, au franc Meurier.*‖ m. d. lx.‖

Marque : mûrier avec πᾶν δένδρον. In-4 de 7 ff. n. c., le 6ᵉ blanc. Le vᵒ du titre est blanc.

La pièce est dédiée à Monsieur de Morel, « seigneur de Grygny, et du Plessis le Comte, Ambrunois ».

44. — Eutrope, traduit en français par Berard de Girard Bourdelois, 1560. In-8.

45. — Hymne svr la‖ naissance de francois de lorraine, filz de‖ monseignevr le dvc‖ de gvyse.‖ *Par Sçeuole de Saintemarthe.*‖ a paris,‖ *De l'imprimerie de Federic Morel, rue S. Ian‖ de Beauuais, au franc Meurier.*‖ m. d. lx.‖

Marque : mûrier avec πᾶν δένδρον. In-4 de 8 ff. n. c.

46. — In francisci ‖ illvstriss. franciæ del- ‖ phini, et ma-‖ riæ sereniss. ‖ scotorvm reginae nuptias. ‖ ampliss. viri m. h. ‖ carmen. ‖ parisiis, ‖ *Apud Federicum Morellum, in vico Bel-*‖ *louaco,* ‖ *ad vrbanam Morum.* ‖ 1560. ‖ cvm privilegio regis. ‖

Marque : mûrier avec πᾶν δένδρον. In-4 de 4 ff. n. c. Réclame au v° des ff. 2 et 3.

Au v° du titre : « Privilegii sententia » signée Lalemant, donnant à Fédéric Morel exclusivement le droit d'imprimer et de vendre pendant six ans les œuvres de Michel de l Hôpital qui est l'auteur désigné par les initiales M. H. de l'intitulé.

47. — In Horatii Farnesii necem carmen, 1560. In-4.

48. — In ioachimvm ‖ bellaivm andinvm ‖ poetam clarissi-‖ mvm ‖ doctorvm virorvm ‖ carmina et tvmvli. ‖ parisiis, ‖ *Apud Federicum Morellum, in vico Bellouaco,* ‖ *ad vrbanam Morum.* ‖ m. d. lx. ‖

Marque : mûrier avec πᾶν δένδρον. In-4 de 6 ff. n. c. Le v° du titre est blanc.

Ce tumulus se compose de pièces écrites par Adrien Turnèbe, Claude d'Espence, Hélie André, Léger Duchesne et Claude Roillet.

49. — La Defense et illustration de la langue française, 1560. In-4. (*Voir le n° 62.*)

50. — La monomachie ‖ de david et de goliath ‖ ensemble plvsievrs av- ‖ tres oevvres poetiqves ‖ de ioach. dv bellay ‖ angevin. ‖ a paris, ‖ *De l'imprimerie de Federic Morel, rue* *S. Ian* ‖ *de Beauuais, au franc Meurier.* ‖ m. d. lx. ‖ avec pri-‖ vilege dv roy. ‖

Marque : mûrier avec πᾶν δένδρον. In-4 de 50 ff. n. c., plus 2 ff. n. c. Réclame au v° de chaque feuillet.

Au v° du titre, table des matières : ce sont :

La Monomachie de David et de Goliath. — Ode au Reuerendissime cardinal du Bellay. — La Lyre chrestienne. — La Complainte du désespéré. — Hymne chrestien. — Discours sur la louange de la vertu et sur les diverses erreurs des hommes. — Les Deux Marguerites. — Ode au Seigneur des Essars. — Au Seigneur Rob. De la Haye, pour estrene. — Estrene à D. M. De la Haye. — Ode pastorale à Bertrand Berger poète bedonnique bouffonnique. — A Salmon Macrin. — La nouvelle manière de faire son profit des lettres, traduite de latin. — Le Poète courtisan. — Treize Sonnetz de l'honneste amour. — A Phœbus. A la fin, extrait du privilège donné par lettres patentes datées d'Amboise 18 mars 1559 (1560 n. st.) et signées Robertet.

51. — Les Louanges de la France par J. du Bellay, 1560. In-4.

52. — Les Regretz et autres œuvres poétiques par J. du Bellay, 1560. In-4. (*Voir le n° 20.*)

53. — Lvdi latrvncv- ‖ lorvm brevis descriptio, ‖ avctore b. mommeiano ‖ tolosano, ad m. virellivm. ‖ massiliensem. ‖ parisiis, ‖ *Apud Federicum Morellum, in vico Bellouaco,* ‖ *ad vrbanam Morum.* ‖ m. d. lx. ‖

Marque : mûrier avec πᾶν δένδρον. In-4 de 6 ff. n. c. Le v° du f. n. c. 6 est blanc.

Cet opuscule est la description en latin d'une sorte de jeu d'échecs. Au v° du titre, quatre lignes « ad lectorem ».

54. — Oratio de pace, ‖ de'qve eam rationibvs ‖ retinendi : item qvod nvlla ‖ sufficiens causa sit, cur nominis ‖ Christiani Principes arma ‖ aduersus se mutuo ‖ sumant : ‖ Ad illustrissimos iuxta ac potentissimos, Hen- ‖ ricum et Philippum Galliæ ac Hispaniæ ‖ Reges, in vltima belli transactione ‖ Gallicè cōscripta et habita ‖ a. g. avberto pictaviensi in ‖ *Curia Parlamenti Parisiensis Aduocato; in Lati-* ‖ *num uero idioma nuper à Martino* ‖ *Helsingo tralata.* ‖ parisiis, ‖ Apud Federicum Morellum, in vico Bellouaco, ‖ ad vrbanam Morum. ‖ m. d. lx. ‖

In-4 de 26 ff. c. Réclame au v° de chaque feuillet. Le v° du titre est blanc. L'ouvrage est dédié au duc de Finlande; l'épître dédicatoire est signée par le traducteur Martin Helsing.

55. — Promptuarium vel Elucidarium, seu Dialogus B. Anselmis, ummam totius christianæ Theologiæ complectens, 1560. In-8.

56. — Secretorvm ‖ agri enchiridion ‖ primvm, hortorvm cvram, ‖ auxilia, secreta, medica præsidia in- ‖ uentu prompta, ac paratu facilia, Libris ‖ tribus pulcherrimis complectens : ‖ avtore antonio mizaldo ‖ monlvciano. ‖ lvtetiae, ‖ Apud Federicum Morellum, in vico ‖ Bellouaco, ad vrbanam Morum. ‖ 1560. ‖ ex regis privilegio. ‖

Marque : mûrier avec πᾶν δένδρον. In-8 de viii ff. n. c. plus 180 ff. c. Réclame à la fin de chaque feuille; manchettes.

Les ff. lim. sont occupés par une ép. dédic. à François Olivier, chancelier de France, une ép. au lecteur et un index.

Au vᵒ du titre, extr. du privil. rel à l'ouvr., accordé à F. Morel le 8 des ides de février (6 février) 1559.

1561

57. — De veritate et antiquitate artis chemicæ, per Robertum Vallensem, 1561. In-8.

58. — Devx livres de ‖ l'eneide de vergile, ‖ le qvatrieme, et sixieme, ‖ tradvits en francois ‖ par i. dvbellay ang. ‖ avec ‖ La Complainte de Didon à Enee, prise d'Ouide, ‖ La Mort de Palinure, du Cinquieme de l'Eneide, et ‖ L'Adieu aux Muses, pris du Latin de Buccanan. ‖ a paris, ‖ De l'Imprimerie de Federic Morel, rue S. Ian ‖ de Beauuais, au Franc Meurier. ‖ m. d. lxi. ‖ avec privilege dv roy. ‖

Marque : mûrier avec πᾶν δένδρον. In-4 de 64 ff. c.; réclame à la fin de chaque feuille.

Au vᵒ du titre, épigramme du traducteur. L'ouvrage est dédié à Jean de Morel, Embrunois. Au f. 4 vᵒ, sonnet de Jean de Morel sur les translations et autres œuvres poétiques de J. du Bellay.

Le folio du f. 7 manque. A la fin, extrait du Privilège donné par lettres patentes à Amboise, le 18 mars 1559 (1560 n. st.), et signé Robertet.

59. — Discours sur la trefve de 1555; 1561. In-4.

60. — Elegie svr le ‖ trespas de fev ioach. ‖ dv-bellay ang. ‖ par ‖ G. Aubert de Poictiers, Aduocat en la ‖ Court de Parlement de Paris. ‖ a paris, ‖ De l'Imprimerie de Federic Morel, rue S. Ian ‖ de Beauuais, au Franc Meurier. ‖ m. d. lxi. ‖ avec privilege dv roy. ‖

Marque : mûrier avec πᾶν δένδρον. In-4 de 6 ff. n. c. Le vᵒ du titre est blanc. Sans réclames. La pièce est dédiée à M. de Morel, « seigneur de Grygny, et du Plessis le Comte, Ambrunois ».

Au vᵒ du f. 6 on trouve : ioach. bellaii poetae epitaphivm, pièce de vers latins signée R. H. Consiliarius Regius.

61. — Epithalame svr ‖ le mariage de tresillvstre ‖ prince philibert emanvel, dvc ‖ de savoye, et tresillustre prin- ‖ cesse margverite de france, soevr ‖ vniqve dv roy, et dvchesse de berry. ‖ par ‖ ioach. dv bellay angevin. ‖ a paris. ‖ De l'Imprimerie de Federic Morel, rue S. Ian || de Beauuais, au Franc-Meurier. || m. d. lxi. || avec privilege dv roy. ||

Marque : mûrier avec πᾶν δένδρον. In-4 de 24 ff. n. c. Réclame à la fin de chaque feuille.

Au v° du titre, épître au lecteur, dans laquelle l'auteur nous avertit qu'il fait chanter cet épithalame par trois vierges, Camille, Lucrèce et Diane de Morel, filles de Jean de Morel d'Embrun et d'Antoinette Deloine. L'épithalame se termine au f. 12 v°. A partir du recto du f. 13 jusqu'à la fin on trouve : « l'entreprise du Roy Dauphin pour le tournoy sous le nom des chevaliers advanteureux », l'entreprise de Monsieur de Lorraine, et diverses pièces de vers appelées « inscriptions ». Cette seconde partie n'est pas mentionnée dans l'intitulé. A la fin, un avis de l'imprimeur au lecteur le priant de ne pas considérer comme une mauvaise plaisanterie cette « entreprise du roy dauphin pour le tournoi », car la majeure partie en était imprimée avant la mort du Roi. Ce fut en effet pendant ces fêtes que mourut Henri II. (*Voir le n° 24.*)

62. — La defense et || illvstration de la || langve francoise, || avec || L'Oliue de nouueau augmentee. || La Musagnœomachie. || L'Anterotique de la vieille & de la icune Amie. || Vers Lyriques, etc. || le tovt || par ioach. dv bellay ang. || a paris || De l'Imprimerie de Federic Morel, rue S. Ian || de Beauuais, au Franc Meurier. || m. d. lxi. || avec privilege dv roy. ||

Sous ce titre collectif se trouvent réunies en deux volumes in-4 toutes les œuvres de J. du Bellay qui ont paru séparément en 1560 et 1561. Ce n'est pas à proprement parler une édition complète des œuvres de J. du Bellay; c'est un recueil de pièces réunies les unes aux autres avec un titre collectif. On trouvera la description de chaque pièce séparée en se rapportant à son titre respectif.

63. — Les Regretz et autres œuvres poétiques par J. du Bellay, in-4. 1561. *Voir le n° 20.*

64. — ♣ L'olive et || avtres œvvres || poetiqves de ioach. || dv bellay || ang. || a paris, || De l'Imprimerie de Federic Morel, rue S. Ian || de Beauuais, au Franc Meurier. || m. d. lxi. || avec privilege dv roy. ||

Marque : mûrier avec πᾶν δένδρον. In-4 de 76 ff. n. c. Deux ou trois réclames seulement.

Au v° du titre, sonnet à Marguerite, sœur du Roi. Aux ff. 2, 3, 4 et 5, épître au lecteur ; au v° du f. 5, distiques de Jean Dorat sur l'Olive. L'Olive commence au f. 6 et comprend 29 feuillets. Parmi les autres œuvres contenues dans ce recueil, citons la Musagnœomachie, l'Anterotique, les louanges d'Anjou, une ode sur le retour du printemps, l'épitaphe de Clément Marot, la louange de la France et du Roy tres chrestien Henry II, et un discours au Roi sur la poésie. A la fin, extrait du privil. du 18 mars 1559 (1560 n. st.) relatif à toutes les œuvres de J. du Bellay.

65. — L'Olympe par J. du Bellay, 1561. In-4.

66. — Novvelles ‖ inventions povr bien ‖ bastir et a petits fraiz, trovvees ‖ n'agueres par Philibert de L'orme ‖ Lyonnois, Architecte, Con- ‖ seiller & Aulmonier ordi- ‖ naire du feu Roy Henry, ‖ et Abbé de S. Eloy ‖ lez Noyon. ‖ **a paris,** ‖ De l'Imprimerie de Federic Morel, rue S. Iean ‖ de Beauuais au franc Meurier. ‖ **m. d. lxi.** ‖ Auec priuilege du Roy. ‖

Marque : mûrier avec πᾶν δένδρον. In-fᵒ de vi ff. n. c., plus 37 ff. c. et 6 ff. n. c. dont les deux derniers sont blancs. Le vᵒ du titre et celui du f. n. c. 4 de la fin sont blancs. Manchettes.

Aux ff. liminaires ii, iii et iv rᵒ, épître dédicatoire à Charles IX, datée du 8 sept. 1561. Au vᵒ du f. iv et au f. v, épître au lecteur. Au f. vi rᵉ, distiques latins d'Antoine Mizaut. Le vᵒ du f. vi est blanc. Au premier f. n. c. après le f. 37, explicit et distiques latins « Ad Zoilum », signés A. Μετεωρίζομενος; le vᵒ est blanc et est suivi de la table des matières avec un erratum et de l'extrait du privilège accordé à l'auteur et daté de Saint-Germain-en-Laye, le 15 septembre 1561. L'ouvrage est divisé en deux livres et contient 36 planches de grandes dimensions. Le f. 36 est blanc.

67. — Ode ‖ svr la naissance ‖ dv petit dvc de beav- ‖ mont, fils de monseign. ‖ de vandosme roy ‖ de navarre ‖ par ‖ i. d. b. a. ‖ *Ensemble certains Sonnets du mesme auteur à la Royne de* ‖ *Nauarre, ausquels ladicte Dame fait elle mesme response.* ‖ **a paris** ‖ De l'Imprimerie de Federic Morel, rue S. Ian de Beauuais, au Franc Meurier ‖ **m. d. lxi.** ‖ **avec privilege du roy.** ‖

Marque : mûrier avec πᾶν δένδρον. In-4 de 14 ff. n. c. Réclame à la fin de chaque feuille.

Au vᵒ du titre, extrait du privilège, d'après lettres patentes du 18 mars 1559 (1560 n. st.) signées Robertet, défendant à tous imprimeurs ou libraires de vendre ou d'imprimer le présent ouvrage pendant neuf ans après la première impression faite par Fédéric Morel. A partir du f. 9, dialogue entre la reine de Navarre et le poète. Au vᵒ du 13ᵉ feuillet, « Hymne chrestien ». Les initiales I. D. B. A., du titre signifient Joachim du Bellay, Angevin.

68. — Recveil de poesie ‖ presente a tres illvstre ‖ princesse madame margverite ‖ sœur vnique du Roy, & mis en lu- ‖ mière par le commandement ‖ de ma dicte Dame ‖ Reueu et augmenté par l'auteur, ɪ. ᴅ. ʙ. ᴀ. ‖ ᴀ ᴘᴀʀɪs, ‖ De l'Imprimerie de Federic Morel, rue S. Ian ‖ de Beauuais, au Franc Meurier ‖ ᴍ. ᴅ. ʟxɪ. ‖ ᴀᴠᴇᴄ ᴘʀɪᴠɪʟᴇɢᴇ ᴅᴠ ʀᴏʏ. ‖

Marque : mûrier avec πᾶν δένδρον. In-4 de 38 ff. c. plus 2 ff. n. c. Réclame à la fin de chaque feuille. Les initiales désignent J. du Bellay, Angevin.

Au vᵒ du titre, vers de l'auteur à sa lyre.

Au f. 2, épitre dédicatoire à Marguerite, sœur unique du Roi, datée du 23 oct. 1549.

Les principales pièces du recueil sont le prosphonématique au roi très chrétien Henri II, le chant triomphal sur le voyagé de Boulogne au mois d'août 1549, des vers lyriques à la Reine, quinze autres odes et des vers au pape sur le premier jour de l'an. J. du Bellay appelle le pape « gouverneur du grand tropeau romain ». A la fin, extrait du privilège relatif à toutes les œuvres de du Bellay, en date du 18 mars 1559 (1560 n. st.).

69. — Tʀᴀɪᴛᴛᴇ' ‖ ᴅᴇ ʟᴀ ᴠᴏᴄᴀᴛɪᴏɴ ‖ ᴇᴛ ᴍᴀɴɪᴇʀᴇ ᴅᴇ ᴠɪᴠʀᴇ ᴀ ʟᴀǫᴠᴇʟʟᴇ ᴄʜᴀᴄᴠɴ ‖ ᴇsᴛ ᴀᴘᴘᴇʟʟᴇ́.: ‖ ᴘᴀʀ ᴘɪᴇʀʀᴇ ᴅᴇ ʟᴀ ᴘʟᴀᴄᴇ ᴘʀᴇᴍɪᴇʀ ‖ ᴘʀᴇsɪᴅᴇɴᴛ ᴇɴ ʟᴀ ᴄᴏᴠʀᴛ ᴅᴇs ‖ ᴀʏᴅᴇs ᴀ ᴘᴀʀɪs. ‖ ᴀ ᴘᴀʀɪs, ‖ De l'Imprimerie de Federic Morel, rue S. Ian ‖ de Beauuais, au Franc Meurier. ‖ ᴍ. ᴅ. ʟxɪ. ‖ ᴀᴠᴇᴄ ᴘʀɪᴠɪʟᴇɢᴇ ᴅᴠ ʀᴏʏ. ‖

Marque : mûrier avec πᾶν δένδρον. In-4 de vɪɪɪ ff. n. c. plus 84 ff. c. Les ff. c. ɪ et vɪɪɪ et le f. n. c. 84 sont blancs au vᵒ; manchettes; réclame à la fin de chaque feuille. Aux ff. ɪɪ, ɪɪɪ, ɪᴠ, ᴠ, épître dédicatoire à Charles IX. Aux ff. ᴠɪ, ᴠɪɪ, ᴠɪɪɪ, table des matières.

L'ouvrage est divisé en trois livres. A la fin, extrait du privilège relatif à l'ouvrage et daté de Fontainebleau le 23 mars 1560 (1561 n. st.).

70. — Tᴠᴍᴠʟᴠs ʜᴇɴʀɪᴄɪ ‖ sᴇᴄᴠɴᴅɪ ɢᴀʟʟᴏʀᴠᴍ ʀᴇɢɪs ‖ ᴄʜʀɪs- ᴛɪᴀɴɪss. ᴘᴇʀ ‖ ɪ. ʙᴇʟʟᴀɪᴠᴍ. ‖ ɪᴅᴇᴍ ɢᴀʟʟɪᴄᴇ ᴛᴏᴛɪᴅᴇᴍ ‖ *versibus expressus per eundem.* ‖ ʜᴠɪᴄ ᴀᴄᴄᴇssɪᴛ, ᴀɴᴛᴏɴɪɪ ‖ *Minarij Præsidis innocentiss. Tumulus Latino-* ‖ *gallicus, eodem autore.* ‖ ᴘᴀʀɪ- sɪɪs. ‖ *Apud Federicum Morellum, in vico Bellouaco,* ‖ *ad vrbanam Morum.* ‖ ᴍ. ᴅ. ʟxɪ. ‖ ᴄᴠᴍ ᴘʀɪᴠɪʟᴇɢɪᴏ ʀᴇɢɪs. ‖

Marque : mûrier avec πᾶν δένδρον. In-4 de 12 ff. n. c. Réclame au vᵒ de chaque feuillet.

Au vᵒ du titre, extrait du privilège relatif aux œuvres de J. du Bellay, accordé à F. Morel le 28 février 1559 (1560 n. st.).

Au rᵒ du f. 2, distiques de J. du Bellay à Jean de Morel; distiques de Turnèbe à J. du Bellay.

Le *Tumulus* commence au v° du f. 2. La traduction en vers français est en regard du texte, le latin en italique et le français en romain. En plus du *Tumulus* on trouve diverses épîtres de J. du Bellay sur la mort d'Henri II en vers latins ou français, une épître en prose française sur la mort du Roi et sur le départ de Madame de Savoie, datée du 5 oct. 1559. Enfin, le tombeau d'A. Minard, qui occupe les trois dernières pages.

1562

71. — Anthologia epistolarum veterum Græcorum, 1562. In. 8.

72. — Avertissement sur la fausseté de plusieurs mémoires, par Louis Leroy, 1562. In-8.

73. — Claudii Espencei conciones tres cum totidem præfationibus, 1562. In-8.

74. — Des differends et troubles entre les hommes, par L ouis Leroy, 1562. (In-8. *Voir le n° 84.*)

75. — Discours de ce qui est advenu à Vassy, par Louis Leroy, 1562. In-8.

76. — Discours sur le Royaume des Perses, par Louis Leroy, 1562. In-8. (*Voir le n° 86.*)

77. — Gulielmi Grataroli de literatorum valetudine conservanda, 1562. In-8.

78. — Le droit usage de la philosophie morale avec la doctrine chrétienne, 1562. In-8.

79. — Le Premier livre des Antiquitez de Rome, par J. du Bellay, 1562. In-4. (*Voir le n° 19.*)

80. — Remonstrances pour le Roy, par Jean de la Taille, 1562. In-8. (*Voir le n° 92.*)

1563

81. — CL. ESPENCAEI ‖ THEOLOGI PARISI- ‖ ENSIS, MEDITATIONVM IN ‖ hoc sacro & ciuili bello. ‖ ELEGIA. ‖ EVCHARISTIA. ‖ AENIGMA. ‖

PARISIIS, ‖ *Apud Federicum Morellum, in vico* ‖ *Bellouaco, ad vrbanam Morum.* ‖ 1563. ‖ CVM PRIVILEGIO REGIS. ‖

Marque : mûrier avec πᾶν δένδρον. In-8 de 15 pp. chiffrées plus 1 p. bl. Réclame à la p. 8; manchettes.

Au vᵒ du titre extrait du privil. du 21 nov. 1560, relatif aux œuvres de Claude d'Espence. L'opuscule est dédié à Christophe de Thou. Il se compose d'une élégie sur la guerre civile, d'une pièce de vers sur l'eucharistie et d'une énigme.

82. — CL. ESPENCAEI ‖ THEOLOGI PARISI- ‖ ENSIS, VRBANARVM MEDI- ‖ tationū in hoc sacro & ciuili bello ‖ ELEGIAE DVAE. ‖ EVCHARISTIA. ‖ PARASCEVE. ‖ AENIGMA. ‖ PARISIIS, ‖ Apud Federicum Morellum, in vico ‖ Bellouaco, ad vrbanam Morum. ‖ 1563. CVM PRIVILEGIO REGIS. ‖

Marque : mûrier avec πᾶν δένδρον. In-8 de 27 p., plus 1 p. n. c. Réclame aux p. 8 et 16; manchettes.

L'opuscule contient, en outre de ce qui est mentionné dans l'intitulé, l'épître aux dames et religieuses de Poissy, p. 18. A la fin, privil. relatif aux œuvres de Claude d'Espence et daté du 21 nov. 1560.

83. — De la guerre continuelle et perpétuel combat des chrétiens, 1563. In-8. (*Voir le nᵒ 98.*)

84. — DES DIFFERENS ‖ ET TROVBLES ADVE- ‖ NANS ENTRE LES HOM- ‖ mes par la diuersité des ‖ opinions en la ‖ Religion. ‖ PAR LOYS LE ROY. ‖ A PARIS, ‖ De l'Imprimerie de Federic Morel, ‖ Rue S. Iean de Beauuais, au ‖ Franc Meurier. ‖ 1563. ‖ AVEC PRIVILEGE DV ROY. ‖

Marque : mûrier avec πᾶν δένδρον. In-8 de 14 ff. c. Réclame au vᵒ des ff. 4, 8, 10, et au vᵒ du second f. 9 qui tient lieu de f. 12.

Au vᵒ du titre, extrait du privilège relatif aux œuvres politiques de Louis Leroy.

Faute de foliotation. A la place des folios 11 et 12 on lit une seconde fois 8 et 9.

L'auteur démontre que les troubles les plus sanglants entre les hommes viennent de la religion, que le remède serait une seule foi sur la terre; mais que ceci étant impossible, il faut qu'en chaque État il y ait un chef pour sauvegarder l'unité religieuse.

85. — Dicta septem sapientium. Gr. lat., 1563. In-8.

86. — Discours tres elegāt et ‖ TRESGRAVE SVR LE ‖ grand et iadis renommé Royaume des ‖ Perses, & la nourriture de

leurs Roys : || aussi sur la moderation de liberté et de || serui-
tude qu'on doit garder es Estats pu- || blics, à l'exemple desdits
Perses & des || Atheniens : dont les vns pour auoir trop || as-
seruy leurs subicts en Monarchie, les autres pour auoir prins
trop de liberté || en Democratie, furent corrompus & || ruinez. ||
Extraict du troisieme liure des Loix de Platon, || *et traduit de*
Grec en François, par || *Loys le Roy dit Regius.* || A PARIS. || De
l'Imprimerie de Federic Morel, || rue S. Iean de Beauuais, au ||
Franc Meurier. || 1563. ||

> In-8 de 15 pp., plus 1 p. bl. Réclame à la p. 8.

87. — ELDAD DANIVS || HEBRAEVS HISTORICVS || DE IVDAEIS
CLAVSIS, || eorúmque in Aethiopia || beatissimo imperio. || G. Ge-
nebrardo Bened. interprete. || PARISIIS, || Apud Federicum
Morellum, || in vico Bellouaco, ad || vrbanam Morum. || 1561. ||

> Marque : mûrier avec πᾶν δένδρον. In-8 de 8 ff. c. Manchettes.
>
> Au vᵒ du titre, épître dédicatoire de l'auteur à Gilbert Filhol, abbé du mo-
> nastère de Neauphles. A la fin : *Deo honor, laus, gloria.*

88. — Marci Eremitæ, Nicolai et Hesychii opera. Latine
Io. Pico interprete, 1563. In-8.

89. — M. F. QVINTILIANI || DECLAMATIONES C. XXXVII. || QVAE EX
CCC.LXXXVIII. SVPERSVNT, || diuque latuere, nunc demùm P. AERO-
DII || Andegaui, in suprema Curia Patroni, studio || & diligentia
castigatæ, scholiis illustratæ, ac || in lucem postliminio reuo-
catæ : || AD V. C. CHRISTOPHORVM THVANVM || *Equitem, summi Sena-*
tus amplissimique or- || *dinis Lutetiæ Principem, ac Regis*
CAROLI IX. *Patritium.* || *Accessit locuples rerum et verborum in*
hisce Declama- || *tionibus memorabilium Index.* || PARISIIS, ||
Apud Federicum Morellum, in vico Bellouaco, || *ad vrbanam*
Morum. || M. D. LXIII. || CVM PRIVILEGIO. ||

> In-4 de IV-220 ff. c. plus 13 ff. n. c., le dernier blanc. Réclame à la fin de
> chaque feuille ; manchettes.
>
> Au vᵒ du titre, extrait des registres du Parlement défendant à tout autre
> imprimeur ou libraire que Féd. Morel d'imprimer ou de vendre le présent ou-
> vrage pendant quatre ans et daté du 20 juillet 1563.
>
> Du f. I au f. IV, épître dédicatoire à C. de Thou. Au f. 1 rᵒ, Thadævs Vgo-
> letus, Georgio Anselmo Nepoti, uiro eruditissimo. S. P. D. Au vᵒ du f. 1. Io

Ferrerii Svbalpini, siue Pedemontani, Decastichon. Au f. 2, r°, distiques latins
à C. de Thou par Jean Dorat. Au f. 4, v°, avertissement signé M. F. (Féd.
Morel). Après les feuillets chiffrés, index, puis errata. F. n. c. 12 : Excudebat
Federicus Morellus anno Dom. M. D. LXIII. mense Ivlio.

90. — Oratio Manassæ, Claudio Espencæo auctore, 1563.
In-8. (*Voir le n° 123.*)

91. — Pour la Monarchie, par Vauquelin de la Fresnaye,
1563. In-8. (*Voir le n° 180.*)

92. — Remonstrance || povr le roy, a || tovs ses svbiects ||
qvi ont prins les armes. || par || i. d. l. t. d. b. *Escuyer.* || a
paris, || De l'Imprimerie de Federic Morel, rue || S. Ian de
Beauuais, au Franc Meurier. || 1563 || avec privilege. ||

Marque : mûrier avec πᾶν δένδρον. In-8 de 8 ff. c. Sans réclames.
Au v° du f.1, extrait des registres du Parlement. Au f. 2 « Av Roy ». Les initiales du nom d'auteur sont celles de Jean de la Taille de Bondaroy.

93. — Traicte' || de l'efficace || et vertv de la || parole de
diev av || Ministere des saincts Sacremēs || de l'Eglise, par
m. clavde d'espence Docteur en Theo || logie en l'vniuersité de
Paris. || *avec avtres versions* || *du mesme auteur, dont les argu-
ments* || *sont contenus en la page* || *suyuante.* || a paris, || De
l'Imprimerie de Federic Mo- || rel, rue S. Ian de Beauuais, ||
au Franc Meurier. || 1563. || avec privilege. ||

Sans marque. In-8 de 184 pp. chiffrées. Réclame à la fin de chaque feuille.
Au v° du titre, liste, annoncée dans l'intitulé, des traités qu'on trouve dans
l'ouvrage en plus de l'Efficace et vertu de la parole de Dieu. Ce sont : 1° la
vérité sur le colloque de Saint-Germain-en-Laye; 2° le sermon de saint Théo-
doret des Saints Martyrs; 3° Homélie de saint Jean Chrysostome du labeur et
honneur des Saints; 4° deux sermons sur le Symbole des Apôtres.

1564

94. — Alexikepus Mizaldi, 1564. In-8. (*Voir le n° 104.*)

95. — Artificia comparandorum fructuum, 1564. In-8. (*Voir
le n° 243.*)

96. — Cl. Espencaei || theologi parisi- || ensis, sacrarvm ||
Heroïdum Liber : || cum Præfatione, de profectu ex Gentilium ||

librorū lectione percipiendo : & Scholiis ‖ in singulas Episto-
las, eorum præsertim ‖ quæ ad Theologiam pertinent. ‖ PARI-
SIIS, ‖ Apud Federicum Morellum, in vico ‖ Bellouaco, ad vrbanam Morum. ‖ 1564. ‖ CVM PRIVILEGIO REGIS. ‖

Marque : mûrier avec πᾶν δένδρον. In-8 de 118 pp. Réclame à la fin de chaque
feuille. Manchettes.

Au vº du titre : Epistolarum, quæ in hoc libello continentur, catalogus, et
plus bas : « Privilegii sententia », datée du 21 nov. 1560 et relative à tous les
ouvrages de l'auteur. La première partie (De profectu, etc.) s'étend jusqu'à la
p. 43 inclusivement. La 2ᵉ partie (Liber sacrarum heroïdum) va de la p. 44 à la
p. 92 ; la 3ᵉ partie (Scholia) s'étend de la p. 93 à la fin. P. 118 : « Excudebat Federicus Morellus, Anno M.D.LXIIII. Mense Ianuario. »

97. — Commentarium in posteram Epistolam ad Timotheum
cum XXXIII digressionibus ; auctore Claudio Espencæo. Apud
Nicolaum Chesneau excudebat Fed. Morellus, 1564. In-fº.

98.— DE ‖ LA GUERRE ‖ CONTINVELLE, ‖ ET PERPETVEL COMBAT ‖
des chrestiens contre leurs plus ‖ grands & principaux ennemis : ‖ *Traicté fort vtile et propre pour ce temps,* ‖ *et tout autre,*
nouuellement mis en ‖ *François, par F. M.* ‖ Seigneur deliure
moy de mes ennemis, car ‖ ie me confie en toy. ‖ Psal. 142. ‖ A
PARIS, ‖ De l'Imprimerie de Federic Morel, rue S. Ian ‖ de Beauuais, au franc Meurier. ‖ 1564. ‖ AVEC PRIVILEGE DV ROY. ‖

Marque : mûrier avec πᾶν δένδρον. In-8 de 139 pp. chiffrées plus 4 pp. non
chiffrées et 1 p. bl. Manchettes. Réclame à la fin de chaque feuille. Le vº du
titre est blanc. Lettres ornées. A la fin : Extrait du privilège signé de Vabres
et interdisant à tous les autres imprimeurs ou libraires de faire imprimer ou
imprimer le présent ouvrage, pendant neuf ans à compter à partir de l'achevé
d'imprimer. Immédiatement en dessous de l'extrait du privilège, on trouve :
Acheué d'imprimer le X. de ‖ Feurier, M. D. LXIIII. ‖

Cet ouvrage est évidemment l'œuvre de Féd. Morel lui-même, bien que le
titre porte : mis en françois par F. M. Du reste, par contradiction avec l'intitulé,
Morel annonce lui-même dans la préface qu'il est l'auteur de l'opuscule.

99. — Des troubles et differends survenant parmi les hommes, par L. Leroy, 1564. In-8. (*Voir le nº 84.*)

100. — Diversa artificia componendorum vinorum, auctore
Mizaldo, 1564. In-8.

101. — L'HISTOIRE DU SCHISME, ‖ BLASPHEMES, ERREVRS, ‖

Sacrileges, Homicides, Incestes, & autres ‖ impietez des Dona-
tians: escrite premie- ‖ remēt en Latin par Optat Euesque Mi- ‖
leuitain, l'an du Seigneur enuiron 380. ‖ Et auiourd'huy mise
en nostre langue Françoise, ‖ & repurgee de plusieurs fautes :
augmentee aussi ‖ par le supplement de quelques imperfections,
& ‖ explication des lieux plus difficiles, par M. Pierre ‖ Viel,
Docteur en Theologie, à Paris. ‖ *Ledict supplement est ce que
voyez par toute l'histoire ‖ imprime de lettre Italique.* ‖ A
PARIS, ‖ De l'Imprimerie de Federic Morel, Rue ‖ S. Iean de
Beauuais, au Franc Meurier. ‖ M. D. LXIIII. ‖ AVEC PRIVILEGE DV
ROY. ‖

Marque : mûrier avec πᾶν δένδρον. In-8 de 40 ff. n. c. et 408 pp. chiffrées. Réclame à la fin de chaque feuille.

Du f. II à VIII incl., épître dédic. à Maurice Viel, chanoine au Mans, oncle de
l'auteur. Au v° du f. VIII extrait de privil. relatif à l'ouv., accordé à Féd. Morel
le 21 janvier 1563 (1564 n. st.). En dessous : Achevé d'imprimer le 27 sept. 1564.

Les autres ff. limin. sont occupés par une préface de François Balduin sur
Optat, traduite en français par Pierre Viel.

102. — Methodus nova medicandorum fructuum, auctore
Mizaldo, 1564. In-8.

1565

103. — ADRIANI TVRNEBI, ‖ REGII PHILOSOPHIÆ ‖ PROFESSORIS
CLARISSIMI ‖ TVMVLVS, ‖ A Doctis quibusdam viris, è græco,
Latino, ‖ et Gallico carmine excitatus. ‖ PARISIIS, ‖ Apud Fede-
ricum Morellum, in vico Bellouaco, ‖ ad vrbanam Morum. ‖
M. D. LXV. ‖

104. — ALEXIKEPVS, SEV ‖ AVXILIARIS ‖ HORTVS, EXTEMPORA- ‖
nea Morborum Remedia ex singu- ‖ lorum viridariis facile compa-
‖ randa paucis proponens. ‖ AVTORE ANTONIO MIZALDO ‖ *Monluciano Medico.* AD HAEC, ‖ Dioclis Caristij Epistola ad Antigonum,
de ‖ tuenda valetudine per hortensia. ‖ LECTORI, ‖ AEre tibi paruo
quia dives venditur Hortus, ‖ Tu potes Alcinoo dicere, nolo
tuum ‖ LVTETIÆ, ‖ Apud Federicum Morellum in vico ‖ Bellouaco, ad vrbanam Morum. ‖ 1565. ‖ CVM PRIVILEGIO REGIS. ‖

Marque : mûrier avec πᾶν δένδρον. Réclame à la fin de chaque feuille.

In-8 de xvi pp. non chiffrées plus 267 pp. chiffrées, plus 6 ff. n. c.

Au v° du titre, extrait du privilège du 8 août 1562. Les autres ff. limin. sont occupés par une épître dédicatoire de l'auteur à Jacques d'Apchon, seigneur de Saint-Germain des Fossés, en date du 4 des cal. de nov. (29 oct. 1564), et une épître au lecteur également par l'auteur. A la fin, avertissement au lecteur et *index medicus*.

105. — Artificiosa methodus comparandorum fructuum, auctore Mizaldo, 1565. In-8. (*Voir le n° 243.*)

106. — Cl. espencaei || Theologi Parisiensis, || hodoipori- con, || seu Sylua, cui titulus || godo. || *cum scholiis, in ea præ- sertim quæ ad || Theologiam pertinent.* || parisiis, || Apud Fede- ricum Morellum, in vico || Bellouaco, ad vrbanam Morum. || 1565. || cvm privilegio regis. ||

Marque : mûrier avec πᾶν δένδρον. In-8 de 48 pp. chiffrées, plus 1 f. bl. Réclame à la fin de chaque feuille.

Au v° du titre, extrait du privil. relatif aux œuvres de Claude d'Espence, daté du 21 nov. 1565. P. 3 et 4, épître au lecteur datée du collège de Reims, à Paris, le jour des calendes de sept. (1er sept.) 1565. Le commentaire (Scholia) s'étend de la p. 26 jusqu'à la fin.

107. — Cl. espencaei || Theologi Parisiensis, || tractatvs sex || de variis rebus sacris, || quas pagina sequens || indicabit, || parisiis, || Apud Federicum Morellum, in vico || Bellouaco, ad vrbanam Morum || m. d. lxv. || cvm privilegio regis. ||

Marque : mûrier avec πᾶν δένδρον. In-8 de 124 ff. c.

Au v° du titre, indication des autres parties non mentionnées dans le titre. A la fin, extrait du privil. accordé à l'auteur le 21 nov. 1560 à Orléans. L'ouvrage est dédié à Eudes Coligné, évêque de Beauvais.

108. — Des Troubles et differends... par Leroy, 1565. In-8. (*Voir le n° 84.*)

109. — De vitis || rebvsqve gestis || prophetarvm dei, ac || Sanctarum Mulierum ve- || teris Testamenti, libri || duo planè aurei, || A || Ioachimo Perionio Benedictino Cormœria- || ceno, Græcarum literarum Regio Inter- || prete, paulò ante eius obitum conscripti, || nùncque primùm typis excusi. || lvtetiæ, || In offi- cina Federici Morelli, vico Bel- || louaco, ad vrbanam Morum. || m. d. lxv. || cvm privilegio regis. ||

Marque : mûrier avec πᾶν δένδρον. In-8 de xvi-255 pp. Réclames à la fin de chaque feuille. Manchettes.

A la page 252 on voit une sorte d'addition à l'ouvrage, intitulée *de Sibyllis*, qui n'est pas mentionnée dans le titre. P. bl. au vᵒ du titre et à la fin. A la page ii on trouve l'épître dédicatoire, adressée à Pierre Danès, évêque de Lavaur.

A la page xv « Privilegii sententia », datée de la veille des calendes de mars 1559 (28 février 1559) et signée De Luc.

L'ouvrage, sauf quelques pages du commencement (épître dédicatoire) est entièrement composé en italique.

110. — Dicta septem sapientium, 1565. In-8. (*Voir le nᵒ 85.*)

111. — Divers jeux rustiques, par J. du Bellay, 1565. In-4. (*Voir le nᵒ 13.*)

112. — IN ADR. TVRNEBI ‖ Regij Philosophiæ Professoris ‖ clarissimi, obitum, ‖ Nænia, ‖ D. LAMBINO MONSTROL. ‖ eius collega auctore. ‖ PARISIIS, ‖ Apud Federicum Morellum, in vico Bellouaco, ‖ ad vrbanam Morum. ‖ M. D. LXV. ‖

Marque : mûrier avec πᾶν δένδρον. In-4 de 4 ff. n. c.

113. — Les Regretz et autres œuvres poétiques, par J. du Bellay, 1565. In-4. (*Voir le nᵒ 20.*)

114. — Ode sur la naissance du duc de Beaumont, par J. du Bellay. (*Voir le nᵒ 67.*)

115. — Prosopopée d'Adrien Turnèbe, par d'Elbérie, 1565. In-4.

116. — Singuliers secretz contre la peste, par Antoine Mizauld, 1565. In-8.

1566

117. — Des changemens, ruines et conservations des estats publicqs, traduict du grec d'Aristote par Louis Leroy, 1566. In-8.

118. — DE VTILITATE ‖ QVÆ AD POPVLVM ‖ Gallicum rediret, si sanctè Regis ‖ Edictum seruaretur, De adhibendis ‖ in singulis Galliæ oppidis precepto- ‖ ribus, à quibus gratuito egentiores ‖ adolescentuli ingenuis artibus eru- ‖ direntur, PETRI BVLENGERI, ‖ Græcarum et Latinarum literarum ‖ profes-

soris, ORATIO : ‖ In qua de præstantia, dignitate, & eximio ‖ Literarum fructu agitur. ‖ LVTETIÆ, ‖ Ex officina Federici Morelli, in vico Bello- ‖ uaco, ad vrbanam Morum. ‖ M. D. LXVI. ‖

Marque : mûrier avec πᾶν δένδρον. In-8 de 20 ff. c. Réclame à la fin de chaque feuillet.

Au f. 2, épître de l'auteur « iuridico consessui, populoque Iuliodunensi » (Loudun), datée la veille des calendes de février 1565 (31 janvier.)

119. — De variis rebus sacris, auctore Cl. Espencæo, 1566. In-8.

120. — Discours au Roi François II, contenant une briefve instruction pour bien régner, traduicte de Michel de l'Hospital par J. du Bellay, 1566. In-4. (*Voir le n° 142.*)

121. — DISCOVRS ‖ DES CHOSES PLVS ‖ necessaires & dignes d'estre ‖ entendues en la cos- ‖ mographie. ‖ ⚘ ‖ A PARIS, ‖ De l'Imprimerie de Federic Morel, ‖ rue S. Ian de Beauuais, ‖ au franc Meurier. ‖ 1566. ‖ AVEC PRIVILEGE. ‖

In-8 de 40 ff. c. Le 39° contient au r° l'extrait du privil. du 23 mai 1559. Le f. n. c. est blanc. Réclame au v° de chaque feuillet.

L'auteur est G. de Terraube, abbé de Boillas, aumônier de Henri II. Epitre dédicatoire au roi datée du 26 janvier 1558 (1559 n. st.).

122. — Memorabilium, vtiliũ, ‖ AC IVCVNDORVM ‖ CENTVRIÆ NOVEM, ‖ in Aphorismos Arcanorum om- ‖ nis generis locu-pletes, per- ‖ pulchrè digestæ. ‖ AVTORE ANTON. MIZALDO ‖ MON-LVCIANO, MEDICO. ‖ LECTORI. ‖ *Omne tulit punctum qui miscuit utile dulci : ‖ Ardua res, fateor, sed meditanda tamen.* ‖ LVTE-TIÆ, ‖ Apud Federicum Morellum, in vico ‖ Bellouaco, ad vrba-nam Morum. ‖ M. D. LXVI. ‖ EX PRIVILEGIO REGIS. ‖

Marque : mûrier avec πᾶν δένδρον. In-8 de 16 ff. n. c. plus 136 ff. c. Réclame à la fin de chaque feuille. Manchettes.

Au v° du titre, extrait du privil. relatif à l'ouvrage, accordé à l'éditeur le 6 mars 1566, à Moulins. Les ff. liminaires sont occupés par une épître dédica-toire à Henri d'Angoulême, protonotaire apostolique et abbé de la Chaise-Dieu, et une table des matières.

123. — Oratio Manassæ Regis ‖ IVDA, CVM CAPTIVVS ‖ BABY-LONE TENERETVR. ‖ HIEREMIÆ PROPHETÆ ‖ EPISTOLA. ‖ PER ‖ CLAVD,

ESPENCAEVM, || Theologum Parisiensem. || PARISIIS, || Ex officina
Federici Morelli, in vico || Bellouaco, ad vrbanam Morum. ||
M. D. LXVI. || Cum priuilegio Regis. ||

Marque : mûrier avec πᾶν δένδρον. In-8 de 14 pp. chiffrées, plus 1 f. n. c.
Réclame à la p. 8.

Ce sont deux pièces de vers écrites par Claude d'Espence pour prouver que
les images de saints vénérées par les catholiques ne sont pas des idoles comme
le prétendent les protestants. A la fin, extrait du privilège relatif aux ouvrages
de Cl. d'Espence, daté du 21 nov. 1565. L'ouvrage a été imprimé après le mois
de Sept. 1566, ainsi que nous le montre l'épître en vers adressée au lecteur par
l'auteur et qui est datée de Paris, collège de Reims, octobre 1566.

124. — TRAICTE || EN FORME DE CONFE- || rence avec les
Ministres de la Religiō || pretendue reformée, touchant l'effica- ||
ce & vertu de la parole de Dieu aux || ministere & vsage des
saincts Sacre- || ments de l'Eglise. || PAR M. CLAVDE DESPENCE ||
Docteur en Theologie, a Paris. || A PARIS, || *De l'Imprimerie
de Federic Morel Rue sainct || Iean de Beauuais, au Franc
Meurier.* || M. D. LXVI. || AVEC PRIVILEGE DV ROY. ||

Marque : mûrier avec πᾶν δένδρον. In-8 de 56 pp. Réclame à la fin de chaque
feuille. Manchettes.

Au v° du titre, sorte d'avertissement nous apprenant que ce traité a pour but
d'éclairer le public sur ce qui s'est passé au colloque de Saint-Germain-en-Laye.
(Colloque de Poissy.) A la fin, extrait du privil. accordé à Claude d'Espence et
défendant à tous les imprimeurs ou libraires autres que celui dont l'auteur aura
fait choix, d'imprimer ou de de vendre ses œuvres (Orléans, 27 nov. 1560).

1567

125. — Ample discours au Roy sur le fait des quatre estats
du Royaume, 1567. In-8. (*Voir le n° 197.*)

126. — Considérations sur l'histoire française par L. Leroy,
1567. In-8. (*Voir le n° 140.*)

127. — Cosmographia. Auctore Mizaldo, 1567. In-8.

128. — C. SVETONII || TRANQVILLI || LIBRI II. || DE INLVSTRIBVS
GRAMMA- || TICIS, ET CLARIS RHETORIBVS : || *Cum Achillis Statij
Lusitani commentatione,* || *falso nuper Lugduni Ioannis Bap-
tistæ* || *Egnati nomine inscripta, atque edita.* || LVTETIÆ, || Apud

Federicum Morellum, in vico || Bellouaco, ad vrbanam Morum.
|| M. D. LXVII. ||

> Marque : mûrier avec πᾶν δένδρον. In-8 de 62 pp. dont une bl. au v° du titre
> et un feuillet blanc. Réclame à la fin de chaque feuille.
>
> Aux p. 3, 4 et 5, épître dédicatoire d'Achille Statius (Estaço), datée de
> Rome le jour des cal. d'avril (1ᵉʳ avril) 1565.
>
> Aux p. 6, 7 et 8, lettre de Denis Lambin, chargé de faire imprimer l'ou-
> vrage à Paris, à Achille Estaço. Le second livre (De claris rhetoribus) com-
> mence à la p. 47.

129. — De l'origine, antiquité, || PROGRES, EXCELLENCE, || ET
VTILITE DE L'ART || POLITIQVE. || *Ensemble des Legislateurs plus
renommez qui* || *l'ont prattiquee, et des autheurs illustres qui* ||
en ont escrit, specialement de Platon et Ari- || *stote, auec le som-
maire et conferēce de leurs* || *Politiques, traduittes de Grec en
François,* || *et eclarcies d'expositions pour les accommo-* || *der
aux meurs et affaires de ce temps.* || PAR LOYS LE ROY || DICT
REGIVS. || A Messire Claude de l'Aubespine, cheualier, conseil-
ler du Roy Tres chrestien, et son || Secretaire d'estat, et de ses
Finances. || A PARIS, || *De l'Imprimerie de Federic Morel, rue
S. Iean* || *de Beauuais, au Franc Meurier.* || 1567. || AVEC PRIVI-
LEGE DV ROY. ||

> In-8 de 20 ff. c. Réclame à chaque demi-feuille.
> Au v° du titre, extrait du privilège accordé à l'auteur le 26 oct. 1566.

130. — Des differends entre les hommes... par L. Leroy,
1567. In-8. (*Voir le n° 84.*)

131. — DE SEDITIOSIS || LIBER SINGVLARIS, || ad interpretatio-
nem Iuris : || CLAVDIO MONDAIN LVGDVN. || in summo curiæ Pari-
siensis || ordine Aduocato, || Authore. || *Ad Regiæ Procurationis
Trium viros supremi* || *Galliarum senatus Parisiensis.* || LVTE-
TIÆ, || In officina Federici Morelli, vico Bel- || louaco, ad vrba-
nam Morum. || M. D. LXVII. || CVM PRIVILEGIO REGIS. ||

> Marque : mûrier avec πᾶν δένδρον. In-8 de 48 ff. c. le dernier blanc. Réclame
> à chaque demi-feuille.
>
> Au v° du titre, extrait du privil. concernant les œuvres de l'auteur. Les
> ff. 2 et 3 contiennent une épître dédicatoire aux procureurs du parlement de
> Paris, et une épître au lecteur. A la fin, errata.

132. — Le Premier tome de l'Architecture de Philibert de Lorme, 1567. In-fol. (*Voir le n° 148.*)

133. — Memorabilium utilium centuriæ, auctore Mizaldo, 1567. In-8. (*Voir le n° 122.*)

134. — Opus de mora, || studiosæ legvm ivventvti || non minvs vtile, qvam necessa- || rium : quo breuiter, & dilucidè Iurisconsulto- || rum hac de re sententia & mens explicatur. Huic || accedit de eo quod interest, de vsuris Disputa- || tio : qua veterum, & recentiorum iuris interpre- || tum altercationes, & quæstiones Dialecticorum || more propositæ & discussæ continentur. || avthore ioan. delarebertereia || Turonensi Locheo, Iuris vtriusque professore, & in su- || premo Pariensi senatu causarum patrono. || *Cum locupletissimo rerum ac verborum memorabilium Indice.* || parisiis, || Ex officina Federici Morelli, in vico Bello- || uaco, ad vrbanam Morum. || m. d. lxvii. ||

Marque : mûrier avec πᾶν δένδρον. In-4 de viii-59 pp. chiffrées, plus 5 pp. d'index et d'errata non chiffrées. P. bl. au v° du titre; manchettes. Réclame à la fin de chaque feuille.

Les ff. liminaires sont occupés par une épitre dédicatoire de l'auteur à Pierre Brûlart, membre du parlement de Paris, datée du 1ᵉʳ janvier 1567, cinq pièces de vers latins relatives à l'ouvrage, et une table des chapitres.

L'auteur est Jean de la Rebertière.

135. — Pour la Monarchie, par Vauquelin de la Fresnaye, 1567. In-8.

136. — Remonstrance || povr le roy, a || tovs ses svbiects || qvi ont prins || les Armes contre || sa Maiesté. || *Par J. De la Taille Escuyer.* || a paris, || de l'Imprimerie de Federic Morel, rue || S. Ian de Beauuais, au Franc Meurier. || m. d. lxvii. || avec privilege. ||

Marque : mûrier avec πᾶν δένδρον. In-8 de 8 ff. c. Réclame au v° du f. 4. Au v° du titre, « Extraict des Registres de Parlement. »

A la fin : « in utrunque paratus. »

1568

137. — Traicte de l'efficacité et vertu en la parole de Dieu. 1568. — In-8. (*Voir le n° 124.*)

138. — Aquitainographie par G. de Terraube, 1568. In-8.

139. — BRIEF ‖ DISCOVRS ‖ DES CHOSES PLVS ‖ necessaires & dignes d'estre ‖ entendues en la Cos- ‖ mographie. ‖ *Reueu et corrigé de nouueau.* ‖ A PARIS, ‖ De l'Imprimerie de Federic Morel, rue ‖ S. Ian de Beauuais, au Franc Meurier. ‖ M.D.LXVIII. ‖ AVEC PRIVILEGE. ‖

Marque : mûrier avec πᾶν δένδρον. In-8 de 20 ff. c. Réclame à la fin de chaque feuillet.

Aux feuillets 2, 3 et 4, épître dédicatoire à Henri II, par l'auteur qui y donne son nom. C'est G. de Terraube, abbé de Boillas, aumônier du roi. L'épître est datée du 20 janvier 1558 (1559 n. st.). Il y raconte que se trouvant à dîner avec le roi à Beauvais, au mois de décembre précédent, on avait parlé à table de la longueur variable des jours et des nuits, d'autant plus inégale qu'on avançait vers le nord, et que cette conversation lui avait donné l'idée de composer le présent traité de cosmographie.

140. — CONSIDERATION SVR ‖ L'HISTOIRE ‖ FRANCOISE, ET ‖ l'vni- uerselle de ce Temps, dont ‖ les merueilles sont succin- ‖ cte- ment recitees. ‖ *A la Royne Mere du Roy.* ‖ Ensemble vn Traicté de l'origine, antiquité, pro- ‖ grès, excellence, et utilité de l'art politique : ‖ des Legislateurs plus renommez qui l'ont ‖ pratti- quée, et des autheurs illustres ‖ qui en ont escrit, specialement de Platon et Aristote, a- ‖ uec le sommaire & ‖ conference de leurs Poli- ‖ tiques. ‖ PAR LOYS LE ROY, ‖ DICT REGIVS. ‖ A PARIS, ‖ *De l'Imprimerie de Federic Morel, rue S. Iean de Beauuais, au Franc Meurier.* ‖ 1568. ‖ AVEC PRIVILEGE DV ROY. ‖

In-8 de 15 ff. c., plus 1 f. n. c. bl. Réclame à la fin de chaque feuille.

Au vº du titre, « Extraict du Privilege accordé à Loys le Roy », en date du 26 octobre 1566, et signé Hurault.

141. — DEVX LIVRES ‖ DE L'ENEIDE DE VIR- ‖ GILE, LE QVA- TRIEME, ET ‖ SIXIEME, TRADVITS EN ‖ François par I. du-Bellay gen- ‖ tilhomme Angeuin. ‖ AVEC ‖ *Autres Traductions conte- nues en la page* ‖ *suyuante, reueuës et corrigées* ‖ *de nouueau* ‖ A PARIS, ‖ De l'Imprimerie de Federic Morel, rue S. Ian ‖ de Beauuais au Franc Meurier. ‖ M. D. LXVIII. ‖ AVEC PRIVILEGE DV ROY. ‖

Marque : mûrier avec πᾶν δένδρον. In-8 de 88 ff. c. Signature à la fin de chaque feuille. L'ouvrage est dédié à de M. Morel, gentilhomme ordinaire de la Reine.

Entre les deux traductions des 4ᵉ et 6ᵉ livres de l'Énéide, on voit : « 1º Complainte de Didon à Enée, prinse d'Ouide; 2º épigramme sur la statve de Didon, prins d'Ausone; 3º la mort de Palinvre du cinqvieme de l'Eneide; l'Adiev aux Mvses pris du latin de Buccanan; 5º Traduction d'vne ode latine du mesme Buccanan; 6º les vers citez par Loys le Roy en ses commentaires sur le sympose de Platon, traduicts par I. Du-Bellay; 7º Tradvction d'une epistre latine sur vn nouueau moyen de faire son proufit de l'estude des lettres; 8º plusieurs sonnets.

142. — DISCOVRS ‖ AV ROY, CONTE- ‖ NANT VNE BREFVE ET ‖ salutaire Instruction pour bien ‖ & heureusement regner, ac- ‖ cōmodee à ce qui est plus ‖ necessaire aux mœurs ‖ de ce Temps : ‖ Escript premierement en vers Latins, & presenté au Roy François II, peu apres son sacre, par Messire ‖ MICHEL DE L'OSPITAL, lors Premier Pre- ‖ sident des comptes, et conseiller du Roy en son ‖ priué Conseil, à present Chancellier de France : & ‖ depuis mis en vers François par feu I. du-Bellay. ‖ A PARIS, ‖ De l'Imprimerie de Federic Morel, rue ‖ S. Ian de Beauuais, au Franc Meurier. ‖ 1568. ‖ AVEC PRIVILEGE DV ROY. ‖

In-8 de 12 ff. c. Réclame au vº du f. 8.

Au vº du titre, dédicace de M. de l'Hôpital à Charles de Lorraine, traduite par J. Du Bellay.

143. — Discours de Philibert Duval en vers héroïques de la grandeur, puissance, sapience et bonté de Dieu, 1568. In-8.

144. — DIVERS IEVX ‖ RVSTIQVES, ET AV- ‖ TRES OEVVRES POETI- ‖ QVES DE IOACHIM ‖ du Bellay Gentilhom- ‖ me Angevin. ‖ LE TOVT REVEV ET ‖ *corrigé de nouueau* ‖ A PARIS, ‖ De l'Imprimeric de Federic Morel, rue S. Ian ‖ de Beauuais, au Franc Meurier. ‖ M. D. LXVIII. ‖ AVEC PRIVILEGE DV ROY. ‖

In-8 de 80 ff. c.

On trouve aussi dans cet ouvrage le Moretum de Virgile. L'opuscule est dédié à M. Duthier, conseiller du roi et secrétaire d'État.

145. — DIVERS POEMES ‖ DE I. DV BELLAY, ‖ GENTILHOMME ANG. ‖ *partie Inuentions, partie Tradu-* ‖ *ctions, et la plus part non* ‖ *encor' imprimez.* ‖ A PARIS, ‖ De l'Imprimerie de Federic Morel,

rue S. Ian ‖ de Beauuais, au Franc Meurier. ‖ M. D. LXVIII. ‖ AVEC
PRIVILEGE DV ROY. ‖

> Marque : mûrier avec πᾶν δένδρον. In-8 de 60 ff. c. Sans réclames.
>
> On trouve dans cet ouvrage : 1° plusieurs petits morceaux sur les papes
> Paul IV et Jules II ; un sur « les fevz de ioye faits à Rome en 1554 » ; un sur le
> jour de Noël ; la Monomachie de David et Goliath ; « hymne de Sante au sei-
> gneur Rob. de la Haye » ; « ode au prince de Melphe, divisée en treze pauses » ;
> quelques odes à « madame Diane de Poictiers, dvchesse de Valentinois » ; ode
> à Pierre de Ronsard ; les « Amours de I. Dv Bellay » ; « Treize sonnets de
> l'honneste amour » ; un recueil de sonnets ; « Les Tragiques regrets de Charles V
> emperevr » ; plusieurs complaintes (entre autres une sur la mort d'Horace Far-
> nèse), plusieurs épitaphes. A la fin, extrait du privilège.

146. — EPITHALAME ‖ SVR LE MARIAGE DE ‖ TRES-ILLUSTRE
PRINCE ‖ PHILIBERT EMANVEL, DVC DE ‖ Sauoye et tres-illustre
Princesse Mar- ‖ guerite de France sœur vnique ‖ du Roy, et
Duchesse ‖ de Berry : ‖ PAR I. DV BELLAY ‖ *Gentilhomme Ange-*
uin ‖ A PARIS, ‖ De l'Imprimerie de Federic Morel, rue S. Ian ‖
de Beauuais, au Franc Meurier. ‖ M. D. LXVIII ‖ AVEC PRIVILEGE
DV ROY. ‖

> Marque : mûrier avec πᾶν δένδρον. In-8 de 72 ff. c.
>
> On y trouve, d'abord l'épithalame, puis l' « Entreprise du Roy Davphin povr
> le Tovrnoy sovs le nom des cheualiers avantureux » ; des inscriptions ; une pièce
> en italien au cardinal de Lorraine ; le « Tvmvlus Henrici II Gall. regis christia-
> niss. » ; une « epistre à Iehan de Morel, Ambrunois » ; Antonii Minarii Præsidis
> tvmvlus Latino gallicvs ; Discovrs au Roy ; un autre discovrs av Roy « svr le
> faict de ses quatre estats », avec manchettes explicatives ; des épitaphes, une
> ode pour le tombeau de J. du Bellay ; une autre « espitre à M. de Morel,
> Ambrunois, seigneur de Grigny et du Plessis le Comte » ; « Elegie sur le trespas
> de Ioachim du Bellay, par G. Aubert de Poictiers, aduocat en la court » ;
> « chant pastoral sur la mort de Ioachim du Bellay, angeuin, par R. Belleau ».
> A la fin, extrait du privilège.

147. — LA DEFENSE ET ‖ ILLVSTRATION ‖ DE LA LANGVE ‖ FRAN-
COISE, ‖ PAR ‖ IOACHIM DV BELLAY ‖ *Gentilhomme Angeuin.* ‖ A
PARIS, ‖ *De l'Imprimerie de Federic Morel, rue S. Ian ‖ de Beau-*
uais, au Franc Meurier. ‖ M. D. LXVIII. ‖ AVEC PRIVILEGE DV ROY. ‖

> Marque : mûrier avec πᾶν δένδρον. In-8 de 40 ff. c. Réclames.

148. — LE ‖ PREMIER ‖ TOME DE L'AR- ‖ CHITECTVRE DE ‖ PHI-
LIBERT ‖ DE L'ORME CON- ‖ SEILLIER ET AVMOS· ‖ nier ordinaire
du Roy, ‖ & Abbé de S. Serge ‖ lez Angiers. ‖ A PARIS, ‖ chez

Federic Morel, rue || S. Iean de Beauuais. || 1568. || AVEC PRIVI-
LEGE || DV ROY. ||

In-f° de IV-290 ff. c., plus 2 ff. blancs.

Au v° du titre, extrait du privilège défendant à tous les imprimeurs et libraires du royaume d'imprimer ou de vendre le présent ouvrage, et en particulier les
figures, pendant neuf ans à compter du jour où le livre a été achevé, c'est-à-dire
le 29 novembre 1567. Signé de L'Aubespine.

Le titre est une planche gravée représentant un médaillon renfermant l'intitulé surmonté d'une guirlande au-dessus de laquelle on voit un livre ouvert
entouré de deux génies assis sur le fronton, tenant à droite une mappemonde
terrestre, à gauche une mappemonde céleste. A droite et à gauche du titre :
deux colonnes surmontées chacune d'un prisme ; enfin aux quatre angles on
voit des dessins géométriques qui gâtent un peu la beauté de l'ensemble.

Au r° du f. II, épître dédicatoire de 3 ff. non chiffrés à TRES-VERTVEUSE ET ||
TRES ILLVSTRE DAME MADAME || CATHERINE, ROYNE DE FRANCE, || *Mère du Roy tres-
chrestien Charles* || *IX. de ce nom.* ||

Philibert de l'Orme félicite la reine Catherine du goût dont elle fait preuve
en intervenant elle-même dans la disposition du palais qu'elle construit entre la
Porte-neuve et le Louvre (ce sont les Tuileries). Il lui rappelle l'amour que
les Médicis ont toujours eu pour les arts et les lettres, et termine en disant
qu'il ne pouvait dédier son livre à personne plus compétente, et que si elle
daigne le recevoir, ce sera pour lui un encouragement à continuer le second
tome qui aura pour titre : « Des divines proportions et mesures de l'ancienne
et première Architecture des pères du vieil testament, accommodées à l'Architecture moderne. » Daté de Paris, le 25 novembre 1577.

Au f. 1, épître de 5 ff. « aux lecteurs beneuoles », dans laquelle Philibert de
l'Orme dit que l'architecture est un art divin et que ses règles ont été posées
par Dieu lui-même, grand architecte de toutes choses.

Puis vient une préface de 4 ff. et une page, contenant des avertissements pour
ceux qui entreprennent de bâtir sans avoir pris auparavant l'avis des architectes.

L'ouvrage même ne commence qu'au v° du f. 11 et renferme neuf livres formant un traité complet et donnant les renseignements relatifs à toutes les
parties d'une maison.

Edition magnifiquement imprimée et renfermant des planches très nombreuses ; malheureusement les lettres ou chiffres qui se trouvent dans les figures ne
correspondent pas à la description qui en est faite dans le texte. L'auteur s'en
excuse dans son épître dédicatoire.

L'ouvrage se termine par un extrait du privilège qui diffère du premier en
ce sens que le livre y est intitulé *La première partie de l'Architecture de Philibert de l'Orme*, et que l'achevé d'imprimer est en date du 27 août 1567. A la
fin de l'ouvrage viennent un nouvel avertissement aux lecteurs relatif aux
erreurs qui pourraient se trouver dans le texte, un erratum et une table des
matières. Il est regrettable qu'il n'y ait pas de table des gravures.

149. — LES REGRETS, || ET AVTRES OEVVRES || POETIQVES, DE I.
|| DV BELLAY, GEN- || *til homme Angeuin.* || *Le tout reueu, et*

corrigé de nouueau. ‖ A PARIS, ‖ De l'Imprimerie de Federic Morel, rue S. Ian ‖ de Beauuais, au Franc Meurier. ‖ M. D. LXVIII. ‖ AVEC PRIVILEGE DV ROY. ‖

Marque : mûrier avec πᾶν δένδρον. In-8 de 64 ff. c. Réclame à la fin de chaque feuille.

On y trouve : « 1° Dédicace à Monsievr d'Avanson conseillier dv roy en son priué Conseil; 2° les Regrets de Ioacli. dv Bellay gentilhomme Angevin; 3° Le premier livre des Antiquitez de Rome contenant vne generale description de sa grandeur et comme vne deploration de sa ruine. Plus vn songe ou vision sur le mesme subiect du mesmc autheur. »

150. — L'OLIVE, ET ‖ AVTRES OEVVRES ‖ POETIQVES DE IOA- ‖ CHIM DV-BELLAY ‖ *Gentilhomme Angeuin* ‖ A PARIS, ‖ *De l'Impri-merie de Federic Morel, rue S. Ian* ‖ *de Beauuais, au Franc Meurier.* ‖ M. D. LXVIII. ‖ AVEC PRIVILEGE DV ROY. ‖

Marque : mûrier avec πᾶν δένδρον. In-8 de 80 ff. c.

Au commencement : « Ioannes Auratus in olivam. » On trouve ensuite l'Olive, puis la musagnoeomachie, différentes épîtres en vers, des vers lyri-ques, la « louange de la France et du roy très chrestien, un Discours au roy sur la Poesie, le poete covrtisan ». A la fin : Fin de l'olive augmentée.

151. — RECVEIL DE ‖ POESIE PRESENTE A ‖ TRESILLVSTRE PRIN-CESSE ‖ Madame Marguerite sœur vnique du Roy, et mis en lumiere par le commāde- ‖ ment de madicte Dame. ‖ *Reueu, et augmenté oultre les precedentes* ‖ *impressions, par l'auteur* ‖ I. DV BELLAY GENTIL· ‖ *homme Angevin,* ‖ A PARIS, ‖ *De l'Imprimerie de Federic Morel, rue S. Ian* ‖ *de Beauuais, au Franc Meurier.* M. D. LXVIII ‖ AVEC PRIVILEGE DV ROY. ‖

Marque : mûrier avec πᾶν δένδρον. In-8 de 96 ff. c. Sans réclames.

On y trouve : 1° Prosphonematique au Roy tres chrestien Henry II; 2° chant trivmphal sur le voyage de Bovlongne, M. DLIX, *au moys d'Aoust*; 3° Dix huit odes à diverses personnes, plus une ode pastorale à Bertrand Ber-gier de Montenboeuf; 4° une ode sur la naissance du petit dvc de Beaumont, fils de Monseigneur de Vandosme, roy de Nauarre; 5· A la Royne de Navarre; 6° Les deux Margverites; 7° Quelques pièces peu importantes; 8° Discovrs av Roy svr la trefve de l'an M. D. LV.; 9° Hymne av Roy svr la Prinse de Calais; 10° Evocation des Dievx tvtelaires de Gvynes; 11° Execration sur l'Angleterre; 12° Les Fvries contre les infractevrs de foy; 13° La complainte du Desespere; 14° A Phoebvs; 15° Discovrs svr la Lovange de la vertv et sur les diuers erreurs des hommes; (16° Deux petites pièces sans importance); 17° La lyre chres-tienne; 18° Hymne chrestien; 19° Autre hymne chrestien; 20° à Madame Mar-gverite. A la fin : Fin du recueil de Poésie.

152. — Remonstrances pour le Roy, par Jean de la Taille, 1568. In-8. (*Voir le n° 92.*)

1569

153. — Des differends et troubles, par L. Leroy, 1569. In-8. (*Voir le n° 84.*)

154. — DEVX LIVRES ‖ DE L'ENEIDE DE VIR- ‖ GILE, (le reste identique). M. D. LXVIIII. In-8. (*Voir le n° 141.*)

155. — Discours au Roy pour bien regner, par Scevole de Sainte-Marthe, 1569. In-8. (*Voir le n° 41.*)

156. — Discours des choses nécessaires en cosmographie, par Philibert Duval, 1569. In-8.

157. — Divers Jeux rustiques, par J. du Bellay, 1569. In-8. (*Voir le n° 144.*)

158. — Idyllie de la Modesté d'un gentilhomme non courtisan envers sa maîtresse, par G. de la Tayssonière, 1569. In-8.

159. — IL ‖ CORBACCIO ‖ IN PARIGI, ‖ Per Federigo Morello. ‖ 1569. ‖

In-8 de XVI-122 pp. chiffrées, plus 1 p. d'épitre, 3 pp. de variantes et 1 f. bl. Réclame à la fin de chaque feuille. Page bl. au v° du titre et à la p. XVI.

Les feuillets liminaires sont occupés par une épitre dédicatoire non signée « al nobiliss : M. Vincentio Magalotti », et par un double erratum considérable en proportion du reste de l'ouvrage.

Au f. 1 : « I comincia il libro chiamato Corbaccio, composito per lo eloquente mer. Iohi Boccaci da Certaldo, poeta illustre. » Après la page 122, on trouve une épitre signée Ser. Iac. Corbinellj.

160. — IL ‖ CORBACCIO... 1569.

Le même que le précédent, seulement on y a ajouté un commentaire après le dernier feuillet, qui est blanc dans l'édition précédente. Ce commentaire est paginé de 127 à 174 inclus.

Le feuillet blanc reste broché avec le reste de l'ouvrage.

161. — IOACHIMI BELLAII ‖ ANDINI POETÆ ‖ CLARISSIMI ‖ XENIA, ‖ SEV ‖ Illustrium quorundam Nominum ‖ Allusiones. ‖ *His accessit Elegia ad Janum Morellum* ‖ *Ebredun. Pyladem suum.* ‖ PA-

RISIIS, ‖ Apud Federicum Morellum, in vico ‖ Bellouaco ad vr-
banā Morum. ‖ M. D. LXIX. ‖ Cum Privilegio Regis.

In-4 de 22 ff. c. Réclames disposées irrégulièrement.

Au v° du titre, distiques latins de Scévole de Sainte-Marthe, datés du jour
de la mort de J. du Bellay (1er janvier 1560).

Aux feuillets 2 et 3, épître de J. du Bellay au lecteur. Au f. 3 v°, distiques
latins de l'auteur au lecteur. L'ouvrage commence au f. 4. On y trouve des calembours latins faits sur les noms de certains personnages du temps, tels
qu'Henri II, Catherine de Médicis, Marie Stuart reine d'Écosse, Diane de Poitiers, le cardinal de Lorraine, Christophe de Thou, Florimond Robertet, Mellin
de Saint-Gelais, Amyot, Dorat, Ronsard, etc., etc. Au v° du f. 5, on en trouve
un sur Fédéric Morel l'Ancien signé J. A. (*Auratus* Dorat), l'autre sur J. du
Bellay signé Car. Vtenh. (Charles Vtenhove.). L'élégie à Jean de Morel d'Embrun commence au f. 16, r° et s'étend jusqu'à la fin.

162. — L'Epithalame... par J. du Bellay, 1569. In-8. (*Voir
le n° 146.*)

163. — LES PREMIERES ‖ ŒVVRES DE ‖ SCEVOLE DE SAINTE ‖
MARTHE, GENTILHOM- ‖ ME LODVNOIS. ‖ Qui contienent ses Imita-
tions & Traductions ‖ recueillies de diuers poëtes Grecs et
Latins. ‖ *Le tout diuisé en quatre Liures, et dedié à Monsei-* ‖
gneur le Cheualier d'Angoulesme. ‖ A PARIS, ‖ De l'Imprimerie de
Federic Morel, rue sainct ‖ Iean de Beauuais, au Franc Meurier. ‖ M. D. LXIX. ‖ AVEC PRIVILEGE DV ROY. ‖

Marque : mûrier avec πᾶν δένδρον. In-8 de VIII f. n. chiff. plus 120 ff. chiff.
Réclame à la fin de chaque feuille.

Au v° du titre, extrait du privilège donné à Paris le 16 déc. 1568, défendant
à tous autres imprimeurs que Morel d'imprimer et vendre les œuvres poétiques
de Scévole de Sainte-Marthe pendant six ans à partir de la première impression.

Les ff. liminaires sont occupés par une épître dédicatoire au chevalier d'Angoulême, une épître au lecteur suivie d'un erratum, et une table des matières.
P. bl. à la fin. L'ouvrage comprend quatre livres; à la fin, plusieurs pièces
adressées à l'auteur.

164. — Les Regrets et autres œuvres poetiques de I. du
Bellay, 1569. In-8. (*Voir le n° 149.*)

165. — Les Sonnets de Passerat, 1569. In-8.

166. — L'Olive, de J. du Bellay, 1569. In-8. (*Voir le n° 150.*)

167. — Psalmes de la Puissance de Dieu, par Phil. Duval,
1569. In-8.

168. — Recueil de poésies, par J. du Bellay, 1569. In-8.
(*Voir le n° 151.*)

169. — Remonstrances au Roy, par J. de la Taille, 1569.
In-8. (*Voir le n° 92.*)

170. — Sonnets sur le tombeau du sieur de la Chastre,
dict de Sillac, gravé d'inscriptions, par Jean Passerat et autres
poètes, 1569. In-4.

171. — 🍃 Sourdine Royale, ‖ SONNANT LE BOVTE- ‖ SELLE,
L'ACHEVAL, ET A ‖ L'ESTANDART, A LA NO- ‖ blesse catholique de
France, ‖ pour le secours de nostre ‖ Roy Tres-chrestien ‖
CHARLES IX° ‖ *Par Guillaume de la Tayssonniere gentil-* ‖ *homme*
Dombois. ‖ A PARIS, ‖ De l'Imprimerie de Federic Morel, rue
sainct ‖ Iean de Beauuais, au Franc Meurier. ‖ M. D. LXIX. ‖ AVEC
PRIVILEGE DV ROY. ‖

Marque : mûrier avec πᾶν δένδρον. In-8 de 8 ff. c. Réclame au v° du f. 4.
Le titre est incomplet, car la plaquette contient en plus l'Idyllie de la Modesté et vertueuse amitié d'vn gentilhomme non courtisan envers sa maistresse.
Au v° du titre, extrait du privil. du 29 janvier 1569, accordant à Fédéric Morel
un droit de quatre ans sur ces deux opuscules. En dessous : Achevé d'imprimer le 17 février 1569.

1570

172. — Ample discours au Roy, par J. du Bellay; 1570. In-8.
(*Voir le n° 197.*)

173. — Considération sur l'histoire française et universelle
de ce temps, par Louis Leroy, 1590. In-8. (*Voir le n° 140.*)

174. — COSMOLOGIA, ‖ HISTORIAM COELI ET ‖ MVNDI, VARIE APVD
VARIOS ‖ sparsam, & obscurè traditam, quatuor ‖ Opusculis
methodicè colligens, ‖ & dilucidè proponens. ‖ AVTORE ANTONIO
MIZALDO, ‖ MEDICO ET MATHEMATICO. ‖ Ἀινειτε τὸν χύριον οι ὀυρανοὶ
τῶν ὀυρανῶν, αἰνεῖτε ἀυτὸν ‖ Ἥλιος. χὰι Σελήνη, χὰι παντα τχ αστρα,
χὰι τὸ φῶς. ‖ LVTETIÆ, ‖ Apud Federicum Morellum, in vico Bel- ‖
louaco, ad vrbanam Morum. ‖ M. D. LXX. ‖ EX REGIS PRIVILEGIO. ‖

Marque : mûrier avec πᾶν δένδρον. In-8 de 72 pp. c. Réclames à la fin de
chaque feuillet; manchettes.

Au v° du titre privil., relatif à l'ouvrage, accordé à Morel et daté de Moulins, 6 mars 1566. P. 3 à 6 inclusiv., épître dédicatoire à Henri d'Angoulême, datée du 1er juin 1570. De la p. 65 à la fin : « Encomium docti astronomi et periti rerum cœli Interpretis, Asclepiadeo choriambico monocœlo contextum. »

175. — De la Monarchie, par Louis Leroy, 1570. In-8.

176. — Discours au Roy... par J. du Bellay, 1570. In-8. (*Voir le n° 142.*)

177. — EXHORTATION ‖ AVX FRANCOIS ‖ POVR VIVRE EN ‖ CONCORDE, ET IOVIR ‖ DV BIEN DE ‖ LA PAIX. ‖ PAR LOVYS LE ROY ‖ A PARIS, ‖ De l'Imprimerie de Federic Morel, rue ‖ S. Iean de Beauuais, au Franc Meurier. ‖ M. D. LXX. ‖ AVEC PRIVILEGE. ‖

Marque : mûrier avec πᾶν δένδρον. In-8 de 128 ff. c. Réclame à la fin de chaque feuille.

Au v° du titre, extrait du privilège donné à Louis Leroy le 26 oct. 1566 pour l'impression de ses ouvrages. Aux ff. 2 et 3, épître au Roi datée de Saint-Germain-en-Laye, août 1570. L'exhortation aux François s'étend jusqu'au f. 70. Du f. 71 au f. 76 inclusiv. : « project ou dessein du royaume de France, pour en représenter en dix liures l'estat entier, soubs le bon plaisir du Roi. » C'est un plan d'histoire de France au point de vue administratif. Du f. 77 à la fin, « Sommaire des Monarchiques de Louis Leroy. »

178. — HYMNE SVR ‖ l' Auant-Mariage ‖ DV ROY. ‖ PAR ‖ Sceuole de Saincte Marthe ‖ Gentilhomme Lodunois. ‖ A PARIS. ‖ De l'Imprimerie de Federic Morel, rue ‖ S. Ian de Beauuais, au Franc Meurier. ‖ M. D. LXX. ‖ AVEC PRIVILEGE. ‖

Marque : mûrier avec πᾶν δένδρον. In-8 de 16 ff. c. Réclames aux v° des ff. 4, 8 et 12.

Au v° du titre, extrait du privil. relatif aux œuvres poétiques de Scévole de Sainte-Marthe, du 16 décembre 1568, suivi de l'achevé d'imprimer daté du 25 octobre 1570. A la fin, sonnet à Scévole de Sainte-Marthe par Louis, son frère (r° du f. 16), et autre sonnet signé Pierre Joyeux Lodunois (v° du f. 16).

179. — Les Monarchiques, par Louis Leroy, 1570. In-8.

180. — POVR ‖ LA MONARCHIE ‖ DE CE ROYAVME, ‖ *Contre la Diuision.* ‖ A la Royne mere du Roy. ‖ PAR ‖ I. VAVQVELIN DE LA ‖ FRESNAYE. ‖ A PARIS, ‖ De l'Imprimerie de Federic Morel rue S. Ian ‖ de Beauuais, au Franc Meurier. ‖ M. D. LXX. ‖ AVEC PRIVILEGE. ‖

Marque : mûrier avec πᾶν δένδρον. In-8 de 8 ff. c. Au v° du titre, sonnet sur l'opuscule par G. Le Feuvre de la Boderie.

181. — Project du Royaume de France pour en représenter en dix livres l'état entier. 1570. In-8.

182. — Remonstrances au Roy, par Jean de la Taille, 1570. In-8. (*Voir le n° 92.*)

183. — Secretz de la Lune, par A. Mizauld, 1570. In-8. (*Voir le n° 195.*)

1571

184. — Ample discours au Roy... par J. du Bellay, 1571. In-8. (*Voir le n° 197.*)

185. — Considération sur l'histoire française, par L. Leroy, 1571. In-8. (*Voir le n° 140.*)

186. — Cosmologia d'Antoine Mizauld, 1571. In-8. (*Voir le n° 174.*)

187. — De dovze ‖ manieres d'abvs ‖ qui sont en ce monde en diuerses ‖ sortes de gents, et du moyen ‖ d'iceux corriger, & ‖ s'en donner ‖ garde : ‖ *Traitté fort vtile et beau, extrait des œuures ‖ de S. Cyprian, nouuellemēt reueu et corrigé. ‖ Ensemble les Douze Regles de M. Ian Pic ‖ de la Mirādole, comprenans en brief les cho- ‖ ses plus requises pour viure chrestiēnement.* ‖ A Monseigneur le cheuallier d'Angou- ‖ lesme frere naturel du Roy. ‖ A paris. ‖ De l'Imprimerie de Federic Morel, ‖ rue Sainct Iean de Beauuais, ‖ au Franc Meurier. ‖ m. d. lxxi, ‖ avec privilege dv roy. ‖

In-8 de 39 pp. chiff. plus 1 p. n. chiffrée. Réclame toutes les 8 p.; manchettes. De la p. 3 à la p. 6 inclusivement, épître dédicatoire de F. Morel au chevalier d'Angoulême. P. 7, préface de l'auteur. Les douze règles de Pic de la Mirandole occupent les p. 37 à la fin. P. bl. au v° du titre.

188. — De pvgna navali ‖ christia- ‖ norvm ad- ‖ versus Turcas, inter Naupa- ‖ ctum & Cephaleniam, ‖ 1571. ‖ *Reginaldo Cleutino Abbate Flauiniensi, ‖ Eleĕmosynario Regio authore.* ‖

In-8 de 14 pp. chiffrées plus 2 pp. bl.

Cet opuscule n'a pas de titre proprement dit. Ce que nous reproduisons ci-dessus n'est qu'un titre de départ. Il s'agit de la bataille de Lépante. A la fin : Ex officina Federici Morelli, typographi Regij.

189. — Deux livres de l'Enéide de Vergile, par J. du Bellay, 1571. In-4. (*Voir le n° 58.*)

190. — Elegie sur le trespas de J. du Bellay, 1571. In-8. (*Voir le n° 43.*)

191. — La Mesnagerie de Xenophon, 1571. In-8. (*Voir le n° 201.*)

192. — Les premieres œuvres de Sceuole de Sainte Marthe, 1571. In-8. (*Voir le n° 163.*)

193. — Œuvres complètes de J. du Bellay, 1571. In-8. (*Voir le n° 217.*)

194. — Remonstrances pour le Roi, par J. de la Taille, 1571. In-8. (*Voir le n° 92.*)

195. — Secrets de la lvne. ‖ opvscvle ‖ non moins plaisant qve vtile, svr le par- ‖ ticulier consent, & manifeste accord ‖ de plusieurs choses du monde, auec la ‖ Lvne : comme du Soleil, du sexe fe· ‖ minin, de certaines bestes, oyseaux, ‖ poissons, pierres, herbes, arbres, ma- ‖ ladies, & autres de grande ‖ admiration et singularité. ‖ par antoine mizavld, ‖ medecin et mathematicien. ‖ a paris, ‖ De l'Imprimerie de Federic Morel, rue S. Ian ‖ de Beauuais, au Franc Meurier. ‖ m. d. lxxi. ‖ avec privilege. ‖

Marque : mûrier avec πᾶν δένδρον. In-8 de viii-24 ff. c. P. bl. à la fin. Réclame au v° de chaque feuillet.

Au v° du titre, extrait du privilège relatif à l'ouvrage, accordé à l'imprimeur le 6 mars 1566, à Moulins. Les ff. limin. sont occupés par une épître dédic. a François Le Comte, maître des requêtes de l'hôtel, datée du 15 août 1570.

Récl. au v° de chaque feuillet.

196. — Vers françois de feu Estienne La Boétie, 1571. In-8. (*Voir le n° 206.*)

1572

197. — AMPLE ‖ DISCOVRS ‖ AV ROY, SVR LE ‖ FAICT DES QVATRE ‖ Estats du Royaume ‖ de France. ‖ PAR I. DV-BELLAY ‖ Gentilhomme Angeuin. ‖ A PARIS. ‖ De l'Imprimerie de Federic Morel ‖ Imprimeur ordinaire du Roy. ‖ M. D. LXXII. ‖ *Auec priuilege dudit Seigneur.* ‖

Marque : mûrier avec πᾶν δένδρον. In-8 de 24 ff. c.; manchettes; plusieurs réclames. Au v° du titre, Dédicace au cardinal de Lorraine. Aux ff. 22 et 23, « Sonnets de Scévole de Sainte-Marthe presentez au roi tres chrestien Charles neufième l'an 1564. » Au r° du dernier feuillet, « Prière à Dieu pour le Roy présentée à sa Majesté le 1er jour de l'an 1565. » Au v°, extrait du privil. du 1er avril 1568 concernant l'édition des œuvres de J. du Bellay.

198. — DE ‖ HVMANÆ VITÆ ‖ CONDITIONE, ET ‖ toleranda corporis ægritudine, ‖ LIPPI BRANDOLINI ‖ AVREOLVS ‖ Libellus. ‖ PARISIIS, ‖ Apud Federicum Morellum, in vico ‖ Bellouaco, ad vrbanam Morum. ‖ M. D. LXII. ‖

Marque : mûrier avec πᾶν δένδρον. In-8 de 64 ff. c., plus 1 f. bl.; manchettes. Du f. 2 au f. 5 r°, préface « Ad Mathiam Coruinum illustrissimum Pannoniæ ac Bohemiæ Regem et ad Beatricem Aragoniam, illustrissimam Reginam, eius uxorem. »

L'ouvrage est écrit sous forme de dialogue entre Pierre et Mathieu. Réclame à la fin de chaque feuille.

199. — Des differends et troubles entre les hommes, par L. Leroy, 1572. In-8. (*Voir le n° 84.*)

200. — Dioclis Carystii ‖ MEDICI, AB HIPPO- ‖ crate famâ & ætate secundi, aurea ‖ ad Antigonum Regem Epistola, ‖ De Morborum præsagiis, & eo- ‖ rumdem extēporaneis remediis. ‖ ADHÆC, ‖ ARNALDI A VILLA-NOVA ‖ Medici præstantissimi Consilium ad Regem ‖ Aragonum, de salubri hortensium vsu. ‖ ANTONII MIZALDI MONLV- ‖ ciani, Medici, cura & diligentia. ‖ LVTETIÆ, ‖ Apud Federicum Morellum ‖ Regium Typographum. ‖ M. D. LXXII. ‖ CVM PRIVILEGIO REGIS. ‖

In-8 de 27 ff. c. plus 1 f. n. c. Réclame au v° de chaque feuillet. Au v° du titre et à la fin, extrait du privil. relatif à l'ouvrage.

201. — LA ‖ MESNAGERIE ‖ DE XENOPHON. ‖ Les Regles de

mariage, ‖ DE PLVTARQVE. ‖ Lettre de consolation, ‖ de Plutarque à sa femme. ‖ Le tout traduict de Grec en François par feu ‖ M. ESTIENNE DE LA BOETIE ‖ Conseiller du Roy en sa court de Parlement ‖ a Bordeaux. Ensemble quelques vers Latins ‖ & François, de son inuention. ‖ *Item*, vn *Discours sur la mort dudit Seigneur* ‖ *De la Boëtie*, par M. *de Montaigne* ‖ A PARIS. ‖ De l'Imprimerie de Federic Morel, rue ‖ S. Ian de Beauuais, au Franc Meurier. ‖ M. D. LXXII. ‖ AVEC PRIVILEGE. ‖

In-8 de 131 ff. c. plus 1 f. n. c. blanc. Page blanche avant le f. blanc. Réclame à la fin de chaque feuillet; manchettes.

Au v° du titre, extrait du privilège du 18 oct. 1570, signé H. de Varade, donnant à F. Morel la permission d'imprimer le présent ouvrage et défendant à tous les autres imprimeurs ou libraires d'imprimer ou de vendre cet ouvrage pendant neuf ans, à compter du jour de l'achevé d'imprimer :

1° La « Mesnagerie de Xenophon » s'étend du f. 2 au f. 70 inclusiv. Elle est dédiée à M. de Lansac.

2° Les règles du mariage s'étendent du f. 71 au f. 88 inclusiv. Elles sont dédiées à « M. de Mesmes, seigneur de Roissy et de Mal-Assize ».

3° La lettre de consolation de Plutarque à sa femme s'étend du f. 89 au f. 99 inclusiv. Elle est dédiée à mademoiselle de Montaigne, femme de Montaigne. Cette lettre n'est pas entièrement traduite. En effet, on lit à la fin : « La fin en est à dire en Plutarque. »

4° Les vers de la Boétie sont intitulés : « Stephani Boetiani, consiliarij regij in Parlemento Burdigalensi Poemata. » Ils sont dédiés au chancelier de l'Hôpital et signés par Montaigne en date du 30 avril 1570. Ils s'étendent du f. 99 v° au f. 120 inclusiv. Le v° du f. 120 est blanc.

5° Le discours sur la mort de la Boétie est intitulé « Extraict d'une lettre que Monsieur le conseiller de Montaigne escrit à Monseigneur de Montaigne son père, concernant quelques particularitez qu'il remarqua en la maladie et mort de feu Monseigneur de la Boetie. » Il s'étend du f. 121 au f. 131 r°.

Les vers français mentionnés dans l'intitulé ne se trouvent pas dans le corps de l'ouvrage, mais dans certains exemplaires ils forment un opuscule à part relié avec le volume.

Au f. 131 v° se trouve l'achevé d'imprimer, en date du 24 nov. 1570.

202. — LA MESNAGERIE ‖ ... M. D. LXXII. ‖

Même édition que la précédente, mais il n'y a que 120 ff. c., elle s'arrête après les vers latins de la Boétie et ne contient pas les vers français de cet auteur, mentionnés cependant dans l'intitulé.

203. — OPVSCVLVM ‖ DE SENA, ‖ PLANTA INTER OMNES, ‖ quotquot sunt, hominibus ‖ beneficentissima & ‖ saluberrima. ‖ AVTORE ANTONIO MIZALDO ‖ MONLVCIANO, MEDICO. ‖ LVTETIÆ, ‖

Apud Federicum Morellum Regium Ty- ‖ pographum, in vico Bellouacensi ‖ M. D. LXXII. ‖ CVM PRIVILEGIO REGIS. ‖

Marque : mûrier avec πᾶν δένδρον. In-8 de 18 ff., c. plus 2 f. n. c. dont le second blanc.

Les trois dernières pp. sont occupées par le *De arcanis naturæ*, etc., non mentionné dans l'intitulé. Au v⁰ du titre, extrait du priv. relatif à l'ouvrage, en date du 5 octobre 1570.

204. — Plutarchi consolatio ad uxorem, cum Xenophontis œconomico et aliis quibusdam, 1572. In-8.

205. — SAVL LE FVRIEVX, ‖ Tragedie prise de la ‖ BIBLE, ‖ Faicte selon l'art & à la mode des ‖ vieux Autheurs Tragiques. ‖ PLVS, ‖ Vne Remonstrāce faicte pour le Roy Charles IX. ‖ à tous ses subiects, à fin de les encliner à la paix. ‖ AVEC ‖ *Hymnes, Cartels, Epitaphes, Anagrammatismes,* ‖ *et autres Œuures d'vn mesme autheur.* ‖ A PARIS. ‖ Par Federic Morel Imprimeur du Roy. ‖ M. D. LXXII. ‖ *Auec Priuilege dudit Seigneur.* ‖

Marque : mûrier avec πᾶν δένδρον. In-8 de 80 ff. c.

Au v⁰ du titre, sonnet et vers latins de l'auteur. Du f. 2 au f. 6 inclusiv., épître de l'art de la Tragédie à la princesse Henriette de Clèves, Duchesse de Nevers; f. 36 r⁰, sonnet à Henri de Bourbon, v⁰ blanc. L'auteur est Jean de la Taille. A la fin de l'ouvrage, diverses poésies de son frère Jacques de la Taille, et extrait du privil. relatif aux œuvres de Jean et Jacques de la Taille.

206. — Vers François de feu ‖ ESTIENNE DE LA BOETIE ‖ Conseiller du Roy en sa ‖ Cour de Parlement ‖ à Bordeaux. ‖ A PARIS. ‖ *Par Federic Morel imprimeur du Roy.* ‖ M. D. LXXII. ‖ AVEC PRIVILEGE. ‖

Marque : mûrier avec πᾶν δένδρον. In-8 de 19 ff. c. plus 1 f. blanc. Réclame à la fin de tous les quatre feuillets.

Page blanche au v⁰ du titre. L'épître dédicatoire est adressée à Monsieur de Foin; elle est datée du 1ᵉʳ sept. 1570 et signée Michel de Montaigne. Le recueil comprend trois pièces, l'une dédiée à « Marguerite de Carle sur la traduction des plaintes de Bradamant au XXXII⁰ chant de Loys Arioste »; la seconde est la traduction même des plaintes de Bradamant, et la troisième une chanson de vingt-quatre couplets.

Cet opuscule ne se trouve pas isolé; il est broché avec la « Mesnagerie de Xenophon » dont il est la suite.

1573

207. — ALEXANDRE, || Tragédie de Iacques || de la Taille, du pays || de Beauce. || A PARIS. || De l'Imprimerie de Federic Morel Imprimeur du Roy. || M. D. LXXIII. || *Auec Priuilege dudict Seigneur.*

Marque : mûrier avec πᾶν δένδρον. In-8 de 31 ff. c. plus 1 f. bl. Réclame au vº de chaque feuillet. Aux ff. 2, 3 et 4, épître dédicatoire à Henri de Bourbon, roi de Navarre.

208. — Daire, Tragédie || de feu Iacques de la || Taille, du Pays || de Beauce || A PARIS. || Par Federic Morel, Imprimeur du Roy. || M. D. LXXIII. || *Auec Priuilege dudit Seigneur.* ||

Marque : mûrier avec πᾶν δένδρον. In-8 de 37 ff. c. plus 1 f. bl. P. bl. au vº du titre. Réclame au vº de chaque feuillet. Aux ff. 2 et 3, épître dédicatoire de Jean de la Taille, frère de l'auteur, à François de Dangenes, seigneur de Monlouët.

209. — DE POLONIA || IN FORTISSIMI MAGNA- || nimique Herois, Christianissimi Francorum || Regis CAROLI IX, || è serenissimorum Prin- || cipum Valesiorum familia illustrissima Regiaq:, || fratris, Dom. HENRICI, eius nominis II, || Polonorum Regis potentissimi, commenda- || tionem, Franciadum laudem & honorem, Ele- || giæ aliquot, tribus distinctæ Actibus : quorum || Primus continet Valesiadum Encomia, Poloniæ || situm, Ducatuumque eiusdem vota & suffragia, || Electionem, atque Electi responsionem. || Secundus, itinerariū, Electi ingressum, & Regum || Poloniæ omnium enumerationem historicam. || Tertius, gratulationes, aliàque summæ fœlicita- || tis omina, Regis pij officia et labores, arma || socia, atque fœdera. || *Autore Regio Franciæ alumno, quondam Aulico Cæ-* || *sareo, et Regineæ deductioni in Franciam adiūcto,* || *Iacobo à Falckenburg, Mil. Brennipolitano,* || *Germano, Iurisconsulto.* || LVTETIÆ PARISIO- RVM. || Ex Officina Federici Morelli Typographi Regij. || M. D. LXXIII. || CVM PRIVILEGIO REGIS. ||

In-8 de 44 pp. dont 1 bl. au vº du titre. Réclame au vº des feuillets; manchettes.

En plus une page de marque royale (écusson entouré du collier de Saint-

Michel) au v° de laquelle il y a un erratum ; une p. contenant les armes de l'auteur et une p. bl.

210. — Des differends et troubles... par L. Leroy, 1573. In-8. (*Voir le n° 84.*)

211. — Dioclis Carystii epistola,1573. In-8. (*Voir le n° 200.*)

212. — Illustrissimi Principis || CLAVDII LOTHARENI || DVCIS AVMALIDES, ET FRANCIÆ PARIS, || FVNEBRIS ORATIO. || AD || ILLVSTRISSIMVM PRINCIPEM || LVDOVICVM DE GONZAGA || DVCEM NIVERNIENSEM. || LVTETIÆ. || Apud Federicum Morellum Typographum || Regium, in vico Bellouaco. || M. D. LXXIII. ||

Marque : mûrier avec πᾶν δένδρον. In-8 de 16 p. c. P. bl. au v° du titre. Réclame au v° de chaque feuillet.

A la p. 3, épitre dédicatoire « ILLVSTRISSIMO principi Ludovico de Gonzaga duci Niverniensi I. B. Bellaudus S. P. D. » Cette dédicace nous donne le nom de l'auteur qui ne se trouve pas dans l'intitulé.

L'épître est datée : Lutetiæ, pridie nonas Aprilis 1573. (4 avril.)

213. — IN REGIVM || ET MAGNIFICVM SERE- || nissimi potentissimique Poloniæ || Regis HENRICI, Filij & Fra- || tris Regum Franciæ, An- || dium Dvcis, in vrbem || Lutetiā Parisiorum || Ingressum, || CARMINA GRATVLATORIA. || *Authore Iacobo à Falkenburg, dicto Milichio,* || *Brandeburgo, Iurisconsulto, Regio* || *Franciæ alumno.* || PARISIIS, || Ex officina Federici Morelli Typographi Regij. || M. D. LXXIII. || CVM PRIVILEGIO REGIS. ||

La marque est remplacée par un fleuron. In-8 de 16 pp. Réclame au v° des feuillets.

Au v° du titre, armes de l'auteur entourées du cordon de l'ordre de Saint-Michel. A la p. 4 un H dans un croissant, surmonté d'une couronne fleurdelisée.

214. — Ioan. Sarij Zamoscij, || Belsensis, & Zamechē- || sis Præfecti, ac in Galliā || Legati, Oratio : || QVA HENRIC. VALESIVM || Regem renunciat. || LVTETIÆ PARISIORVM. || Ex Officina Federici Morelli Typographi Regij. || M. D. LXXIII. || CVM PRIVILEGIO REGIS. ||

Marque : mûrier avec πᾶν δένδρον. In-4 de 18 ff. c. plus 1 p. de « corrigenda », 1 p. avec une seconde marque (mûrier de grand format avec πᾶν δένδρον), et 1 f. bl. Au v° du titre, liste des légats envoyés par les états du royaume de Pologne et du grand-duché de Lithuanie.

215. — La Famine ou les ‖ GABEONITES, ‖ Tragedie prise de la Bible, & ‖ suiuant celle de Saül. ‖ *Ensemble plusieurs autres œuures poëtiques de* ‖ IEHAN DE LA TAILLE *de Bondaroy gentil-* ‖ *homme du pays de Beauce, et de feu Iaques de la* ‖ *Taille son frere desquels œuures l'ordre se void en la* ‖ *prochaine page.* ‖ A PARIS. ‖ Par Federic Morel, Imprimeur du Roy. ‖ M.D.LXXIII. ‖ *Auec Priuilege dudit Seigneur.* ‖

Marque : mûrier avec πᾶν δένδρον. In-8 de 175 ff. c. plus 3 ff. n. c. Le 3° est bl. Réclame au v° de chaque feuillet.

Au v° du titre, table des matières annoncée dans le titre. L'ouvrage contient en plus deux tragédies de Jacques de la Taille, frère de l'auteur. A la fin, portrait de l'auteur avec ses armes en regard : « In utrunque paratus », et un lion dans un écusson.

Quelques éditions contiennent à la suite « La manière de faire des vers français comme en Grec et en Latin ». (*Voir ci-après.*)

216. — LA MANIERE ‖ DE FAIRE DES VERS ‖ EN FRANÇOIS, COMME ‖ en Grec & en Latin. ‖ PAR ‖ *Feu Iaques de la Taille, du pays* ‖ *de Beauce:* ‖ A PARIS. ‖ De l'Imprimerie de Federic Morel ‖ Imprimeur du Roy. ‖ M.D.LXXIII. ‖ *Auec Priuilege dudict Seigneur.* ‖

Marque : mûrier avec πᾶν δένδρον. In-8 de 22 ff. c. plus 2 ff. n. c. dont le second est blanc. Réclame au v° de chaque feuillet.

A la fin, armes de l'auteur : un lion dans un écusson avec la devise « In utrunque paratus », extrait du privil. relatif aux œuvres de l'auteur donné à F. Morel le 18 oct. 1576. Essai curieux de vers français fondés sur la quantité latine ou grecque. Aux ff. 2 et 3, épître au lecteur. Aux ff. 21 et 22, seconde épître au lecteur.

217. — LES ‖ OEVVRES ‖ FRANCOISES DE ‖ IOACHIM DV-BELLAY ‖ Gentil-homme Angeuin, & ‖ Poëte excellent de ‖ ce temps. ‖ *Reueuës, et de nouueau augmentees de plusieurs* ‖ *Poësies non encores auparavant imprimees.* ‖ AV ROY TRESCHRESTIEN ‖ CHARLES IX. ‖ A PARIS, ‖ De l'Imprimerie de Federic Morel ‖ Imprimeur du Roy. ‖ M.D.LXXIII. ‖ *Auec Priuilege dudict Seigneur.* ‖

Marque : mûrier avec πᾶν δένδρον. In-8 de 12 ff. liminaires plus 560 ff. c. Réclame au v° de chaque feuillet.

Au commencement, épître dédicatoire au roi datée de Paris, 20 novembre 1568 et signée G. Aubert, et « Sonnet de Scevole de Saincte-Marthe, gentil-hôme Loudunois ». Puis vient « L'ordre des œvvres de Ioach. dv Bellay, gentilhomme Angeuin », avec la liste des pièces contenues dans l'édition. Ce sont :

I. La Défense et Illustration de la langue Françoise, en deux Liures.

II. L'Oliue reueué et augmentée de nouueau.

III. Le Recueil de Poësie reueu et augmenté depuis les precedentes impressions.

IV. Deux Livres de l'Eneïde de Virgile, le Quatrième et Sixiéme : ensemble plusieurs autres Traductions du mesme Auteur.

V. Diuers Poëmes, partie Inuentions, partie Traductions, et la plus part non encore ueuz ny imprimez.

VI. Les Regrets de l'Auteur estant à Rome, depuis par luy mesme augmentez : ensemble un liure des Antiquitez de Rome.

VII. Divers Ieux Rustiques augmentez de plusieurs poësies ioyeuses et recreatiues.

VIII. Epithalame sur le Mariage de Tres-illustre Prince Philibert Emanuel, Duc de Sauoye, et Tres-illustre Princesse Marguerite de France, sœur vnique du Roy Henry II.

IX. Le Tumbeau du Roy Henry II.

X. Discours au Roy sur le faict des quatre Estats de son Royaume.

XI. Epitaphes et autres Poésies françoises et latines sur la mort dudict Du-Bellay.

(La 11° partie n'est donc pas l'œuvre de J. du Bellay lui-même.) Puis viennent les tables particulières de chaque partie de l'ouvrage ci-dessus énoncée. Parmi les épitaphes et autres poésies composées sur la mort de J. du Bellay, il faut citer l'épitaphe latine de J. du Bellay par lui-même et traduite en français par Jean de Morel d'Embrun, une élégie de G. Aubert, avocat au Parlement, un chant pastoral de Remy Belleau, une pièce de vers latins d'Adrien Turnèbe et un sonnet de Jacques de la Taille. A la fin, extrait du privilège signé De Vabres, permettant à Féd. Morel d'imprimer et vendre les œuvres de J. du Bellay et défendant à tous autres imprimeurs ou libraires d'imprimer ou de vendre aucune édition desdites œuvres, après la nouvelle impression que Morel en aura faite.

218. — Magnificentissimj ‖ SPECTACVLI, A REGINA ‖ Regum Matre in hortis suburbanis editi, ‖ *Jn HENRICI Regis Poloniæ inuictissimi ‖ nuper renunciati gratulationem,* ‖ DESCRIPTIO. ‖ Io. Aurato Poeta Regio Autore. ‖ PARISIIS. ‖ Ex Officina Federici Morelli Typographi Regij. ‖ M. D. LXXIII. ‖ CVM PRIVILEGIO REGIS. ‖

Marque : mûrier avec πᾶν δένδρον. In-4 de 26 ff. n. c.

Au v° du titre, superbe gravure représentant Jupiter assis au pied d'un trophée et entouré de Pallas et d'Apollon.

Au v° du f. 7, marque écusson de France avec : *Pietate et Iustitia*.

F. 1 à f. 7, distiques latins par Dorat. F. 8 et 9 : La nymphe de France parle, par Ronsard. F. 10 et 11 : La nymphe angevine parle, par Am. Iamyn.

F. 12 à 21, Chorea Nympharum, en latin. La nymphe de chaque province du royaume parle. Au-dessous de chaque morceau se trouve un écusson représentant les armes de chaque province. Puis vient « Scenæ descriptio ». Ce livre est la plus ancienne relation française des ballets à spectacle qui venaient d'être importés d'Italie.

Au v° du f. 24 et au r° du f. 25 on voit deux gravures représentant les jeux donnés par la reine.

Du f. 24 à la fin : « Ad Henricvm Sereniss. Regem Poloniæ, de eivs in vrbem Parisiorum ingressu ».

Réclame au v° de chaque feuillet.

219. — M. F. Quintiliani Declamationes... 1573. In-4. (*Voir le n° 89.*)

220. — Ornatissimi Cuiusdam ‖ Viri, De Rebus Gal- ‖ licis, Ad Stanislaum ‖ Eluidium, Epistola. ‖ LVTETIÆ, ‖ *Apud Federicum Morellum Typo- ‖ graphum regium.* ‖ 1573. ‖ CVM PRIVILEGIO REGIS. ‖

Marque : mûrier avec πᾶν δένδρον. In-4 de 47 pp. plus 1 p. bl. à la fin. P. bl. au v° du titre. Réclame au v° de chaque feuillet.

La lettre est datée du jour des calendes de novembre (1ᵉʳ nov. 1573.). L'auteur est Gui Faure de Pibrac.

221. — Ornatissimi cuiusdam ‖ Viri, de Rebus Gal- ‖ licis, Ad Stanislaum ‖ Eluidium, Epistola. ‖ LVTETIÆ, ‖ *Apud Federicum Morellum* ‖ *Typographum Regium.* ‖ M.D.LXXIII. ‖ CVM PRIVILEGIO REGIS. ‖*

Marque : mûrier avec πᾶν δένδρον. In-8 de 46 pp. plus 1 f. bl. P. bl. au v° du titre. Réclame au v° de chaque feuillet.

La lettre est datée de Paris, 1ᵉʳ nov. L'auteur est Gui Faure de Pibrac.

222. — Traduction d'Vne Epistre ‖ LATINE D'VN EXCELLENT ‖ Personnage de ce Royaume, faicte ‖ par forme de Discours, sur ‖ aucunes choses depuis peu ‖ de temps advenues ‖ en France. ‖ A PARIS, ‖ De l'Imprimerie de Federic Morel ‖ Imprimeur du Roy. ‖ 1573. ‖ *Auec Priuilege dudict Seigneur.* ‖

Marque : mûrier avec πᾶν δένδρον. In-4 de 52 pp. Réclame au v° de chaque feuillet. C'est la traduction de l'opuscule intitulé : *Ornatissimi cujusdam viri* etc., (voir les deux numéros précédents.)

1574

223. — Ad Henricum Regem, || Germani Valentis Guellij pp. || Prosphonematicon || Carmen. || PARISIIS. || Ex officina Federici Morelli Typographi Regij. || M. D. LXXIIII. ||

Marque : mûrier avec πᾶν δένδρον. In-4 de 16 pp. Récl. au v° de chaque f. P. bl. au v° du titre et à la fin.

Avant le « phosphonematicon carmen » on trouve une épître signée Germanus Valens Guellius et adressée au cardinal Charles de Lorraine, comprenant les pp. 3 et 4.

224. — Cinquante quatrains de Gui Fauro de Pibrac, 1574. In-4. (*Voir le n° 245.*)

225. — Complainte || sur le Trespas du feu Roy || Charles IX. || *Par* || *Jan Antoine de Baïf, secretaire* || *de la Chambre du Roy.* || A PARIS. || De l'Imprimerie de Federic Morel Imprimeur du Roy. || 1574. ||

Marque : *Pietate et Ivstitia.* In-4 de 6 ff. n. c. Page blanche au v° du titre et à la fin. Réclame au v° de chaque feuillet.

226. — Daire, par Jean de la Taille, 1574. In-8. (*Voir le n° 208.*)

227. — De Ecclesia, & || LEGITIMA MINI- || strorum eius succes- || sione, & Pri- || matus in ea necessitate, Roberti || Boutrenij, viri sacrarum litera- || rum peritissimi, Libellus. || Eiusdem, De restauranda collapsa Ecclesiæ || et authoritate et dignitate ora- || tio. || *Doctorum testimonio ambo* || *comprobata.* || PARISIIS. || Ex officina Federici Morelli || Typographi Regij, || 1574. || CVM PRI- || VILEGIO. ||

Marque : mûrier avec *Omnis arbor.* In-8 de 59 pp., plus 1 p. bl. et 1 f. n. c. bl. Réclame au v° de chaque f. ; manchettes.

A la p. 59, cul-de-lampe avec initiales F. M. ; au v° de cette p., autre cul-de-lampe. De la p. 3 à la p. 6 inclusiv., épître dédicatoire à Arthur de Cossé-Brissac, évêque de Coutances.

228. — De Obitu Caroli IX. || CHRISTIANISSIMI || Francorum Regis, || I. Bapt. Bellaudi funebris || ORATIO. || *Ad* || CATHARINAM REGINAM. || *Regum matrem, et Fran-* || *corum Rectricem.* || LVTE-

TIÆ. ‖ Ex officina Federici Morelli ‖ Typographi Regij. ‖ 1574. ‖

Marque : mûrier avec *Omnis arbor*. In-8 de 16 pp. P. bl. au v° du titre. Réclame au v° de chaque feuillet.

229. — Harangue de Jean de Zamoscie traduicte par L. Leroy, 1574. In-4.

230. — Harengue publique de ‖ BIEN-VENVE AV ROY ‖ Henry de Valois, Roy eleu des ‖ Polonnes, prononcee par Sta- ‖ nislaus Carncouien Euesque de ‖ Vladislauie. ‖ A PARIS. ‖ Par F. Morel Imprimeur du Roy. ‖ M. D. LXXIIII. ‖ AVEC PRIVILEGE. ‖

Marque : mûrier avec πᾶν δένδρον. In-8 de 40 ff. c. P. bl. à la fin. Réclame au v° de chaque feuillet.

Au v° du titre, écusson aux armes de France et de Pologne.

La harangue de Stanislas de Cracovie est suivie de la réponse du sieur de Pibrac, qui s'étend du v° du f. 28 à la fin.

231. — ❧ Hortorum secreta, ‖ CVLTVS, ET AVXILIA, ‖ amœnæ voluptatis, & inenar- ‖ rabilis vtilitatis abunde ple- ‖ na : rerumque variarum ‖ accessione nunc pri- ‖ mùm aucta & ‖ illustrata. ‖ *Autore* ANTONIO MIZALDO ‖ *Monluciensi, Medico.* ‖ LVTETIÆ. ‖ Apud Federicum Morellum, Re- ‖ gium Typographum. ‖ M. D. LXXIIII. ‖ CVM PRIVILEGIO REGIS. ‖

Marque : mûrier avec *Omnis arbor*. In-8 de VIII ff. n. c., plus 132 ff. c. Réclame au v° de chaque feuillet; manchettes.

Au v° du titre, extrait du privil. concédé à l'éditeur et daté du 5 oct. 1570 Les autres feuillets liminaires sont occupés par une épitre dédicatoire à Edmond de Laige, conseiller du Roi au Parlement de Paris, une épître au lecteur et une table des matières. A la fin, traité de symétrie du corps humain. Réclame au v° de chaque feuillet; manchettes.

232. — In Henrici III reditum versus in fronte domus publicæ Lutetiæ urbis ascripti die XIIII sept. anno M. D. LXXIIII. 1574. In-4.

233. — Inuictiss. Galliarum Regis ‖ CAROLI NONI, PIISSIMI ‖ IVSTISSIMIQVE PRINCIPIS, ‖ ET ACERRIMI CHRISTIANAE ‖ RELIGIONIS ASSERTORIS, ‖ TVMVLVS : ‖ *Jo. Aurato Poëta Regio, et alijs Clarissimis* ‖ *et doctissimis viris auctoribus.* ‖ PARISIIS ‖ Ex Officina Federici Morelli Typographi Regij. ‖ M. D. LXXIIII. ‖ CVM PRIVILEGIO. ‖

Marque : *Pietate et Ivstitia*. In-4 de 20 ff. n. c. Page blanche à la fin. Réclame au v° de chaque feuillet.

Parmi les « autres auteurs » dont il est question dans l'intitulé, citons Amyot, Antoine Mizaud, dont Fédéric Morel fut l'imprimeur, et Léger Duchesne, dont Féd. Morel le jeune épousa la fille.

234. — La famine, par Jean de la Taille, 1574. In-8. *Voir le n° 215.*)

235. — Les oeuvres françoises de J. du Bellay, 1574. In-8. (*Voir le n° 217.*)

236. — Les plaisirs ‖ de la vie ‖ rvstique, ‖ composez par le S. de Pyb. ‖ a paris. ‖ par federic morel ‖ imprimevr dv roy. ‖ m. d. lxxiiii. ‖

Sans marque : In-8 de 8 ff. c. Réclame au v° de chaque f.

Titre encadré; au v° du titre, vers à M. de Ronsard. L'auteur est Gui Faure de Pibrac.

237. — Le Tombeau du feu Roy ‖ Tres-chrestien Charles IX. ‖ Prince tres-debonnaire, ‖ tres-vertueux & tres- ‖ eloquent. ‖ *Par pierre de ronsard Aumosnier* ‖ *ordinaire de sa Majesté, et autres excellents Poëtes de ce temps.* ‖ a paris. ‖ De l'Imprimerie de Federic Morel Imprimeur ‖ ordinaire dudict Seigneur. ‖ avec privilege. ‖ (s. d.)

Marque : *Pietate et Ivstitia*. In-4 de 8 ff. n. c. Réclame au v° de chaque feuillet. Page blanche au v° du titre. Les « autres poètes de ce temps » dont il est question dans l'intitulé sont Amadis Jamin et Robert Garnier.

238. — M. antonii ‖ mvreti. i. c. et ‖ civis romani ‖ oratio : ‖ *habita romæ jn* ‖ *fvnere caroli ix.* ‖ *gallorvm regis.* ‖ parisiis, ‖ Ex officina Federici Morelli Typographi Regij. ‖ m. d. lxxiiii. ‖ cvm privilegio. ‖

Marque : *Pietate et Ivstitia*. In-4 de 6 ff. n. c. Page blanche au v° du titre. Réclame au v° de chaque f.

239. — Oraison Funebre ‖ du Trespas du Roy ‖ Tres-chrestien Charles Neufieme ‖ *Par J. Bapt. Bellaud Prouençal.* ‖ a la royne mere du Roy. ‖ Regente en France. ‖ a paris. ‖ Par Federic Morel Imprimeur ‖ ordinaire du Roy. ‖ 1574. ‖

Marque : mûrier avec *Omnis arbor*. In-8 de 16 pp.

Au v° du titre, vers du même auteur intitulés : Le tombeau du très chrestien Roy Charles IX. P. 3 et 4, épître dédicatoire à Catherine de Médicis. Dans
cet ouvrage, l'auteur compare Charles IX à Hercule, car, de même que celui-ci
a nettoyé les écuries d'Augias, Charles IX a purgé la France du protestantisme.
C'est la traduction du « De obitu Caroli IX », par le même auteur.

240. — Prières pour le Roy, ‖ ACCOMMODEES ‖ AV TEMPS DES ‖
TROVBLES. ‖ A PARIS ‖ Par Federic Morel, Imprimeur ‖ du dict
Seigneur. ‖ 1574.==

Marque : *Pietate et Ivstitia.* In-8 de 11 ff. n. c. plus 1 f. blanc. Réclame au
v° de chaque feuillet.

Aux ff. 2 et 3, ép. dédicatoire au Roi par l'auteur, qui signe Mat. des Marays,
aumônier du Roi. Le v° du 3ᵉ feuillet est occupé par un fleuron; le 4ᵉ est
blanc. Réclame au v° de chaque feuillet.

241. — STANISLAI ‖ CARNCOVII EPI- ‖ SCOPI VLADISLA- ‖ VIENSIS ‖
AD ‖ HENRICVM VALESIVM ‖ POLONIARVM REGEM DES. ‖ PANEGYRICVS.
‖ PARISIIS, ‖ Ex Officina Federici Morelli ‖ Typographi Regij. ‖
1574. ‖ CVM PRIVILEGIO. ‖

Marque : mûrier avec *Omnis arbor.* In-8 de 71 pp. plus 1 p. bl. Au v° du
titre, armes de France et de Pologne. Réclame au v° de chaque feuillet.

1575

242. — Ad Franc. Hotomani ‖ Franco-galliam ‖ ANTONII MATHA-
RELLI, ‖ Reginæ Matris à rebus pro- ‖ curandis primarij, ‖ Res-
ponsio. ‖ In qua agitur de initio Regni Frāciæ, successio- ‖ ne
Regum, publicis negotiis, & politia, ex fide ‖ Annalium nostro-
rum, Germaniæque, & alia- ‖ rum gentium, Græcis et Latinis
Scripto- ‖ ribus. ‖ LVTETIÆ. ‖ *Ex Officina Federici Morelli* ‖ *Typographi Regij.* ‖ 1575. ‖ CVM PRIVILEGIO. ‖

Marque remplacée par un fleuron. In-8 de 163 pp. chiff., plus 13 p. n. chiff.
Réclame au v° de chaque feuillet. P. bl. au v° du titre. Aux pp. 3, 4, 5, épître
dédicatoire à Henri III, datée du 8 des ides de mars (8 mars). De la p. 6 à la
p. 9, Iudicium Papirii Massoni de libello Hotomani.

Les pp. non chiffrées de la fin sont occupées par des vers adressés à l'auteur. On en trouve de Dorat. A la fin, extrait du privil. relatif à l'ouvrage;
16 mars 1575.

243. — Artificiosa Methodus ‖ COMPARANDORVM ‖ Hortensium
Fructuum, olerum, ‖ radicum, vuarum, vinorum, car- ‖ nium

& iusculorum, quæ corpus ‖ clemēter purgent, & variis mor- ‖ bis, absque vlla noxa & nausea, ‖ blandè succurrant. ‖ *Autore Ant. Mizaldo* ‖ *Monluciensi, Medico.* ‖ LVTETIÆ. ‖ Ex officina Fedcrici Morelli ‖ Typographi Regij. ‖ 1575. ‖ CVM PRIVILEGIO. ‖

Marque : mûrier avec *Omnis arbor...* In-8 de viii–39 ff. c. Page bl. à la fin ; manchettes ; sans réclames.

Page blanche au v° du titre. L'ouvrage est dédié à Edmond de Laige, « Regis in supremo senatu Parisiensi consiliario ». L'épître dédicatoire est datée du jour des calendes de février (1er février). L'épitre qui suit cette dédicace s'étend du f. ii r° au f. v r°. Du f. v v° au f. vii r°, épître au lecteur. Du f. vii r° au f. viii, table des matières.

Curieux ouvrage de médecine dans lequel on trouve les recettes pour la composition d'un grand nombre de vins.

244. — Brief discours de cosmographie, par G. de Terraube, 1575. In-8. (*Voir le n° 139.*)

245. — Cinquante Quatrains du ‖ Seigneur de Pybrac : ‖ contenans preceptes enseignemens vtiles pour ‖ la vie de l'homme, composez à l'imitation de ‖ Phocylides, d'Epicharmus, et autres anciens ‖ Poëtes Grecs. ‖ Auec la continuation d'iceulx et quelques sonnets. ‖ le tout de l'inuention dudict sieur de Pyb. ‖ A PARIS. ‖ De l'Imprimerie de FEDERIC MOREL ‖ Imprimeur ordinaire du ROY. ‖ M. D. LXXV. ‖ AVEC PRIVILEGE. ‖

Marque : *Pietate et Ivstitia.* In-4 de 16 pp. Réclame au v° de chaque feuillet.
Au v° du titre, distiques latins adressés à l'auteur par P. de la Tancrie. A la fin, deux sonnets de l'auteur intitulés Lucrèce romaine et Porcie femme de Brutus.

246. — CONTINVATION ‖ des Quatrains du Seigneur ‖ de Pybrac. ‖ Contenans preceptes & enseignemens tres-vtiles ‖ pour la vie de l'homme, composez à l'imi- ‖ tation des anciens Poëtes Grecs, par ledict ‖ Sieur de Pyb. ‖ A PARIS. ‖ De l'Imprimerie de FEDERIC MOREL ‖ Imprimeur ordinaire du ROY. ‖ M. D. LXXV. ‖ AVEC PRIVILEGE. ‖

Marque : *Pietate et Ivstitia.* In-8 de 16 pp. Réclame au v° de chaque feuillet.
Au v° du titre, vers au lecteur ; à la fin, sonnet de l'auteur, sur Cornélie romaine.

247. — De l'excellence du Gou- ‖ VERNEMENT ROYAL. ‖ Auec

Exhortation aux François de perseuerer en ‖ iceluy, sans chercher mutations pernicieuses, ‖ Ayans le Roy present digne de
cest honneur, non ‖ seulement par le droict de legitime succession, ‖ mais aussi par le merite de sa propre vertu : & le ‖
Royaume reiglé d'ancienneté par meilleur ordre ‖ que nul autre
que l'on sçache, estāt plus vtile qu'il ‖ soit hereditaire qu'elec-
tif, & administré par l'au- ‖ thorité du Roy, & de son conseil
ordinaire, que ‖ par l'aduis du peuple, non entēdu ny experi-
menté ‖ ès affaires d'estat. ‖ PAR LOYS LE ROY, DICT REGIVS. ‖
A PARIS. ‖ *Par Federic Morel Imprimeur du Roy*. ‖ M. D. LXXV. ‖
AVEC PRIVILEGE. ‖

Sans marque. In-4 de 73 ff. c., plus une page de privilège; page bl. au
v° du titre et page bl. à la fin. Réclame au v° de chaque feuillet. Les quarante
premiers feuillets traitent : De l'excellence du gouvernement royal, les trente-
trois autres : « Advertissement avx François sur les maux et calamitez aduenans
aux peuples diuisez par seditions et guerres. »

A la fin, privilège du Roy, du 5 mars 1575, signé Brûlart, portant défense à
tous autres imprimeurs ou libraires d'imprimer le présent ouvrage sans le consentement de Morel, pendant l'espace de six ans.

248. — Du Bien aduenant aux ‖ PRINCES FRERES ‖ de leur
amitié mutuelle & ‖ bonne intelligence ‖ entre eulx. ‖ Par le
grand Cyrus fondateur de la ‖ Monarchie Persienne, à Camby- ‖
ses & Taoxares ses filz. ‖ *Traduict du grec de Xenophon, par
Loys le Roy, dict Regius*. ‖ A PARIS. ‖ Par Federic Morel, Imprimeur ‖ ordinaire du Roy. ‖ 1575. ‖ *Auec priuilege dudict Seigneur*. ‖

La marque est remplacée par un fleuron. In-8 de 14 pp. dont 1 blanche
au v° du titre, plus 1 f. blanc. Réclames au v° des feuillets.

249. — EPISTRE AV ROY, ‖ SOVS LE NOM DE LA ‖ ROYNE SA MERE : ‖
POVR L'INSTRVCTION ‖ D'VN BON ROY. ‖ PAR I. ANTOINE DE BAIF. ‖ A
PARIS. ‖ PAR FEDERIC MOREL ‖ IMPRIMEVR DU ROY. ‖ M. D. LXXV. ‖

Marque : δένδρον παιδείας. In-8 de 7 ff. c. plus 1 f. bl. Au v° du titre, dédicace à la Reine. Réclame au v° de chaque feuillet.

250. — Henrici III. Christianissimi ‖ Galliarum & Poloniæ
Regis. ‖ Ad Poloniæ et Lythuaniæ ‖ ordines, Epistola. ‖ PARISIIS.
APVD FEDERICVM MORELLVM ‖ TYPOGRAPHVM REGIVM. ‖ M. D. LXXV. ‖

Marque : δένδρον παιδείας. In-4 de 8 pp. Réclames p. 4 et 6.

Henri III annonce aux Polonais qu'il a écrit à l'empereur d'Autriche, au sultan, à l'impératrice de Russie, au roi de Danemark et de Suède pour les prier de ne faire aucun tort à la Pologne. Lui-même assure qu'il ne souffrira en aucune façon que la liberté de la Pologne soit diminuée.

251. — L'Antipharmaque || DV CHEVALIER || PONCET, 5 (*sic*) || Dedié aux Princes, Seigneurs, & à tous || les Estats de ce Royaume. || A PARIS. || *De l'Imprimerie de Federic Morel* || *Imprimeur du Roy.* || 1575. || AVEC PRIVILEGE. ||

Marque : fleuron aux initiales F. M. In-8 de 23 pp. plus 1 p. bl. et 1 f. bl. P. bl. au v° du titre. Réclames au v° des feuillets.

Le 5 qui suit le mot Poncet dans l'intitulé est une coquille bizarre ; le compositeur aura levé un chiffre au lieu d'une espace. Ce chiffre n'est pas répété dans le corps de l'opuscule.

L'auteur dédie son ouvrage aux princes, seigneurs et à tous les états de ce royaume. Il se défend de plusieurs calomnies adressées à lui par un personnage qu'il désigne à la seconde personne sans le nommer, entre autres d'avoir voulu implanter le gouvernement de la Turquie en France après un voyage en Orient.

Dans l'exemplaire de la Bibl. Nat. cet opuscule, d'après une note manuscrite sur le feuillet de garde, est attribué à Maurice Poncet, curé de Saint-Pierre-des-Arcis.

252. — La Trefue Generalle, || & suspension d'armes, accordee || par le Roy auec Monseigneur || le Duc d'Alençon, frere de sa Maiesté, par tout son Royaume, || païs, terres & seigneuries de son || obéïssance. || A PARIS. || Par Federic Morel, Imprimeur || ordinaire du Roy. || 1575. || *Auec priuilege dudict Seigneur* ||

Marque : mûrier avec *Omnis arbor*. Réclame au v° du f. 2. In-8 de 4 ff. n. c. Au v° du titre, sommaire du privil. du 4 mars 1571, confirmé le 20 avril 1575.

253. — L'ATTIFFET DES || DAMOIZELLES, || Première & plus importante pièce || de leur embellissement, || PAR || G. DE LA TAYSSONNIERE || gentilhomme Dombois & Sei- || gneur de la Tour de Moles. || *Auec un Epithalame du mesme Autheur.* || A PARIS. || PAR FEDERIC MOREL || IMPRIMEVR DV ROY. || M. D. LXXV. ||

Sans marque ; le titre est encadré. In-8 de 16 ff. c., dont 1 p. bl. au v° du titre. Réclame au v° de chaque feuillet.

Au f. 2, épître dédicatoire à Mademoiselle de Pères, l'aînée.

254. — Les oevvres morales ‖ & meslees de Plutarque, ‖ Translatees de Grec en François, reueuës ‖ et corrigées en ceste troisiéme edition ‖ en plusieurs passages par le ‖ Translateur. ‖ Tous les Traittez desdites œuures contenus en deux ‖ Tomes, se voyent incontinent apres l'Epistre : ‖ & à la fin y a vne Table tresample. ‖ A PARIS, ‖ Par Michel de Vascosan, Imprimeur du Roy. ‖ M. D. LXXV. ‖ Auec Priuilege dudit Seigneur. ‖

Sans marque. In-fᵒ de VI-668 ff. c., plus 2 ff. de privilège et 88 ff. de table. P. bl. aux vᵒˢ du titre, du fᵒ 668, du second feuillet de privilège et à la fin. Réclame au vᵒ de chaque feuillet. Le traducteur est Jacques Amyot.

Au fᵉ 668, on trouve en explicit : Imprimé à Paris par Michel de Vascosan et Federic Morel, imprimevrs dv Roy, M. D. LXXV. Avec privilege pour dix ans.

Édition magnifique, beaux caractères et belle impression.

255. — Les Plaisirs de la vie rustique, par G. Faur de Pibrac, 1575. (*Voir le nᵒ 236.*)

256. — Le ‖ Traicté de Ciceron de la meilleure ‖ FORME D'ORATEVRS. ‖ Le sixiéme liure des Commētaires ‖ DE CÆSAR, OV EST FAICTE ‖ mention des mœurs & façons de faire des ‖ anciens Gaullois & Allemans. ‖ ET, ‖ La Germanie de Cornelius Tacitus. ‖ *Le tout mis en François par le sieur de Vigenere, comme* ‖ *pour vn essay de représenter en nostre langue la diuersité* ‖ *des styles Latins.* ‖ A PARIS. ‖ De l'Imprimerie de FEDERIC MOREL ‖ Imprimeur ordinaire du Roy. ‖ M. D. LXXV. ‖ AVEC PRIVILEGE. ‖

Marque : *Pietate et Ivstitia.* In-4 de 55 ff. c., plus 1 f. bl. P. bl. au vᵒ du titre; manchettes. Réclame au vᵒ de chaque feuillet.

Du f. 2 au f. 6 inclus, épître dédicatoire du traducteur à « Iaques de la Guesle, fils aisné de Monsieur le procureur general du Roy » La *Germanie*, de Tacite, traduite par le même auteur, s'étend du f. 32 à la fin.

257. — LVDOVICI REGII ‖ CONSTANTINI ‖ ΠΡΟΛΕΓΟ΄ΜΕΝΑ ΠΟΛΙΤΙΚΑ΄. ‖ *Inter quæ prima est Oratio ab eo habita Parisiis* ‖ *initio professionis Regiæ, in enarratione Politicorum Ari-* ‖ *stotelis. Reliqua, pagina sexta indicabit.* ‖ AD ‖ NICOLAVM BAVFREMONTIVM ‖ BARONEM SENESCÆ, ORDINIS REGII ‖ Equitem, & Præfectum Prætorio Aulico, Consi- ‖ liariumque in sanctiore Regni Franciæ Consilio, ‖ ac Nomarcham seu Balliuum

Cabillonensem. ‖ LVTETIÆ. ‖ *Ex officina Federici Morelli Typographi Regij.* ‖ M. D. LXXV. ‖ CVM PRIVILEGIO REGIS. ‖

Sans marque. In-4 de 46 ff. c. P. bl. au v° du titre.

Aux ff. 2 et 3, épitre dédicatoire à Nicolas de Beaufremont; au v° du f. 3, table des matières. L' « oratio habita Parisiis » occupe les ff. 4 à 11. Réclame au v° de chaque feuillet. A la fin, errata.

258. — Merueilleuse Rencontre sur les ‖ NOMS TOVRNEZ DV ROY ‖ ET DE LA ROYNE. ‖ *Presenté à leurs Majestez.* ‖ PLVS, ‖ ADONIS, OV LE TRESPAS ‖ DV ROY CHARLES IX. ‖ Eglogue de chasse, ‖ A MESS. ALBERT DE GONDY ‖ comte de Retz & mareschal de France. ‖ LES DAVFINS, ou le ‖ Retour du Roy, Eglogue Marine, auec le chant ‖ des Sereines, qui est vn Epithalame ‖ sur son mariage, ‖ *A Monsieur du Faur, Seign. de Pybrac.* ‖ Par CLAVDE BINET Beauuaisin ‖ A PARIS. ‖ *De l'Imprimerie de* FEDERIC MOREL ‖ *Imprimeur ordinaire du Roy* ‖ M. D. LXXV. ‖

Sans marque. In-8 de 40 pp. Au v° du titre, sonnet de Pierre Binet, frère de l'auteur, sur la ville de Beauvais. Réclame au v° de chaque feuillet.

259. — OCTO CANTICA SACRA ‖ E SACRIS BIBLIIS ‖ latino carmine expressa ‖ A ‖ IO. MATTHÆO TOSCANO : ‖ præfixis argumentis Io. AVRATI ‖ Poëtæ Regij. ‖ EIVSDEM TOSCANI ‖ *Hymni,* et *Poëmata.* ‖ AD ‖ AMPLISS. V. RENATVM ‖ BIRAGVM FRANCIÆ ‖ cancellarium. ‖ PARISIIS. ‖ Ex Officina Federici Morelli ‖ Typographi Regij. ‖ 1575. ‖

Sans marque. In-8 de 60 ff. c. Le titre est entouré d'un ornement. Réclame au v° de chaque feuillet.

Le v° du titre est blanc. Au f. 2, épitre en hexamètres latins à René Birague, chancelier de France, par Jean Mathieu Toscan.

Au f. 19 r° commence le livre des épigrammes de Toscan. Ce livre est précédé d'un feuillet contenant des pièces de vers latins adressées à l'auteur par Dorat, Pierre Benoît, Pierre Gérard Vaxis et Jean Potier.

Le livre des Odes commence au f. 43 r°, et celui des Élégies au f. 55 r°. Il faut remarquer parmi les élégies la « Prosopopæia Adriani Turnebi ad Academiam Parisiensem ». A la fin, errata.

260. — Orationes duæ, prima de motu Franciæ, etc. Auctore Lud. Regio, 1575. In-4.

261. — PREMIERE ‖ SALVTATION ‖ AV ROY SUR SON AVENEMENT A LA

COURONNE ‖ DE FRANCE. ‖ *PAR J. ANTOINE DE BAIF.* ‖ *A PARIS.* ‖ PAR FEDERIC MOREL ‖ IMPRIMEVR DV ROY. ‖ M. D. LXXV. ‖

Marque : Δένδρον παιδείας. In-4 de 8 ff. c. P. bl. au v° du titre et à la fin. Réclame au v° de chaque feuillet.

262. — PSALMI DAVIDIS ‖ ex hebraïca veritate lati- ‖ nis versibus expressi ‖ A ‖ IO. MATTHEO TOS- ‖ CANO, I. V. D. ‖ Quibus præfixa sunt Argumenta singulis distichis comprehensa, ‖ opera IO. AVRATI ‖ Poëtæ Regij. ‖ PARISIIS ‖ Ex Officina Federici Morelli ‖ Typographi Regij. ‖ 1575, ‖ CVM PRIVILEGIO. ‖

Le titre est encadré. In-8 de VIII ff. n. c. plus 143 ff. c. et 5 ff. n. c. Réclame au v° de chaque feuillet.

Au v° du titre, anagramme signé Vaxis. Les autres feuillets liminaires sont occupés par une dédicace de l'auteur à Paul Toscan, abbé de Clairvaux; une préface de Dorat en vers latins; trois autres pièces de vers, dont une grecque signée Vaxis, et enfin l'épître au lecteur par F. Morel. A la fin, appendice de F. Morel le Jeune, traitant de la métrique latine.

263. — R. Betolaudi hodoeporicon, 1575. In-8. (*Voir le n° 280.*)

264. — Scævolæ Sammarthani poetica paraphrasis in cantica, sylvæ, epigrammata et carmina, 1575. In-8.

265. — SECONDE ‖ SALVTATION ‖ au Roy entrant en son ‖ Royaume PAR ‖ *J. ANTOINE DE BAIF* ‖ A PARIS. ‖ PAR FEDERIC MOREL ‖ IMPRIMEVR DV ROY. ‖ M. D. LXXV. ‖

Marque : Δένδρον παιδείας. In-8 de 8 ff. c. dont 1 p. bl. au v° du titre. Réclame au v° de chaque feuillet.

266. — SEPT ORAISONS ‖ DE DEMOSTHENE PRINCE DES ‖ Orateurs : à sçavoir, trois Olynthiaques, & qua- ‖ tre Philippiques, pleines de matieres d'eslat & de ‖ gouuernemēt, deduites auec singuliere prudence ‖ & eloquence. ‖ TRADVITTES DE GREC EN ‖ FRANÇOIS PAR LOYS LE ‖ ROY, DICT REGIVS. ‖ A TRESHAVLT ET EXCELLENT ‖ *Prince FRANÇOIS Filz et Frere du Roy* ‖ *Tres-Chrestien de France, Duc d'Alençon, Chasteau-* ‖ *Thierry, et Eureux :* *Comte du Perche, Dreux,* ‖ *Mante et Meulan, etc.* ‖ A PARIS. ‖ Par FEDERIC MOREL Imprimeur du Roy. ‖ M. D. LXXV. ‖ AVEC PRIVILEGE. ‖

Sans marque : In-4 de 75 ff. c., plus 1 f. de privilège. P. bl. au v⁰ du titre
et une autre à la fin. Réclame au v⁰ de chaque feuillet.

Aux feuillets 2, 3, 4 et au r⁰ du f. 5, épitre à Monseigneur. Au v⁰ du f. 5,
préface de Louis Leroy. R⁰ du f. 13, « Pour qvelle occasion furent dressees par
Demosthene, les Oraisons Olynthiaques et Philippiques, qu'on appelle toutes
ensemble Politiques, et à quelle fin tendent. Par Loys le Roy. » Viennent
ensuite les traductions des Olynthiaques, puis des Philippiques, précédées
chacune d'un argument. A la fin, « Privilege du Roy » du 5 mars 1575, signé
Brûlart, défendant à tous les autres imprimeurs ou libraires d'imprimer ce présent ouvrage sans le consentement de Féd. Morel, et cela pendant six ans, à
partir du jour de l'achevé d'imprimer.

1576

267. — Ad Beatiss. Virginem || Mariam, Lætitiæ nomine. ||
apud Gallos cōsecratā, || Ouatio : *Ob felicem* HENRICI III. *Galliæ
Regis Inuictiss.* || Henrico Guisio Regij exercitus duce, uictoria.
|| Io. Aurato Poëta Regio Auctore. || LVTETIÆ. || Ex officina Fede-
rici Morelli Typographi Regij. || M. D. LXXVI || CVM PRIVILEGIO. ||

Marque : une femme les pieds sur une tête de lion, portant une robe fleurdelisée et élevant au-dessus de sa tête trois couronnes entrelacées. In-4 de
6 f. n. c. Réclame au v⁰ des ff. 2 et 3.

Au v⁰ du titre, distiques latins de Jean Dorat à Henri III. Au f. 6 « Ad belli
civilis auctores et eorum socios. »

268. — Chant de Ioye à Nostre Dame || DE LIESSE, POVR LA
VICTOIRE || du tres-heureux Roy HENRY III. || Henry Duc de Guise
chef || de son armee. || *Par* JEAN DORAT *Poëte du Roy.* || A PARIS.
|| De l'Imprimerie de FEDERIC MOREL || Imprimeur ordinaire du
Roy. || M. D. LXXVI. || AVEC PRIVILEGE. ||

Marque : une femme vêtue d'une robe parsemée de fleurs de lis, les pieds
sur un lion couché à la langue pendante et élevant au-dessus de sa tête trois
couronnes entrelacées. In-4 de 4 ff. n. c. Réclames au v⁰ des ff. 2 et 3.

269. — De la meilleure forme des orateurs, de Cicéron, traduite par le Sr de Vigenere, 1576. In-4. (*Voir le n⁰ 256.*)

270. — Deux oraisons Frāçoises || DE LOYS LE ROY, PRONONCEES
|| par luy à Paris auant la lecture de Demo- || sthene Prince
des Orateurs : au mois || de Feurier, M. D. LXXVI. || L'VNE, des
Langues doctes & vulgaires, & de l'vsage || de l'Eloquence.
L'AVTRE, de l'Estat de l'anciē- || ne Grèce, depuis son commen-

cement iusques à ce ‖ qu'elle fut asseruie par les Macedoniens :
necessaire à sçauoir pour l'intelligēce des meilleurs Autheurs
‖ Grecs, & vtile pour la consideration des troubles ‖ et changemens qui aduindrent lors, conformes à ‖ ceux du temps present. ‖ *A Monseigneur le Grand Prieur de France ‖ Frere naturel
du Roy.* ‖ A PARIS. ‖ De l'Imprimerie de FEDERIC MOREL ‖ Imprimeur ordinaire du Roy. ‖ M. D. LXXVI. ‖ AVEC PRIVILEGE. ‖

Sans marque. In-4 de 19 ff. c. plus 1 n. c. f. bl. au v° du titre. Réclame au v°
de chaque feuillet.

Du f. 2 au f. 10, première oraison. Du f. 11 à la fin, deuxième oraison.

271. — Eclogue des Miseres de France par Estienne Valencier, 1576. In-8.

272. — Io. Mathæi Toscani paraphrasis poeticorum psalmo-
rum, 1576. In-8.

273. — Les Politiques d'Aristote, par Louis Leroy, 1576.
In-8.

274. — LVDOVICI REGII ‖ CONSTANTINI ‖ Orationes duæ, habitæ
Parisiis mense ‖ Octobri, 1575. ‖ *Prima est de motu Frāciæ, et
casibus aliarum gentium, ‖ nationum, ciuitatum, vrbium, Regum
et regiarum ‖ familiarum, qui in hanc ætatem incurrerunt. ‖
Altera, de iungenda sapienter sentiendi scientia, cum or- ‖ natè
dicendi facultate.* ‖ Ad Virum Eximium D. LVDOVICVM ‖ GASTVM,
Patritium Allobrogem. ‖ LVTETIE. ‖ *Ex officina Federici Morelli
Typographi Regij.* ‖ M. D. LXXVI. ‖ *CVM PRIVILEGIO REGIS.* ‖

Sans marque. In-4 de 18 ff. c. Réclame au v° de chaque f.

275. — M. A. Mureti oratio. 1576. In-4. (*Voir le n° 238.*)

276. — Oraison de Marc Antoine de ‖ MVRET, PRESTRE, IVRIS-
‖ CONSVLTE, ET CITOYEN ‖ ROMAIN. ‖ Prononcee pour HENRY III.
Roy de France & de Pologne, deuant nostre S. Pere le Pape. ‖
Gregoire XIII. ‖ A PARIS. ‖ De l'Imprimerie de FEDERIC MOREL ‖
Imprimeur ordinaire du Roy. ‖ M. D. LXXVI. ‖ AVEC PRIVILEGE. ‖

Marque : *Pietate et Ivstitia.* In-4 de 5 ff. c. plus 1 f. bl. P. bl. au v° du titre.
Réclame au v° des feuillets.

277. — Piv consigli et ‖ avvertimenti di m. fr. ‖ Gvicciardini Gentilhvomo ‖ fior. in materia di ‖ repvblica et di privata, ‖ Nuouamente mandati in luce; ‖ *et dedicati a la regina* ‖ *madre del re.* ‖ Stampato in Parigi de Federigo Morello, Regio stampatore. ‖ 1576. ‖ con privilegio. ‖

Sans marque. In-8 de viii-88 pp., plus 2 ff. n. c. Réclames au vº des feuillets.

Les pp. iii, iv, v et vi sont occupées par une dédicace de J. Corbinelli à la reine mère. Les pp. 7 et 8 sont blanches. P. 67 à 70, épitre de J. Corbinelli à M. de Believre, conseiller du Roi en son conseil privé. Les annotations commencent à la p. 71. A la fin, errata.

278. — Proposition faite par le Roy à l'assemblée des estats, 1576. In-8.

279. — Psalmi Dauidis, auctore Toscano, 1576. In-8. (*Voir le nº 262.*)

280. — R. betolavdi ‖ lemovicis ivriscos. ‖ Salignâtum & Beneuentanorum ‖ Seneschalli, ac Iudicis ordinarij, ‖ hodoeporicvm. In quo, ‖ synesii cyrenaei episcopi ‖ Ptolemaïdis Hymni tres, iisdem nume- ‖ ris latinè redditi : ‖ Lyrici alij, Epigrammata, Funera, Elegi, ‖ Epistolæ, seu Syluæ, Phaleucij, & Nomica ‖ quædam continentur. ‖ qvibvs accesservnt ‖ Sacri P. fvlvii Furores, qui supersunt, eius- ‖ dem R. Betolaudi fide & diligentia. ‖ lvtetiæ. ‖ *Ex officina Federici Morelli* ‖ *Typographi Regij.* ‖ 1576. ‖ cvm privilegio. ‖

La marque est remplacée par un fleuron. In-8 de 70 ff. c. Sans réclames. Par ces deux mots « lyrici alij » l'auteur se désigne lui-même.

A noter au vº du f. 38 une pièce de distiques latins adressée à F. M. (Il s'agit évidemment de Fédéric Morel), et une autre pièce de vers latins à Adrien Turnèbe, au vº du f. 43.

Au vº du titre, page blanche. Au f. 2, épitre dédicatoire « amplissimo viro Evrico Memmio Roissio, consiliario Regio in sanctiore consilio » (Henri de Mesmes, seigneur de Roissi et de Malassise), datée de Paris, le 6 des nones d'octobre. 1575 (2 octobre). A la fin, errata.

281. — Traicté des Tailles, & ‖ aultres charges, ‖ et subsides, tant ordinaires, que ‖ extraordinaires, qui se leuent en ‖ France, & des offices & estats tou- ‖ chant le maniement des finances ‖ de ce Royaume : auec leur institu- ‖ tion & origine.

‖ Œuure contenant sommairemēt par qui, et pour quel-‖ les causes ont esté inuentez tant de subsides, de ‖ leur natuɪ⸱ et qualité, quelles personnes y ‖ contribuēt, et la conformité d'iceux ‖ avec les anciens. ‖ Par Iehan Combes, Conseiller & Aduocat de ‖ sa Maiesté au siege presidial & seneschaulcee ‖ d'Auuergne, à Rion ‖ A PARIS. ‖ Par F. Morel Imprimeur du Roy. ‖ M. D. LXXVI. ‖ *Auec Priuilege dudict Seigneur.* ‖

La marque est remplacée par un fleuron. In-8 de VIII-141 ff. c., plus 3 ff. n c. P. bl. au vᵒ du titre. Réclame au vᵒ de chaque feuillet.

Les ff. lim. sont occupés par une ép. dédic. à M. de Cheverny, une épître au lecteur signée J. d. B. et datée du 14 des calendes de mai (18 avril), une pièce de distiques latins adressés à l'auteur, et une table des matières. A la fin, plusieurs pièces de vers adressées à l'auteur, et errata.

282. — Traicté en forme de conférence avec les Ministres de la Religion pretendue reformee, 1566. In-8. (*Voir le nᵒ 124.*)

1577

283. — Caroli Lotharingi Card. ‖ ET FRANCISCI DVCIS ‖ GVYSII, LITERÆ ET ARMA, ‖ in funebri oratione habita Nancij ‖ à N. BOCHE-RIO Theologo, et ab ‖ eodë posteà latinè pleniùs explicata. ‖ *His accesserunt vtriusque icones, et eiusdem ‖ card. Tumulus, atque Concio, ab eodem Bocherio latinè reddita.* ‖ AD ‖ Sereniss. Principes CAROLVM Lotharingum ‖ & CAROLVM Vademontanum. ‖ LVTETIÆ, ‖ *Ex officina Federici Morelli, Typographi Regij.* ‖ 1577. ‖ CVM PRIVILEGIO REGIS. ‖

In-4 de VI-108 ff. c. Réclame au vᵒ de chaque feuillet. P. bl. au vᵒ du titre. Manchettes.

Le titre est entouré d'un cadre magnifique. A droite et à gauche du fronton on voit les armes de François de Guise et celles de son frère Charles, cardinal de Lorraine.

Aux ff. II, III et IV rᵒ, épître dédicatoire de l'auteur (N. Boucher) aux personnages mentionnés dans l'intitulé. Au f. IV vᵒ, distiques latins de l'auteur au lecteur. Aux ff. V vᵒ, et VI rᵒ, superbes portraits de François de Guise et du cardinal de Lorraine. La gravure est d'une grande finesse.

Entre le f. 97 et le f. 101 se trouvent reproduites six planches gravées sur 'cuivre. La première représente le « tombeau » des Guise, et les cinq autres donnent le détail de l'épitaphe.

Du f. 101 au f. 106, plusieurs pièces de vers latins adressées à l'auteur au sujet de son ouvrage. Du f. 106 à la fin : Index alphabétique. L'ouvrage est une histoire apologétique des Guise.

284. — Caroli Lotharingi Cardinalis ‖ ET PRINCIPIS CLARISS. ‖ CONCIO : VLTIMA EARUM, ‖ quas habuit apud Sanctū Petrum ‖ ad sacras Virgines, Rhemis, ‖ in Aduentu, 1573. Latinè ‖ reddita à N. Bocherio ‖ Theologo. ‖ LVTETIÆ, ‖ Ex officina Federici Morelli, Typographi Regij. ‖ M. D. LXXVII. ‖ CVM PRIVILEGIO REGIS. ‖

In-4 de 17 ff. c., plus 1 f. n. c. bl. P. bl. au v° du titre. Réclame au v° de chaque feuillet. Manchettes.

A la fin « Summa Privilegii » signée Fizes, datée de Blois, 22 décembre 1576, accordant à Féd. Morel exclusivement le privilège d'imprimer et de vendre le présent ouvrage pendant l'espace de six ans. Le titre est entouré d'un cadre allégorique.

285. — DE ANIMI NATURA ‖ EIVSQVE IMMOR- ‖ TALITATE IN DOC- TRINA ‖ Aristotelis apertissimè constituta. ‖ JOAN. DENISETO SENO- ‖ NENSI *Autore*, ‖ Ad illustrissimum D.D. LVDOVICVM DE- ‖ BRESZÉ Episcopum Meldensem, Sacri ‖ Sacelli Pariensis Thesaurarium, et Priuilegiorum Academiæ ‖ conseruatorem di- ‖ gnissimum. ‖ PARISIIS, ‖ Ex Officina Federici Morelli ‖ Typographi Regij. ‖ 1577 ‖ *Cum privilegio Regis.* ‖

In-8 de 101 pp. chiffrées, plus 2 p. de table et 1 p. où se trouve un sonnet signé F. M. Réclame au v° de chaque f. P. bl. au v° du titre. De la p. 3 à la p. 6, épitre dédicatoire de l'auteur à l'évêque de Meaux, datée du 1er août 1577.

286. — De douze manieres d'abus... par F. Morel, 1577. In-8. (*Voir le n° 187.*)

287. — Galeni quod optimus medicus idem et philosophus et de optimo docendi genere, 1577. In-4.

288. — Guliel. Budæi Parisiēsis, ‖ VIRI CLARISSIMI, ET SVÆ ‖ ÆTATIS DOCTISSIMI, VITA, ‖ Per Ludouicum Regium, ‖ AD ‖ GVLIEL- MVM POIETVM ‖ FRANCIÆ CANCELLARIVM. ‖ *Eiusdem L. Regij de Francisco Connano Jurisconsulto,* ‖ *et Libellorum supplicum in Regia Magistro,* ‖ *Ad Franciscum Oliuarium alterum* ‖ *Fran- ciæ cancellarium.* ‖ Ex Auctoris recognitione postrema. ‖ LVTE-

TIÆ, || *Ex officina Federici Morelli Typographi Regij.* ||
M. D. LXXVII. || CVM PRIVILEGIO. ||

In-4 de 80 p. P. bl. au v° du titre. Réclame au v° de chaque feuillet.

Aux p. 3, 4 et 5, épitre dédicatoire de l'auteur à Guillaume Poiet, chancelier de France, datée du jour des calendes de janvier 1541 (1ᵉʳ janvier).

La vie de G. Budé s'étend de la page 10 à la p. 59 inclus. Les pp. 60 à 64 inclusivement sont occupées par des pièces de vers sur G. Budé par différents auteurs du temps. L'étude de L. Leroy sur François Connan s'étend de la p. 65 à la fin; elle est dédiée à François Olivier, chancelier de France, et datée de Châlons-sur-Marne, 1ᵉʳ mars 1552.

289. — HARMONIA || SVPERIORIS NA- || TVRÆ MVNDI ET INFE- || rioris; vnà cum admirabili fœ || dere & sympatheia rerū vtriusq:. || Qvibus annectvntur Paradoxa || doctrinæ cœlesti accommodata. || ANTONIO MIZALDO || MONLVCIENSI, MEDICO || et Mathematico, Autore || PARISIIS, Ex officina Federici Morelli || Typographi Regij. || 1577. || CVM PRIVILEGIO. ||

Marque : mûrier avec *Omnis arbor.* In-8 de 30 ff. c. P. bl. au v° du titre et à la fin.

Au commencement, épître dédicatoire de l'auteur François Le Comte, maître des requêtes de l'hôtel. A la suite on trouve Le « De varia rerum omnis generis Sympathia et Antipathia » d'Erasme.

290. — Les plaisirs de la vie rustique par le S. de Pibrac, 1577. In-8. (*Voir le n° 236.*)

291.— PARADOXA || RERVM COELI, || AD EPIPONVM || Philuranum, & || socios. || ANTONIO MIZALDO || MONLVCIENSI, MEDICO || et Mathematico, Autore. || PARISIIS, || Ex officina Federici Morelli || Typographi Regij || 1577. || CVM PRIVILEGIO. ||

Marque : mûrier avec *Omnis arbor.* In-8 de 36 ff. c. P. bl. au v° du titre et à la fin.

Aux ff. 2 et 3, ép. dédic. de l'auteur à Epiponus Philuranus, datée du XVII des cal. d'août 1576. (16 juillet.)

292. — ΠΕΡΙ ΤΟΥ ΕΠΙ- || ΣΤΑΛΤΙΚΟΎ ΧΑΡΑΚΤΗ͂ΡΟΣ ΒΙΒΛΙ΄ΟΝ Α΄ΔΕΣΠΟΤΟΝ. || De Conscribendis Epi- || stolis libellus, cuius auctoris no- || men ignoratur. || In eo breuiter et erudite singula Epistolarum || genera describuntur, & exemplis || illustrantur

|| Βασιλεῖ τ' ἀγαθῷ, κρατερῷ τ' αἰχμητῇ || LVTETIÆ, || Ex officina Federici Morelli Typographi Regij. || M. D. LXXVII. ||

Marque au basilic. In-4. Imprimé avec les grecs du Roi.

293. — Prières du Roy par M. Séguier, 1577. In-8. (*Voir le n° 304.*)

294. — ΘΕΟΦΡΑΣΤΟΥ || ΠΕΡΙ ΛΙΘΩΝ. || THEOPHRASTI LIB. || De Lapidibus. || LVTETIÆ. || Ex Officina Federici Morelli Typographi Regij. || M. D. LXXVII. ||

Marque au basilic. In-4 de 16 pp. P. bl. au v° du titre. Réclame au v° de chaque feuillet.

Imprimé avec les grecs du Roi. A la fin : Τέλος.

1578

295. — De la vertu de la noblesse, par J. de Caumont, 1578.

296. — Des sept sages de la Grèce et des sept merveilles, par P. Messie, 1578. In-8.

297. — Dialogue de deux bons anges de Paris, par A. de Bayf, 1578. In-4.

298. — L'Enseignement d'Isocrate, par L. Leroy, chez Vascosan et chez Morel, 1578. In-8.

299. — LES Apophtegmes || Ecclesiastiques. || *Ou plus tost,* || Abbregé d'histoire, cōtenant tous les faicts || & dicts memorables aduenus depuis la || mort de nostre Seigneur Iesus Christ || iusques à l'Empereur Phocas, qui sont six || cens ans ou enuiron. || Recueil grandement proufitable pour la consolation de || tous vrays chrestiens, auquel sont comprins tous les concils qui ont esté assemblez pendant ledict temps : || tiré des Histoires Ecclesiastiques, par feu M. CLAVDE || DESPENCE Docteur en Theologie ; mis au net & en || lumière par M. G. G. Flamignon, P. de Saincte Foy. || A PARIS, || chez Federic Morel Imprimeur du Roy, || rue S. Iaques, à l'enseigne de la Fontaine. || M. D. LXXVIII. || AVEC PRIVILEGE. ||

In-8 de XII ff. lim. non chiffrés plus 767 pp., une p. bl. et 24 ff. de table. Réclame au v° de chaque feuillet ; manchettes.

Les ff. lim. sont occupés par une épître dédicatoire à Louis de Gonzague, comte de Nevers, signée G. Gaussart, une épitre au lecteur, des iambiques senaires de F. Morel le fils à l'auteur et un extrait du privilège relatif à l'ouvr. accordé à l'imprimeur le 9 mai 1573, au-dessous duquel on lit un achevé d'imprimer au mois de juin 1578.

P. bl. avant la table des matières. L'ouv. est divisé en centuries et en chiliades.

300. — Les Plaisirs de la vie rustique par Guy Faure de Pibrac, 1578. In-8. (*Voir le n° 236.*)

301. — Martini akakiae ‖ regii et medici et ‖ Professoris ob suam in ordinem ‖ Regiorum Medicorū cooptatio- ‖ nem, Panegyricus Henrico ‖ Valesio Regi Christianis- ‖ simo dictus. ‖ lvtetiæ, ‖ Ex officina Federici Morelli Typographi Regij, ‖ in vico Iacobeo, ad insigne Fontis. ‖ m. d. lxxviii. ‖ cvm privilegio regis. ‖

Marque : *Pietate et Ivstitia.* In-4 de 34 p. plus 1 f. bl. P. bl. au v° du titre. Réclame au v° de chaque feuillet; manchettes.

302. — Odes, satires et sonnets de Jean de la Gessé, 1578. In-4.

303. — Peplus Italiæ. ‖ io. m. toscani opvs, ‖ In quo illustres viri Grammatici, Oratores, ‖ Historici, Poëtæ, Mathematici, Philosophi, ‖ Medici, Iurisconsulti (quotquot trecentis ab ‖ hinc annis tota Italia floruerunt) corúmque ‖ patriæ, professiones, & litterarum monu- ‖ menta tum carmine tum soluta oratione re- ‖ censentur. ‖ *Ad* antonivm ebrardvm ‖ sansvplicianvm *Episcopum, Et Comitem Cadurcensem.* ‖ lvtetiæ. ‖ Ex Officina Federici Morelli Typo- ‖ graphi Regij, in vico Iacobeo, ad insigne Fontis. ‖ 1578. ‖ cvm privilegio. ‖

Sans marque. In-8 de xvi-128 pp. dont 1 bl. au v° du titre. Réclame au v° de chaque feuillet.

Les pages limin. comprennent en plus du titre l'épître dédicatoire de l'auteur datée de Paris, cal. de juin 1578 (1er juin), à Antoine Ebrard; une pièce de distiques latins de l'auteur au même; une élégie latine de Jean Dorat au même; une pièce de vers grecs et sa traduction latine au même; une table onomastique; enfin des distiques grecs signés Φεδερίχος ὁ Μορέλλος, adressés à l'auteur.

Les deux pièces de vers grecs qui se trouvent dans les ff. limin. sont composées avec les grecs du roi. A la fin, description en vers latins d'une caverne des environs de Marseille, deux pièces latines (dont une signée F. M.) et deux pièces françaises adressées à l'auteur.

304. — PRIERES ‖ DV ROY. ‖ Souspirs du bon Pasteur. ‖ Oraison penitentiale. ‖ Oraison pour le matin. ‖ Priere pour le soir. ‖ Exposition de quelques Hy- ‖ mnes de l'Eglise. ‖ *Par Martin Seguier, Conservateur* ‖ *Apostolique de l'Vniuersité* ‖ *de Paris.* ‖ A PARIS, ‖ Par Federic Morel, Imprimeur ‖ ordinaire du Roy. ‖ 1578. ‖ AVEC PRIVILEGE. ‖

La marque (*Pietate et Ivstitia*) a été reportée à la p. 6. In-8 de 118 pp. dont 1 bl. au v° du titre, plus 1 p. de cul-de-lampe et 1 f. bl.

Aux p. 3, 4 et 5, ép. dédic. de l'auteur à Henri III, en date du 12 décembre 1576.

L' « exposition de quelques hymnes de l'Eglise » commence à la p. 79. Elle est dédiée à Catherine de Bourbon, abbesse de Notre-Dame, à Soissons; l'épître est du 15 mars 1578.

305. — THEOPHRASTI ‖ DE LAPIDIBVS ‖ LIBER, ‖ *Ab ADRIANO TVRNEBO* Latinitate donatus. ‖ LVTETIÆ, ‖ Ex Officina Federici Morelli Typographi Regij, ‖ in vico Iacobeo, ad insigne Fontis. ‖ M. D. LXXVIII. ‖ CVM PRIVILEGIO REGIS. ‖

Marque : *Pietate et Ivstitia.* In-4 de 15 p. plus 1 p. bl. P. bl. au v° du titre. Réclame au v° de chaque feuillet.

306. — Trois dialogues sur la nature du soleil, etc... par P. Messie, 1578. In-8. (*Voir le n° 318*).

307. — Vers recitez en musique le 6 février, par J. de Bayf, 1578. In-8.

1579

308. — A. PERSII FLACCI ‖ SATYRARVM LIB. I. ‖ *Cum Annotatio- nibus eruditiss. ad oram libri, et Indice* ‖ *singulorum vocabulo- rum secundum ordinem* ‖ *literarum accuratè confecto, et nunc* ‖ *primùm in lucem edito.* ‖ LVTETIÆ, ‖ Ex officina Federici Morelli, Typographi Regij, ‖ via Iacobea, ad insigne Fontis. ‖ M.D.LXXIX. ‖

Marque · fontaine à deux vasques sans guirlande. In-4 de 58 pp. P. bl. au v° du titre. Réclame au v° de chaque feuillet.

A la p. 1, Vita Persii Flacci; à la p. 2, trois pièces de vers latins sur Perse; aux p. 31 et 32, épître de F. Morel le Jeune à Jacques Cambray, conseiller du Roi, doyen de l'Université de Bourges. De la p. 34 à la fin, *index verborum.*

309. — Copie de ‖ **Deux Discours** ‖ faits a ' monseign. ‖ le duc, par le sievr ‖ **De la Serre :** ‖ Sur les choses memorables aduenues en ‖ Flandres depuis la mort de feu Dom ‖ Gion : Ensemble les intentions ‖ du Duc Cazemir sur les ‖ affaires de France. ‖ a paris. ‖ Par Federic Morel Imprimeur ‖ ordinaire ‑du Roy. ‖ 1579. ‖ *Auec Privilege dudict Seigneur.* ‖

Marque remplacée par un fleuron. In‑8 de 70 pp. dont 1 bl. au v° du titre. Réclame au v° de chaque feuillet.

Aux p. 3 et 4, ép. dédic. à M. le Duc, datée du 6 août 1579.

310. — Dialogue du corps et de l'âme par Estienne Valencier, 1579. In‑4.

311. — Discovrs ‖ Des sept Sages ‖ de grece, avec ‖ plv‑sievrs senten‑ ‖ ces notables qu'ils ‖ ont laissées par ‖ escrit. ‖ *Ensemble vn Traitté singulier des sept* ‖ *merueilles du monde.* ‖ Par P. Messie. ‖ a paris, ‖ chez Federic Morel, Imprimeur du Roy, ‖ Rue S. Iaques, à la Fontaine. ‖ 1579. ‖ *Auec Priuilege du Roy.* ‖

Marque : mûrier avec *Omnis arbor.* In‑8 de 56 pp. P. bl. au v° du titre. Réclame au v° de chaque feuillet.

312. — Eglogue Latine & Françoise, ‖ avec avtres vers ‖ recitez devant le Roy ‖ au festin de Messieurs de la ‖ ville de Paris, le vi° de Feurier, 1578. ‖ ensemble l'oracle de pan, ‖ presenté au Roy, pour Estrénes. ‖ *Jean Daurat Poële du Roy, Clovis de Hesteau* ‖ *Sieur de Nuisement et J. Ant. de Bayf,* ‖ Aucteurs. ‖ a paris, ‖ De l'Imprimerie de Federic Morel, Imprimeur ordinaire du ‖ Roy, en la rue S. Iaques, à l'enseigne de la Fontaine. ‖ m. d. lxxviii. ‖ avec privilege ‖

In‑4 de 24 pp. Au commenc. (v° du f. 1), superbe portrait de Henry III, gravé par Léonard Gaultier. P. 2, distiques latins adressés au roi par J. Dorat et traduits en regard. p. 3, en alexandrins français, par le sieur de Nuisement. De la p. 4 à la p. 15 inclus, églogue de J. Dorat. (Dialogue entre la Seine et la Marne.) C'est un éloge assez plat du roi et rempli de mythologie, avec traduction française en vers. P. 16 et 17, oracle de Pan par Dorat. Sonnet en alex. français de mauvais goût : anagrammes faits avec les noms de *Henricus tertius* et de *Lodoica Lotaræna.* P. 18 à 22, vers latins récités au festin du 6 février 1578, avec traduction française en vers. En bas de la p. 22, vers de Dorat inscrits sur le portail de l'hôtel de ville et traduction en vers français. A la fin, autres vers de Nuisement.

313. — Gregorii Nazianzeni sentenciæ, græce, 1579. In-4.

314. — ΙΠΠΟΚΡΑΤΟΥΣ || ΜΟΧΛΙΚΟΝ. || Hippocratis de curan-
dis luxatis || Libellus || LVTETIÆ, || Ex officina Federici Morelli
Typographi Regij, || in vico Iacobeo, ad insigne Fontis. ||
M. D. LXXVIIII. ||

Marque au basilic. In-8 de 20 pp. dont 1 bl. au v° du titre. Imprimé avec les
grecs du Roi. A la fin, Τέλος τοῦ Μοχλικοῦ. Réclame au v° de chaque feuillet.

315. — PHILOSOPHIAE || NATVRALIS AB ARISTO- || TELE TRADITÆ
EPITOME, || Quatuor libris com- || prehensa, || Auctore IOANNE
DENISETO Senonensi. || *Ad Illustrissimum, et* || *sapientissimū*
D. CLAVDIVM || DE CHALMAZEL *comitem nobilissimum, et* || *Ecclesiæ
Lugdunensis Archidiaconum dignissimum.* || PARISIIS, || Apud
Federicum Morellum Typographum || Regium, via Iacobæa,
ad insigne Fontis. || M. D. LXXIX. || CVM PRIVILEGIO REGIS. ||

Marque : une fontaine à deux bassins sans guirlande. In-8 de 52 p. dont
1 bl. au v° du titre. Réclames au v° des feuillets. Aux p. 3 et 4, épître dédicatoire de l'auteur à Claude de Chalmazel, datée du premier sept. 1579. A la
fin, distiques latins à Jean Deniset, signés Féd. Morellus F.

316. — Remonstrãce au Roy, || PAR LE SIEUR DE || LA SERRE,
SVR LES || pernicieux discours contenus au || liure de la Répu-
blique de Bodin. || A PARIS. || Par Federic Morel, Imprimeur ||
ordinaire du Roy. || 1579. || *Auec Priuilege dudict Seigneur.* ||

Marque : *Pietate et Ivstitia.* In-8 de 38 pp. dont 1 bl. au v° du titre. Réclame au v° de chaque feuillet.

317. — TRAITTÉ || De la Vigne et du Vin, || EXTRAICT DES ||
DIVERSES LEÇONS || de M. Pierre Messie || Gentil-homme || de
Seuile. || *Ensemble vn brief Discours de l'excellence* || *de l'Eau
et de ses qualitez.* || A PARIS, || chez Federic Morel Imprimeur
du Roy, || Rue S. Iaques, à la Fontaine. || 1579. || *Auec Priuilege
du Roy.* ||

Marque : un mûrier avec *Omnis arbor.* In-8 de 31 p., plus 1 p. bl. à la fin.
P. bl. au v° du titre. Réclame au v° de chaque feuillet.

318. — TROIS || DIALOGVES || DE M. PIERRE MESSIE, || TOVCHANT
LA NATVRE || du Soleil, de la Terre & de || toutes les choses qui

se || font & apparois- || sent en l'air. || *Les Arguments d'iceux*
sont en la page suy- || uante, et y a quotations ès marges des ||
matieres principales. || A Paris, || Chez Federic Morel, Impri-
meur du Roy, || rue S. Iaques, à l'enseigne de la Fontaine. ||
1579. || AVEC PRIVILEGE. ||

Marque : mûrier avec *Omnis arbor.* In-8 de 32 ff. c. Réclame au v° de chaque
feuillet ; manchettes.

Au v° du titre, arguments des trois dialogues. Aux ff. 2 et 3, épitre dédicatoire de Paris, à Marguerite de Saluces, maréchale de Termes, datée de Paris
22 février 1566. Les trois dialogues sont celui du soleil, celui de la terre et
celui des météores.

319. — XENOPHON DE || LA REPVBLIQUE DES LACE- || DEMONIENS
ET ATHENIENS, || traduict de Grec en François. || *A Messire*
CLAVDE PINART, *Seigneur de* || *Cramaille, Cheualier, Conseiller*
du Roy, || *Secretaire d'Estat et des Finances* || A PARIS, || De
l'Imprimerie de Federic Morel Imprimeur || ordinaire du Roy,
en la ruë S. Iaques, || à l'enseigne de la Fontaine. || M. D. LXXIX. ||
Auec Priuilege dudict Seigneur. ||

Marque : fontaine à deux vasques sans guirlande. In-4 de 58 pp. dont 1 bl.
au v° du titre, plus 1 p. de cul-de-lampe et 1 p. bl. Réclame au v° de chaque
feuillet.

1580

320. —EPISTRE || ENVOYEE A VN || Gentilhōme Françoys estant ||
en Allemaigne, || PAR || *Martin Seguier, Conservateur Aposto-* ||
lique de l'Vniuersité de Paris. || A PARIS. || Par Federic Morel,
Imprimeur ordinaire du Roy. || 1580. || AVEC PERMISSION. ||

Marque : fontaine à deux vasques sans guirlande. In-8 de 40 pp. dont 1 bl.
au v° du titre. Réclames au v° de chaque feuillet.

321. — Histoire d'Herodian || EXCELLENT HISTORIEN || GREC,
TRAITANT DES FAICTS || memorables des successeurs de MARC ||
AVRELE à l'Empire de Rome : || *Translate du Grec en François*
par JACQVES || DES COMTES DE VINTEMILLE || *Rhodien, conseiller*
du Roy au Parlement de || *Dijon.* || Plus, vn discours & adver-
tissement aux censeurs de || la langue Françoise : Auec vne
Table des || choses plus remarquables. || A PARIS, || De l'Impri-

merie de FEDERIC MOREL || Imprimeur ordinaire du Roy. ||
M. D. LXXX. || *Auec Priuilege dudict Seigneur.* ||

Sans marque. Le titre est encadré. In-4 de xxviii-225 pp. plus 15 p. n.
chiffrées. Réclame au v° de chaque feuillet; manchettes.

De la p. ii à la p. ix, épître dédicatoire à Philibert-Emmanuel de Savoie,
datée de Dijon, 10 sept. 1580. P. x, xi et xii, pièces de vers latins et français à
l'auteur. P. xiii à xvii « advertissement et remonstrance aux censeurs de la
langue françoise ». Les autres ff. liminaires sont occupés par une ode de Guillaume des Autels à Pontus de Thyard, « sur le larcin de l'Hérodian ».

322. — Luciani judicium vocalium; græce, 1580. In-4.

323. — Macuti Pomponii Senatoris Divionensis monumen-
tum a Musis Burgundicis erectum, 1580. In-8.

324. — OMHPOY || BATPAXOMYOMAXIA || Homeri Ranarum ||
et murium Pvgna. || Βασιλεῖ τ'ἀγαθῷ κρατερῷ τ'αἴχμητῇ || LVTETIÆ. ||
Apud Federicum Morellum Typographum || Regium, via Iaco-
bæa, ad insigne Fontis. || M. D. LXXX. ||

Marque au basilic. In-4. Grecs du Roi.

325. — TOTIVS ARTIS || DISSERENDI AB ARISTO- || TELE TRADITÆ
COMPENDIVM, || Quatuor libellis comprehensum : || Auctore IOANNE
DENISETO Seno-nensi, et Parisiensis Academiæ Rectore. || *Ad*
Reuerendissimum et illustrissimum Dominum || D. PETRVM DES-
PINAC *Lugdunensem* || *Archiepiscopum sapientissimum, et à secre-*
tiore consilio Regis prudentissimum Consiliarium. || PARISIIS, ||
Apud Federicum Morellum Typographum || Regium, via Iaco-
bæa, ad insigne Fontis. || M. D. LXXX. || CVM PRIVILEGIO REGIS. ||

Marque : fontaine à deux vasques de grand format. In-4 de 42 pp. plus
1 p. contenant une pièce de distiques à l'auteur, par Claude de Chalmazel
et 1 p. bl. Page bl. au v° du titre. Réclame au v° de chaque feuillet.

1581

326. — Cinquante quatrains de G. Faure de Pibrac, 1581.
In-4. (*Voir le n° 245.*)

327. — Histoire d'Hérodian, 1581. In-4 *(voir le n° 321).*

328.—HΣIOΔOY || TOY AΣKPAIOY EPΓA || KAI ʽHMEPAI || Aesiodi

Ascrœi opera et dies ‖ Βασιλεῖ τ'ἀγαθῷ, κρατερῷ τ'αἰχμητῇ ‖ LVTE-
TIÆ. ‖ Apud F. Morellum typographum Regium ‖ M. D. LXXXI ‖
Marque au basilic. Grecs du Roi.

329. — Les faicts & cōquestes ‖ D'ALEXANDRE LE GRAND, ‖
ROY DES MACEDONIENS, DES- ‖ cripts en Grec, en huict liures, par
Arrian de ‖ Nicomedie surnōmé le nouueau Xenophon : ‖ *Traduicts nouuellement de Grec en Françoys par* ‖ CL. VVITART, *Es-
cuyer seigneur de Rosoy* ‖ *Gasteblé et de Beralles : Cōseiller du
Roy, et de Beralles : Cōseiller du Roy,* ‖ *et de Monseigneur au
siege Presidial* ‖ de Chasteau-Thierry. ‖ A PARIS, ‖ De l'Imprimerie de FEDERIC MOREL ‖ Imprimeur ordinaire du Roy.
M. D. LXXXI. ‖ *Priuilege dudict Seigneur.* ‖

Sans marque. In-4 de XII-360 pp., plus 8 ff. n. c. et 1 f. bl. P. bl. au v° du titre.
Réclame au v° de chaque feuillet; manchettes.

Le titre est encadré. Les ff. liminaires sont occupés par une épître dédicatoire à Antoine de Silly, datée de Château-Thierry, juillet 1581, l'épître au
lecteur et des hexamètres latins de F. Morel le Jeune.

A la fin, les ff. n. c. sont occupés par une table analytique, un sonnet signé
Jean de Courcelles et un erratum.

330. — L'HISTOIRE DES ‖ FAICTS, GESTES, ET CONQVESTES ‖ DES
ROYS, PRINCES, SEIGNEVRS ET PEVPLE ‖ de France, descripte en
X. Liures et composee premie- ‖ rement en Latin par noble et
sçavant personnage ‖ PAVL ÆMYLE Veronois : ‖ *Et depuis mise
en François par Jean Regnart gentilhōme Angeuin,* ‖ *en son
viuant Seigneur de la Mictiere.* ‖ Auec la suyte de ladicte Histoire
tiree du Latin de feu M° Arnold le Ferron ‖ Conseiller du Roy
à Bourdeaux, et autres bons Auteurs : et ‖ Table tresample du
contenu en icelle. ‖ A PARIS, ‖ *Par* FEDERIC MOREL *Imprimeur
du Roy.* ‖ M. D. LXXXI. ‖ Auec Priuilege dudict Seigneur.

[Marque : fontaine à deux bassins enguirlandés. In-f° de VIII-687 pp., plus 1 f.
bl., plus 46 ff. n. c. Réclame au v° de chaque feuillet. Tomaison répétée au
bas de chaque page. Manchettes. Superbe impression. Texte encadré de filets
rouges.

Epître dédicatoire de Féd. Morel père à Henri III. Fédéric Morel comprend
parfaitement l'influence qu'a exercée la France sur le reste de l'Europe. Il nous
apprend qu'il a édité précédemment l'ouvrage en latin, c'est-à-dire dans le
texte original, et qu'il le préfère à Tite-Live parce qu'il n'y trouve pas de con-
tradictions. Les autres feuillets liminaires sont occupés par des pièces de vers

latins de J. Dorat, de Fédéric Morel le Jeune, d'Etienne Jodelle, de Jérôme Sepin et de Jacques Tahureau.

Au rº du f. viii, notice sur Paul Emile, de Vérone, chanoine de Notre-Dame de Paris, auteur de l'ouvrage. Au bas de la page, médaille avec la légende ἐλευθερίως. Au vº du f. viii, liste des rois de France jusqu'à Louis XII. Aux p. 1 et 2, préface de Paul Emile.

Les 46 ff. non chiffrés de la fin sont des feuillets de table alphabétique. Après cette table : « Faultes à corriger en quelques exemplaires », et explicit : « Achevé d'imprimer par Federic Morel, imprimeur du Roy, le iiiᵉ jour du mois de May m. d. lxxxi. avec privilege povr dix ans. » A la fin, privilège du Roi accordé à Féd. Morel pour cet ouvrage ainsi que pour plusieurs autres dont il a entrepris l'impression. Ce privilège est daté de Paris, le 20 décembre 1579.

331. — ΠΛΑΤΩΝΟΣ ΦΑΙΔΡΟΣ, ‖ Η, ΠΕΡΙ ΚΑΛΟΥ ‖ Platonis Phaedrus sive De Pulchro ‖ Βασιλεῖ τ'ἀγαθῷ, κρατερῷ τ'αἰχμητῇ ‖ LVTETIÆ ‖ Apud Federicum Morellum Typographum ‖ Regium, via Iacobæa, ad insigne Fontis. ‖ m. d. lxxxi. ‖

Marque au basilic. In-4. Grecs du Roi.

332. — ΤΩΝ ΣΥΝΕΣΙΟΥ ‖ ΕΠΙΣΚΟΠΟΥ ΚΥΡΗΝΕΣ ‖ ΕΠΙΣΤΟΛΩΝ ‖ ΤΙΝΕΣ. ‖ Synesij Episcopi Cyrenensis Epistolæ quædam ‖ breues et Laconicæ ‖ Βασιλεῖ τ'ἀγαθῷ κρατερῷ τ'αἰχμητῇ ‖ LVTETLE. ‖ Apud F. Morellum Typographum Regium ‖ m. d. lxxxi. ‖

Marque au basilic. In-4. Grecs du Roi.

1582

333. — Pindari Pithica, Nemeia et Isthmica, latino carmine, per Nicolaum Sudorium cum ejusdem annotationibus, 1582. In-8.

1583

334. — ΓΑΛΗΝΟΥ ‖ ΠΑΡΑΦΡΑΣΙΣ ΕΙΣ ΤΟΝ ‖ ΤΟΥ ΜΗΝΟΔΟΤΟΥ ΠΡΟ- ‖ τρεπτικόν λόγον ἐπί τὰς τέχνας. ‖ galeni paraphrasis ‖ *in Menodoti exhortationem ad Artes.* ‖ Græca multis in locis, hac editione castigata sunt ‖ Βασιλεῖ τ'ἀγαθῷ, κρατερῷ τ'αἰχμητῇ ‖ LVTETIÆ, ‖ Apud Federicum Morellum Typographum ‖ Regium, via Iacobea, ad insigne Fontis ‖ m. d. lxxxiii. ‖ Ex privilegio regis. ‖

Marque au basilic. In-4 de 12 ff. c. P. bl. au vº du titre; cul-de-lampe à la fin. Réclame au vº de chaque feuillet.

Magnifique édition imprimée avec les grecs du Roi. Au r° du f. 12 on trouve
ΕΚ ΤΗΣ ΞΕΝΟΨΩΝΤΟΣ ΠΡΟΣ‖ Κρίτωνα ἐπιστολῆς περὶ παιδείας. ‖ qui ne
se trouve pas mentionné dans l'intitulé.

335. — Pvb. virgilii ‖ Maronis Pollio ‖ Egloga quarta : ‖
Græcis uersibus expressa, et Christo Seruatori accom- ‖ modata,
ab Evsebio Pamphilo, libro ‖ quinto de vita Constantini. ‖ Latina
Græcis, plerisque in locis emendatis è regione posita sunt. ‖
Βασιλεῖ τ'ἀγαθῷ κρατερῷ τ'αἰχμητῇ. ‖ lvtetiæ, ‖ Apud Federicum
Morellum Typographum Regium, ‖ via Iacobæa, ad insigne
Fontis ‖ m. d. lxxxiii. ‖

Marque au basilic. In-4. Grecs du Roi.

336. — ΤΟΥ ΘΕΙΟΥ ΚΑΙ ‖ ΜΕΓΑΛΟΥ ΒΑΣΙΛΕΙΟΥ ‖ περὶ γραμματικῆς
‖ γυμνασίας. ‖ magni basilii de ‖ grammatica exercita- ‖ tione Libellus linguæ Græcæ studio- ‖ sis maximè necessarius, ‖ lvtetiæ, ‖ Apud Federicum Morellum ‖ Typographum Regium. ‖
m. d. lxxxiii ‖ *Ex Priuilegio Regis.* ‖

Marque : fontaine à deux vasques avec guirlande. In-8 de 36 ff. c. Réclame à
presque tous les feuillets.
   A la fin, épître de F. Morel le Jeune intitulée Φεδερίκος φιλέλληνι Χαίρειν. Grecs
du Roi.

337. — V.-C. ‖ ioan. morelli. ‖ Ebredun. Consiliarij Oeco-
nomiq; Regij, Moderatoris ‖ illustrissimi principis Henrici ‖
Engolismæi, magni Franciæ ‖ Prioris, Tumulus. ‖ parisiis, ‖
Apud federicvm morellvm, ‖ Typographum Regium. ‖ 1583. ‖

Titre encadré. In-4 de 56 pp. dont 1 bl. au v° du titre. Réclames au v° des
feuillets.
   Le « tumulus » débute par une pièce de vers latins, quelques vers grecs et
un sonnet de la célèbre Camille de Morel, fille du défunt. Puis viennent un
grand nombre de morceaux de prose et de poésie entre autres de Jean de la
Gessé, Pierre Boulanger, René de Sainte Marthe, Fédéric Morel père et fils,
Abel de Sainte Marthe, Dorat; à la page 45, une pièce de distiques latins de
Camille de Morel sur Antoinette Deloine, sa mère, qui était morte peu de temps
après Jean de Morel, et enfin à la p. 56 deux pièces de vers, l'une en latin, l'autre
en grec, par Féd. Morel le fils, qui nous apprend la mort de son père.

LETTRES PATENTES

1571 à 1583

1571

1. — Edict dv Roy svr la reformation de l'Imprimerie.

2. — **Lettres patentes dv Roy sur plusieurs doleances,**
plainctes, et remonstrances faictes à sa Maiesté de la part des
Prelats et Gents du Clergé de ce Royaume.

3. — Ordonnance du Roy, svr le faict des viures et muni-
tions de Calais, et autres villes y declarees, à bailler le troisiesme iour du mois de Ianuier prochain.

4. — Ordonnance et Arrests de la Covr de Parlement svr la
police et Reiglement des Marchands de bois, tant de la ville de
Paris que forains, des Regrattiers, Voituriers, Chartiers, Desbardeurs, Crocheteurs, Gaigne-deniers, Porteurs de charbon,
et salaires d'iceulx : des Tainturiers, Chaufourniers, Plas-
tries, et Tuilliers, en ceste-dicte ville et faulx-bourgs.

5. — Ordonnance sur le faict de la police, povr raison de la
marchandise de foin et regrattiers d'icelle : des crocheteurs,
gaigne-deniers, chartiers, voituriers, desbardeurs, et de leurs
salaires : et aussi des tambourineurs, soldats, gents oisifs et
vagabonds en la ville de Paris.

6. — Ampliation faicte par le Roy de son Ordonnance sur le
faict de la police : Auec le Reglement d'entre les Iuges ordinaires des lieux, et les Iuges politiques : et de l'execution et
exercice d'icelle.

1572

7. — Declaration du Roy, povr le faict de ceulx de la nouvelle
Opinion, qui se sont absentez depuis le xxiiiⁱᵉ d'Aoust, 1572.

8. — Declaration du Roy svr le contenv av trentieme article

du dernier edict de pacification, concernant les Iugements et Arrests donnez pendant les troubles.

9. — Edict du Roy de la creation et establissement en tiltre et qualité d'offices formez de tous procureurs postulants tant ès cours souueraines que subalternes de ce Royaume, pais, terres et seigneuries de l'obeissance de sa Majeste.

10. — Edict dv Roy et Reglement sur les traictes et transports des Bleds et grains dedans et dehors le Royaume de France.

11. — Edict dv Roy portant revocation et defense à tous Procureurs receus tant és Cours de Parlement et autres souucraines, que és sieges Royaux des Bailliages, Seneschaulcees et Prevostes de ce Royaume, depuis la publication et ordonnance de Moulins, faite l'an m. d. lxvi de postuler et faire aucun acte de la charge de Procureur, à peine de faulx, et de nullité, et de tous despens, dommages et interests enuers les parties qu'il appartiendra, pour lesquelles ils auront occupé.

12. — Edict du Roy pour la creation en tiltre d'office de tous Courretiers, tant de changes et de deniers, que de draps de soye, laines, toiles, cuirs, et autres sortes de marchandises : de vins, bleds et tous autres grains : de cheuaux, et aussi de tout autre bestail.

13. — Edict dv Roy povr le bien et avthorite de Iustice et des officiers de Sa Majesté : de leur deuoir en l'exercice d'icelle, tant en l'exécution des Iugements et Arrests, que sur la iouissance ou vsurpation des Benefices, et baulx à ferme d'iceulx. Ensemble sur le faict des Remissions, cas priuilegiez, competence ou incompetence de Iuges : et des peines aux contreuenants audit Edict.

14. — Edict du Roy pour le Restablissement en tiltre d'office des Receueurs des Decimes et subuention du clergé en chascun diocese de ce Royaume, et des gaiges et droits d'iceulx.

15. — Edict du Roy svr l'augmentation des gaiges des Gre-

netiers et Contrerolleurs des greniers à sel, et Receueurs particuliers des tailles, aides, equivallent et taillon.

16. — Edict du Roy sur la creation et establissement de certain nombre de Conseillers en chascun des sieges particuliers
des Bailliages et Seneschaulcees de ce Royaume, qui resor-
tissent nuëment ès Cours de Parlement.

17. — Edict du Roy sur la nouuelle creation et establissement de deux offices en la grande chancellerie, l'vn d'Audien-
cier, et l'autre de contrerolleur, alternatifs : Auec vn restablissement d'Audienciers et contrerolleurs particuliers és autres
chancelleries de ce Royaume.

18. — Edict et ordonnance du Roy, contenant le restablissement des Greneliers alternatifs : ensemble, des contrerolleurs
des Greniers à sel.

19. — Edict et Ordonnance du Roy sur la nouuelle creation
et establissement de seize offices de Thresoriers, pour estre
exercez alternatifuement par ceulx qui en seront pourueus, en
seize prouinces de France.

20. — Lettres patentes du Roy contre les vsurpateurs et
detenteurs des benefices, biens et reuenus d'iceulx.

21.— Lettres patentes du Roy pour contraindre de payer les
rentes et revenus des Beneficiers, nonobstant que les repara-
tions des Eglises et benefices ne soient faittes.

22. — Lettres patentes du Roy sur le taux des Viures des
Hostelliers et Tauerniers, tant pour l'homme de cheual que de
pied, passans ou seiournants és villes, bourgs, bourgades ou
villages de ce Royaume.

23. — Lettres patentes du Roy sur plusieurs doléances,
plainctes et remonstrances faittes à sa Majesté de la part des
Prelats et gents du clergé de ce Royaume.

24. — Mandement du Roy enioignant à tous les archers de
sa garde, eux trouuer la part où il sera, dans le xii⁰ jour du
present mois de Iuillet, avec l'equipage requis, pour accompa-

gner sa Maiesté en la ceremonie des Nopces du Roy de Nauarre, auec Madame Marguerite sa sœur.

25. — Mandement du Roy svr le faict des monstres d'aucunes compagnies de sa gendarmerie, au vingtiesme d'Aoust, 1572.

26. — Mandement du Roy sur le faict des monstres des compaignies de sa Gendarmerie, et des lieux et prouinces où ils se doiuent rendre pour tenir garnison.

27. — Ordonnance de la police tenue en la chancellerie du Palais à Paris le xviii d'Apuril, 1572, par les officiers et personnes deputez de sa Maiesté, sur le pris, débit et vente de diuerses marchandises : Auec vn reglement sur le deuoir et salaire de plusieurs sortes d'ouuriers, manouuriers, et gents de mestier, des laboureurs, et vignerons.

28. — Ordonnance du Roy, defendant estroitement à vn chascun, de quelque qualité et condition qu'il soit, de ne blasphemer le nom de Dieu, de la Vierge glorieuse, ni des saincts et sainctes. Auec l'ordre que le Roy a commandé estre d'or en auant obserué par le grand Preuost de son hostel.

29. — Ordonnance du Roy sur le faict et Reglement de la police, pour estre tenue les iours de mardy et vendredy par les officiers et personnes deputez de sa Majesté, tant en ceste ville de Paris, en la salle de la chancellerie, que és autres villes et lieux de ce Royaume.

30. — Ordonnance du Roy sur le faict et Reglement de la police, pour estre tenue les iours de mardy et vendredy par les officiers et personnes deputez de sa Majesté, tant en ceste ville de Paris, en la salle de la chancellerie, que és autres villes et lieux de ce Royaume. Ensemble sur le transport des marchandises de ce pais, et apport ou entree des etrangeres en iceluy.

31. — Ordonnance du Roy sur l'ordre et reglement de sa Gendarmerie, pour la monstre et payement d'icelle, au xxve d'Apuril prochain.

1573

32. — Arrest de la Cour de Parlement, contenant inionction aux Preuosts des Mareschaulx, leurs Lieutenants et Archers, d'aller ordinairement par les champs, pour auec son de toxain et assemblee de peuple, si besoing est, prendre et apprehender les voleurs et meurtriers : et aux Iuges royaux et substituts du Procureur general du Roy, de tenir la main pour l'exécution dudict arrest.

33. — Edict du Roy sur la creation d'un estat et office de conseiller clerc, en chascun siege presidial de son Royaume.

34. — Edict dv Roy sur la pacification des troubles de ce Royaume. Publié à Paris en Parlement le unzième iour d'Aoust, 1573.

35. — Edict du Roy touchant les salaires que doivent prendre et auoir les greffiers, huissiers et sergents, pour leurs salaires : Et parcillement des messagers qui apportent des proces, enquestes, et autres choses semblables, au Greffe de la Court. Ensemble l'arrest de ladicte Court interuenu sur la verification du present edict.

36. — Edict et ordonnance du Roy, sur le faict et reglement de la fonte d'artillerie, boulets, façon et composition de pouldres et salpestres, contenant plusieurs articles, et defenses, tant sur ladite fonte d'artillerie, vente de pouldres, composition de salpestres, que autres choses concernans ladite artillerie, et officiers d'icelle : Ensemble sur le transport desdits salpestres et poudres hors de ce Royaume, sur peine de la vie.

37. — Lettres du Roy au Prevost de Paris, pour faire entretenir, garder et obseruer l'ordonnance faicte par sa Maiesté, afin de réprimer la superfluité qui se voit débordément augmentée és habillements de ses subiects.

38. — Lettres du Roy pour la publication des monstres en armes de sa Gendarmerie, assignee partie d'icelle au xxv de ce

present mois de septembre, et l'autre partie au xxv de décembre
ensuiuant.

39. — Mandement du Roy, a messieurs de la Cour, pour
finale iussion de proceder à la verification, publication et enregistrement de ses Lettres en forme d'édict, sur les fontes de
pièces d'artillerie, recherches et affinements de salpestres, et
confection de pouldres à canon, selon leur forme et teneur.

40. — Mandement du Roy par lequel est inioint à tous
chefs, membres, hommes d'armes, et autres de ses ordonnances,
qu'ils aient à se rendre dans le xx⁰ de Iuin prochain en son
camp deuant la Rochelle, montez, armez et équippez ainsi qu'il
est requis, pour faire monstre en armes, et de courir sus aux
rebelles.

41. — Ordonnance du Roy et arrest de Cour, svr le faict de
la police générale : contenans les defenses de toutes traictes et
transports de grains, et de vins, hors de ce Royaume : de tous
contracts, et achapts de bleds, vins, et foins, par errement :
de tous baux à ferme à pris d'argent, et reduction d'iceulx à
grain : la visitation aux maisons des boulengers, musniers et regrattiers : et inionction de garder les Ordonnances sur la superfluité des habits et bancquets, et reglement des seruiteurs.

42. — *Le même que le précédent mais avec la marque*
« *Pietate et Ivstitia* » *au lieu d'un mûrier.*

43. — Ordonnance du Roy par laquelle il est prohibé à
toutes personnes (excepté ceux qu'il a pleu à sa Majesté en
exempter) de porter sur eux, en habillements ne autres ornements, aucuns draps, ne toiles d'or et d'argent, profileures, bro-
deries, passements, emboutissements, orfauerie, cordons,
canetilles, velours, satins ou taffetas, barrez, meslez, couuerts
ou trassez d'or ou d'argent, soye sur soye, ne autres telles super-
fluitez : avec defense aux bourgeoises de changer leur estat.

44. — Ordonnance du Roy sur le reglement des Officiers de
sa Gendarmerie, Preuostz des Mareschaulx, Vibaillifs, Viseneschaulx, leurs lieutenants et archers.

45. — Ordonnance des Iuges depvtez par le Roy pour la police, par laquelle est défendu à tous bourgeois, manans et habitans de la ville, fauxbourgs, preuosté et viconté de Paris, leurs gens et seruiteurs, et memes aux gens des villages, d'aller ny eux transporter és tauernes et cabarests : et à toutes personnes, de les y recevoir : de vendre vin emmy les rues, bleds ou grains ailleurs que és marchez ordinaires : et de iurer ne blasphemer le nom de Dieu : sur les peines contenues en laditte ordonnance.

46. — Ordonnance des Iuges deputez par le Roy pour la police, par laquelle sont faittes defenses à toutes gens de mestier, artisans, leurs femmes, seruiteurs et chambrieres, de porter ne vser d'aucune soye en quelques habits qu'ils puissent auoir : et aussi à tous laboureurs, vignerons, et autres personnes demourans aux villages, de porter draps de couleur, ne chausses, bandees, dechiquetees, canetillees, arrière-pointees, ou autrement enrichies.

47. — Ordonnance des Iuges deputez par le Roy pour la police, portant defense à tous tauerniers, cabarestiers, et autres de ceste ville, preuosté, viconté et ressort, de ne vendre par cy apres leur vin, sinon à la mesure de Paris, à laquelle seront reduictes toutes celles des autres villes et villages de ladicte preuosté. Auec reïteration des defenses cy deuant à eux faittes et inionction aux Commissaires, Iuges royaux ou subalternes, d'informer en toute diligence des contrauentions.

48. — Ordonnance des Iuges deputez par Roy pour la police, tendant à ce que le bois et charbon ne se vendent à plus haut pris qu'il est porté par les ordonnances cy deuant faittes : et portant inionction aux marchands de bois de faire amener, en toute diligence, le bois qui est sur les ports : aux crocheteurs, chartiers et voicturiers, de bailler leurs noms aux commissaires de leurs quartiers : et aux musniers, et autres personnes, d'amener leurs bleds et farines en la ville de Paris. Auec defenses à toutes personnes de transporter aucuns vins hors ladicte ville et faulxbourgs.

1574

49. — Advertissement touchant le port des armes, par Pierre Charpentier, chez F. Morel et Sébastien Nyvelle.

50. — Arrest de la Cour sur les défenses faites par ordonnance de la police touchant la marchandise, vente, erremens et achapts de vins, et de n'aller au deuant.

51. — Declaration de Tres-illustres Princes et Seigneurs, les Duc d'Alençon et Roy de Nauarre, portant tesmoignage de leur droicte intention, et bonne volonté enuers la Majesté du Roy : avec resolution de s'opposer et courre sus à ceulx qui luy seront rebelles.

52. — Declaration du Roy pour faire entendre son intention et volonté enuers ceulx qui par cy-deuant se sont eslevez, et ont pris les armes, ou se sont absentez de ce Royaume : et qui se voudront à présent disposer à recevoir grace de sa Maiesté.

53. — Declaration du Roy sur la révocation generale faitte par sa Majesté de toutes commissions extraordinaires, par laquelle est exceptee celle pour le recouurement des droicts de Quints, Requints, Lotz, Ventes, et tous autres droicts Feodaulx, Domanicls et Seigneuriaulx, à luy deubs, et qui n'ont esté payez et acquittez depuis l'an mil cinq cens quarante.

54. — Declaration du Roy sur son ordonnance du xvᵉ de Ianuier 1573, touchant le Reglement des officiers de sa Gendarmerie.

55. — Defense de par le Roy a tous marchands et autres de n'aller au deuant des marchandises et denrees, de les errer, acheter ny vendre en verd : et de n'apporter ny laisser entrer en ceste ville aucuns arbres ou mays, ny fruicts quelsconques qu'ils ne soient meurs.

56. — Defense par le Roy à toutes personnes de iurer, maugreer, blasphemer, renier, et faire autres vilains sermens contre l'honneur de Dieu : sur les peines y contenues.

57. — Les défenses de par le Roy à toutes personnes de ne

iurer, blasphemer, renier et faire autres vilains sermens contre l'honneur de Dieu ; sur les peines y contenues.

58. — Les douze anciens articles concernans la Iurisdiction de messieurs les Connestables et Mareschaulx de France, ou leur Lieutenant au Siege de la Table de marbre du Palais à Paris.

59. — Edict de Reuocation et declaration du Roy sur le faict des Rentes. Publié à Paris en Parlement, le xix iour d Apuril 1574.

60. — Edict du Roy pour la creation en tiltre d'office des Controoleurs et Gardes Prouinciaux en l'Artillerie, ès treze Prouinces et Gouuermens (*sic*) de ce Royaume, avec reglement de leurs charges et estats.

61. — Edict du Roy pour la resignation a surviuance des Estats et Offices, tant à gaiges ou pensions que reputez venaulx ; en payant, par ceulx qui les tienent et exercent, le tiers denier de la valeur d'iceulx. Ensemble deux Lettres de declaration faictes par sa Maieste sur iceluy.

62. — Edict du Roy sur la creation et erection, en tiltre d'office formé de quatre Notaires et quatre Sergents Royaux, en chascun Bailliage et Seneschaussee, ressortissants ès Cours de Parlement dudict Seigneur. Ensemble la Declaration faicte sur iceluy, et l'Arrest de la Court.

63. — Edict du Roy sur le faict des offices Royaulx et venaux, permettant la Resignation d'iceulx a suruiuance, en payant, par ceulx qui les tiennent et possedent, le tiers denier de la valeur desdicts estats et offices.

64. — Edict du Roy sur le faict de son Domaine, contenant permission qu'il en soit vendu et aliéné iusques à la somme de deux cents mil liures tournois, pour d'autant soulager ses subiects.

65. — Edict et Ordonnance du Roy portant la commutation du double, par faulte d'auoir payé dans le temps prefix le debet du compte, en l'Interest du denier douze. — Autre edict et ordonnance du Roy portant nouueau Reglement pour la poursuitte

et recouurement des debets et restes des comptes deuës à sa Maiesté, suppression et reuocation de la commission du solliciteur des restes ; creation et institution de celle du contrerolleur general desdictes restes et deniers recelez.

66. — Inhibitions et défenses du Roy, a toutes personnes, de faire tirer ou transporter hors son Royaume, par eauë ny par terre, aucuns bleds ou autres grains, sans l'expres congé et permission de sa Maieste.

67. — Lettres du Roy au Preuost de Paris, ou son Lieutenant, portant iteratiue inionction de faire estroittement garder et obseruer l'Ordonnance faitte par sa Maiesté sur la superfluite de ses subiects en leurs habillements.

68. — Lettres du Roy, nostre Sire, avec la Bulle de nostre S. Pere le Pape, contenant permission de vendre et aliener du patrimoine de l'Eglise iusques à la somme portee, par ladite Bulle, pour le secours du Roy, conseruation de l'Eglise, et Estat de ce Royaume.

69. — Lettres du Roy, par lesquelles est enioinct à toutes personnes ayans Offices, Charges, Estats et Priuileges, d'aller ou enuoyer par deuers sa Maieste, pour en requerir et prendre la confirmation dans le temps prefix en icelles.

70. — Lettres du Roy portans revocation de toutes commissions extraordinaires pour le faict de la recherche des deniers et autres choses leuez depuis le commancement des premiers troubles : et aussi de la recherche des vsures et reddition de comptes des deniers des villes et communaultez de ce royaume.

71. — Lettres du Roy tres chrestien Henry IIIᵉ de ce Nom, Roy de France et de Poloigne, portants confirmation, ratification, et ampliation du Pouuoir de la Royne sa Mere, touchant la Regence, gouuernement et administration des affaires du Royaume de France.

72. — Lettres patentes de la Regence, gouvernement et administration du Royaume, pour la Royne, Mere du Roy,

attendant la venuë du Roy Tres-Chrestien, Henry troisiéme de
ce Nom, Roy de France et de Poloigne.

73. — Lettres patentes du Roy à Messieurs de la Cour de
Parlement, leur enioignant tresexpressément de faire garder
et observer de poinct en poinct l'Ordonnance faitte par sa Majesté, pour reprimer la superfluité de ses sujects en leurs habits et accoutrements.

74. — Lettres patentes du Roy concernans la Iurisdiction
de Messieurs les Mareschaulx de France, ou leur Licutenant, au
siege de la Mareschaulcee de France, à la Table de marbre du
Palais à Paris.

75. — Lettres patentes du Roy, pour la continuation du sub-
side de cinq solz tournois sur chacun muy de vin, et sur autres
vaisseaux et mesures à l'équipolent, iusques au premier iour
d'octobre, en l'an mil cinq cens soixante-dix-neuf.

76. — Lettres patentes du Roy pour les beneficiers et gents
d'Eglise, declaratiues et confirmatiues de deux autres precedentes, par lesquelles il les descharge et exempte de bailler
declaration de leurs terres, domaine, et reuenu, voulant qu'ils
en iouyssent en pleine liberté.

77. — Mandement du Roy a tous les gentils-hommes de sa
Maison, et Archers de ses gardes, à fin d'eux trouuer en bon
equippage au Sacre de Sa Majeste, à Reims : et à son entree,
en sa bonne ville et cité de Paris, auec leurs armes et grands
cheuaulx.

78. — Mandement du Roy, pour la conuocation du Ban et
Arrière-ban de la Preuosté et viconté de Paris. Par lequel est
enioinct à tous vassaulx, et autres subiects ausdicts Ban et Ar-
riere-ban, qu'ils ayent à eux trouuer, en bon equipage d'armes
et cheuaux, en ladicte ville de Paris, au xv du present mois
d'Apuril.

79. — Ordonnance de la police generale, contenant defenses
iteratiues à tous Taverniers, Hostelliers et autres, de ne receuoir à boire et manger en leurs Tauernes et cabarests aucuns

bourgeois, gens de mestier : et aux susdicts, de ne aller ny eux transporter desdictes Tauernes.

80. — Ordonnance de la Royne mere du Roy, Regente en France. Par laquelle sont faictes inhibitions et defenses à tous capitaines, lieutenants, enseignes, et autres, de ne loger aucunes compagnies de gens de guerre, dix lieuës à la ronde de la ville de Paris. Auec une lettre missiue de ladicte Dame, au Preuost de Paris, ou son Lieutenant, pour la faire estroictement garder.

81. — Ordonnance du Roy, portant mandement aux deux cens gentils-hommes de sa Maison, archers de ses gardes, cheualliers de l'Ordre, pensionnaires, et gentils-hommes de sa chambre, eux rendre en diligence de la part, et ainsi qu'il est dict en icelle.

82. — Ordonnance du Roy, sur le département des compaignies de sa gendarmerie, par laquelle il leur est enioinct, se trouuer et rendre en bon equippage aupres les Gouuerneurs et Lieutenans generaulx des Prouinces, pour faire monstre en armes au xx° d'Auril prochain, receuoir payement, et faire seruice à sa Majesté, selon qu'il leur sera commandé.

83. — Ordonnance du Roy sur le reglement de sa Gendarmerie, forme de viure, et payement d'icelle.

84. — Ordonnance du Roy sur le faict de sa Gendarmerie. portant mandement aux compaignies d'icelle se retirer promptement en leurs maisons, sans loger aux villages, ains aux hostelleries, et en payant comme les ordonnances portent.

1575

85. — Declaration du Roy, representant la pure verité du deuoir qu'il a fait enuers les deputez des Rebelles, à fin de paruenir à vne pacification : et au contraire, de leurs machinations, mauuaises entreprises, et meschant acte enuers Monseigneur le Duc d'Alençon son frere, pour le separer d'aupres de Sa Maiesté. Auec Mandement à la Noblesse, Gentilshommes, et

autres gens de guerre, d'eux rendre promptement és lieux qui leur ont esté ordonnez.

86. — Defenses de par le Roy a toutes personnes de porter par ceste ville et faulxbourgs de Paris, aucunes harquebuzes, pistoles, pistolets, ou autres armes que l'espee et la dague, soit de iour ou de nuict, excepté ceulx qu'il a pleu à sa Maiesté en exempter.

87. — Edict du Roy pour la creation, et establissement en tiltre d'office formé, de quatre Arpenteurs, Mesureurs, et Priseurs iurez des terres, bois, eauës, et forests, en chascune iurisdiction Royale de ce Royaume.

88. — Edict du Roy sur la creation de certain nombre d'Eleus és Elections de ce Royaume y mentionnees : lesquels, outre leurs gaiges et droicts, seront exempts de toutes tailles, creuës, et autres impositions qui se leueront par forme de taille : ensemble des aydes des vingtiéme, huictiéme, et quatriéme, ainsi qu'il est porté par ledit Edict.

89. — Edict du Roy sur la creation des Notaires, Gardenotes, en tous les Bailliages, Seneschaucees, Preuostez, et Sieges Royaux de ce Royaume. Auec les Lettres de Jussion dudict Seigneur, et l'Arrest de la Cour.

90. — Edict du Roy sur la creation, en tiltre d'office formé, d'vn Greffier en chacune paroisse de ce Royaume, pour tenir registre, dresser et escrire, soubs les Asseurs, les Roolles de tous deniers leuez par forme de taille.

91. — Exemption du diocèse de Paris, à cause de la solde de deux mil quatre cens hommes de pied, leuez naguieres en ladicte ville : ensemble l'exemption de tout le clergé de France d'aucune imposition sur l'Eglise.

92. — Lettres de declaration sur l'affranchissement et exemption des Eleus, Contrerolleurs, Procureurs, Receueurs et Greffiers des elections de ce Royaume, tant anciens que noueaux, et de leur vefues. Auec commission, pour la recepte des deniers.

93. — Lettres du Roy, portans inionction de faire dresser un estat de tous gentilshommes habiles à porter armes, et les aduertir d'eux tenir prests : de perseuerer en la fidélité et obeissance qu'ils doiuent à sa Maiesté, et ne suiure Monseigneur le Duc d'Alençon, ny ceux de son party.

94. — Lettres patentes du Roy par lesquelles il euocque, et reserue à soy et son Conseil priué, la iurisdiction et cognoissance des procez, instances, et differents, meuz et à mouuoir, contre le clergé.

95. — Main leuee du clergé, pour raison des biens saisis, à la requeste du Preuost des Marchands, et Escheuins de la ville de Paris, à cause des rentes à eux constituees par les gens dudict clergé.

96. — Ordonnance faitte en la chambre ciuile, contenant defenses à toutes personnes de ne vendre, ny apporter pour vendre, en la ville et faulxbourgs de Paris, aucuns verjus, raisins ou fruicts non meurs : et de ne faire vendanges sans permission du luge des lieux.

97. — Ordonnance du Roy, auec defense à tous ses subiects, tant de la nouuelle opinion, que autres portans armes contre sa Maiesté, ou fauorisans à ceux qui les portent, ou qui sont absents à cause des troubles, de vendre leurs maisons, heritages, rentes, ny autres biens, à peine de confiscation.

98. — Ordonnance du Roy, par laqvelle est enioinct à tous capitaines, chefz, et conducteurs de gens de guerre, de s'acheminer incontinent à leur rendez-vous : auec defenses à eulx et tous soldats de ne piller, rançonner, ni exiger argent d'aucunes personnes, et de ne loger à dix lieues à la ronde de la ville de Paris.

99. — Ordonnance du Roy sur la publication des Monstres, departement et reiglemeut de sa Gendarmerie.

100. — Ordonnance du Roy sur le faict des Monstres des Compaignies de sa Gendarmerie, assignees aux quinzieme et

derniers iours du mois de Nouembre, 1578. Ensemble du payement et departement desdictes compagnies.

101. — Ordonnance du Roy sur le faict des Monstres de
sa Gendarmerie, departement des compaignies, et payement
d'icelles.

102. — Ordonnance du Roy, sur le faict et reiglement de ses
gens de guerre : conduite et forme de viure d'icculx.

103. — Second mandement du Roy a tous les gentilshommes
de sa Maison, et archers de ses gardes, pour eulx trouuer au
Sacre de sa Maiesté, à Reims, au temps prefix par le present
Mandement, et en l'equipage porté par le premier.

1576

104. — Arrest de la Cour de Parlement, concernant le
Reglement des Procureurs en icelle, pour l'expedition des
causes, et abbreuiation des Procez.

105. — Declaration de la volonte du Roy sur la pacification
des troubles de son Royaume.

106. — Declaration de la volonte du Roy sur la pacification
des troubles de son Royaume, en attendant la publication de
l'Edict.

107. — Declaration du Roy sur l'innocence de Monseigneur
le Duc de Montmorency, Pair et Mareschal de France, Gouuer-
neur et Lieutenant general pour sa Maiesté à Paris, et Isle de
France. Verifiee, leuë et publiee en la Cour de Parlement, le
septieme iour de May, 1576.

108. — Edict d'Anoblissement faict par le Roy en faueur de
certain nombre de personnes non nobles, mais recomandables
pour leurs vertus et qualitez, en diuerses prouinces et generalitez de ce Royaume, pour iouyr de tous honneurs, priuileges,
franchises, et immunitez dont iouyssent les autres Nobles.

109. — Edict du Roy, par leqvel est ordonné, qu'en toutes
les villes, bourgs et bourgades de ce Royaume, les sergens
ordinaires et maistres priseurs vendeurs pourront faire indiffe-

remment tous exploicts appartenans à l'office de sergent ordinaire et maistre priseur vendeur de biens suyuant l'Edict et Arrest d'vnion.

110. — Edict du Roy, portant permission à toutes personnes qui tiennent Estats et Offices à gaiges ou sans gaiges, de les resigner à suruiuance, selon et aux conditions portées par iceluy Edict.

111. — Edict du Roy, pour la creation et establissement de deux audienciers et deux controolleurs en la grande chancellerie, à pareils gaiges, priuileges, franchises, libertez et exemptions, que les autres qui y sont de present pourueuz.

112 — Edict du Roy sur la creation en tiltre d'office formé d'vn Greffier en chacune paroisse de ce Royaume, pour tenir registre, dresser et escrire, soubs les Asseeurs, les Roolles de tous deniers leuez par forme de taille.

113. — Edict du Roy sur la Pacification des troubles de ce Royaume. Leu et publié, ledit Seigneur seant en son Parlement, le xiiij iour de May, 1576.

114. — Edict du Roy, sur le faict des vsures : par lequel elles sont defendues à toutes personnes indifferemment : et par quelles peines sera procédé contre ceux qui se trouueront auoir exercé ou exercer lesdictes vsures.

115. — Lettres de declaration du Roy, par lesquelles est defendu de n'emprisonner aucunes personnes Ecclesiastiques constituees és ordres sacrez, pour condamnation et ordonnance de Iustice, à faute du payement de leurs debtes, et pour le payement des decimes, et autres subuentions ordinaires et extraordinaires.

116. — Lettres du Roy nostre Sire, pour la conuocation et assemblee generale des Estats de toutes les Prouinces de ce Royaume, en la ville de Bloys, au xv⁰ de Nouembre prochain.

117. — Lettres du Roy, pour la prolongation du temps et delay prefix par l'Edict du mois de Iuillet dernier passé, touchant la resignation des Estats et Offices à suruiuance.

118. — Lettres patentes du Roy de la main-levée faicte par sa Maiesté, de la saisie et arrests faicts sur les deniers des assi-gnations des Rentes de l'hostel de la ville de Paris.

119. — Lettres patentes du Roy, pour l'accroissement et augmentation de l'Appanage de Monseigneur le Duc d'Alençon son frere. Leuës et publiees à Paris en Parlement, le 24 iour de May, 1576.

120. — Ordonnance du Roy sur la publication de la monstre assignee au xxv de ce mois, enioignant à tous capitaines, chefs, hommes d'armes, et aux compaignies y declarces, se trouver en armes à ladite monstre, pour receuoir payement, et s'acheminer en toute diligence és lieux et gouuernemens designez par icelle.

121. — Ordonnances du Roy sur le faict des querelles qui pourraient aduenir en son logis, ou à la suitte de sa Court, et de quelles peines seront punis les transgresseurs.

122. — Ordonnance du Roy, sur le faict des Monnoyes, con-tenant le descry de certaines especes y mentionnces, avec defences tresexpresses à toutes personnes de les exposer ny receuoir : et à tous marchands et courtiers de faire amas de douzains ny autres monnoyes de billon, pour en trafiquer, ou les transporter de ville en autre, sur les peines portées par icelle.

123. — Permission du Roy à tous marchands forains, et autres personnes, d'amener en la ville de Paris toutes sortes de grains, vins, bois, et autres denrees, pour y estans en estre par eux disposé ainsi que bon leur semblera.

1577

124. — Declaration du Roy sur l'edict des Anoblissemens, contenant que sa Maieste veult iceluy son Edict estre entiere-ment obserué, et executé selon sa forme et teneur : et que ceulx qui ont este ou seront honorez desdits Anoblissemens en ioyssent pleinement et perpetuellement.

125. — Arrest de la Court de Parlement contenant inhibi-

tions et defenses a tous ceulx qui ne sont Libraires, Relieurs ou
Imprimeurs de rien entreprendre sur l'estat de la Librairie.

126. — Declaration du Roy sur le faict et Reformation des
habits : auec defense aux non nobles d'vsurper le tiltre de noblesse, et à leurs femmes de porter l'habit de Damoiselle, sur
les peines y contenues. Ensemble l'ordonnance du Roy Henry
second, par laquelle toutes personnes, tant Nobles que non
Nobles et Roturiers, sont reglez de leurs habits et accoustre-
mens qu'ils doiuent porter : sur les mesmes peines aux contreuenans.

127. — Declaration du Roy sur l'edict de creation des Regratiers, portant defenses à toutes personnes de vendre sel à
petites mesures, s'ils n'ont Lettres de prouisions en tiltre d'offices formez, suyuant ledit Edict.

128. — Declaration du Roy sur ses Lettres patentes et closes
du mois passé, touchant le deuoir des Gentils-homes et autres
personnes faisans profession des armes, et tenans fiefs : et sur
l'Association generale permise és prouinces de ce Royaume.
Ensemble l'inionction de faire publier les Lettres de sa Maieste
pour la permission de pouuoir resigner a suruiuance durant le
temps de quatre mois.

129. — Declaration du Roy sur son edict du mois de Iuillet,
et la Prolongation par luy faicte au mois de Decembre dernier,
contenant autre Prolongation de quatre mois, auec permission
à tous officiers de pouuoir resigner a suruiuance leurs estats et
offices durant ledict temps.

130. — Edict de Pacification faict par le Roy pour mettre fin
aux Troubles de son Royaume, et faire desormais viure tous
ses subiets en bonne paix, vnion et concorde, soubs son obeissance. Leu et publié en la Cour de Parlement le viiij iour d'Octobre 1577.

131. — Edict du Roy de la creation nouuelle de quatorze
offices de conseillers dudict Sieur, contrerolleurs generaux
prouinciaux des greniers à sel en quatorze generalitez de ce

Royaume, aux gaiges de douze cens liures tournois payans
chacun office.

132. — Edict du Roy, portant anoblissement de certain nombre de personnes au pays et Duché de Bretaigne, avec **exemption et affranchissement de fouage, taille et autres impositions
extraordinaires.**

133. — Edict du Roy, pour la nouvelle imposition mise sur
les bleds, vins, toilles et pastels, qui se transportent de ce
Royaume ès païs estranges : avec défense d'en faire sortir aucuns lins, chanures et laines, sur peine de confiscation.

134. — Edict du Roy, sur la creation des Offices de Greffiers
**des Presentations par toutes les Cours souveraines, Sieges pre-
sidiaux, Bailliages, Seneschaucees et autres Sieges et Iurisdictions Royales de ce Royaume.**

135. — Edict du Roy sur la creation en tiltre d'offices formez
**des Regratiers et Mesureurs de sel en tous les Greniers et
Chambres à sel de ce Royaume.**

136. — Edict du Roy sur le faict des Hostelleries, Cabarets
et Tauernes ordinaires de ce Royaume : et de ne les tenir sans
Lettres et permission dudict Seigneur : auec les exemptions,
franchises et reglements de ceux qui y seront pourueuz. Publié
en la Cour de Parlement, le iiij iour de iuillet, 1577.

137. — Edict du Roy sur le faict des Vsures ; avec les Lettres patentes et commissions du feu Roy pour la recherche et
poursuite des Vsuriers ; et Arrests de la Cour de Parlement sur
le mesme faict.

138. — Edict du Roy sur les proces et differents pour les
prescances et prerogatiues d'entre les Princes du sang, Pairs
de France, et tous autres Princes et Seigneurs Pairs, n'estans
de la qualité de Princes du sang.

139. — Edict du Roy sur l'establissement de toutes les Chambres à sel de ce Royaume en tiltre de Greniers : en chacun desquels sont erigez huict officiers en chef et tiltre d'office formez.

140. — Edict du Roy, tovchant la vente et alienation des

héritages, biens immeubles, et temporel du Clergé, iusques à la somme de deux cens mil livres tournois de rente et reuenu annuel.

141. — Edict et seconde declaration faicte par le Roy pour l'exemption et descharge du payement des droits des francs fiefs et nouueaux acquests, et de ne bailler par adueu, declaration, ne denombrement des benefices saisis : auec la verification dudict Edict faicte en la Cour de Parlement à Paris.

142. — Edict faict pour la descharge et immunité accordee au clergé de ce Royaume sur la recherche des francs fiefs et nouueaux acquests : auec quictance et remission des droits desdicts francs fiefs et main leuee des benefices payans decimes, nonobstant les commissions octroyees pour faire ladicte recherche, saisies faictes en conséquence d'icelles, et coustumes des lieux, ausquelles est specialement derogé.

143. — Lettres de iussion du Roy a tous ses Iusticiers et officiers, à fin d'enuoyer leurs proces verbaulx des publications par eulx faictes de ses Edict et Lettres d'ampliation de pouuoir des Sergents et Maistres priseurs vendeurs, et les noms de ceulx qui y auront contrevenu.

144. — Inionction de par le Roy pour faire aduertir les compaignies de sa gendarmerie qui sont de present en garnison, et autres qui n'ont encore faict monstre, qu'ils ayent à se retirer promptement en leurs maisons, sans fouller ny oppresser le pauvre peuple.

145. — Lettres du Roy contenant les causes du retardement des Estats; et montrans la bonne volonté que sa Maiesté a de pouruoir à tout, aussi tost que l'estat des affaires de ce Royaume le permettra.

146. — Lettres du Roy portans mandement a tous nobles et autres tenans fiefs en la Preuoté et Viconté de Paris, se trouuer audict lieu pour estre faict estat tant de ceux qui feront seruice personnel, que de ceux qui contribueront aux fraiz de la presente guerre.

147. — Lettres du Roy portans mandement à tous nobles, vassaux et autres tenans fiefs, d'eulx trouuer en la principale ville du ressort, au iour assigné, pour en icelle assemblee faire estat de tous les comparans, defaillans et inhabiles ; et de ceux qui contribueront aux fraiz de la presente guerre.

148. — Lettres du Roy sur l'Edict d'anoblissement faict au mois de Iuin dernier, portans inionction de faire executer ledict Edict, et d'iceluy iouïr tous ceux qui seront pourueuz de lettres de Noblesse.

149. — Lettres patentes du Roy contenant la commission pour la saisie et vente des biens de ceux de la nouuelle opinion, et autres tenans leur party.

150. — Lettres patentes du Roy en forme d'Edict, par lesquelles ledict Seigneur faict et establit en chacune paroisse de ce Royaume vne personne franc et exempt de toutes tailles, creuës, contributions et subventions quelsconques, qui se leuent ou leueront cy apres pour quelque cause ou occasion que ce soit.

151. — Lettres patentes du Roy contenans que d'ores-enauant aucun officier comptable ne sera receu à l'exercice de son estat, et maniement des deniers de sa charge, s'il ne baille bonne et suffisante caution, et faict election de domicile.

152. — Lettres patentes du Roy portans interdiction et defense de ne faire ou poursuiure aulcunes saisies sur ceulx du clergé par les commissaires des francs fiefs : auec euocation des proces en son priué conseil, en consequence des Edits faicts sur les precedentes interdictions, et main leuee desdictes saisies : et auec annulation et cassation des procedures, sentences et iugemens faicts et donnez au preiudice de ce.

153. — Lettres patentes du Roy portans mandement de faire signifier à tous gentilshomes, et autres faisans profession des armes, qu'ils ayent à se tenir prests en bon et suffisant equippage d'armes et cheuaux, pour aller trouuer sa Maiesté, ainsi qu'il est enioinct par icelles lettres.

154. — Lettres patentes du Roy touchant la Levee de douze cens mil liures tournois, sur les villes et gros bourgs de ce Royaume, pour estre lesdicts deniers employez à l'entretenement des gens de guerre des deux Armees que sa Maiesté fait dresser, pour les causes declarees esdites Lettres. Auec l'estat des sommes de deniers à quoy sont taxez les villes et bourgs du ressort de la Preuosté et viconté de Paris.

155. — Memoires et instructions, suiuant lesquelles les commissaires subdeleguez en chacun diocese de ce Royaume, procederont à l'adiudication des choses mises et exposees en vente par chacun beneficier, pour satisfaire à la taxe de son bénéfice : Auec la Bulle de notre S. Père le Pape, et Lettres d'attache du Roy.

156. — Ordonnance des commissaires deputez pour les francs-fiefs et nouueaux acquests des ressorts des Parlements de Paris, Rouen, et Dijon, que ceux du clergé payants decimes ne seront tenus bailler par declaration, auec main-leuee des saisies.

157. — Ordonnance du Roy sur le departement et reiglement de sa Gendarmerie : Auec inionction aux compagnies de se mettre en bon equipage, et s'acheminer en diligence aux lieux et gouuernemens designez par icelle.

158. — Ordonnance du Roy, sur le faict, conduicte et reiglement des gens de guerre, pour reprimer les foulles et oppressions qu'ils font sur le pauure peuple.

159. — Ordonnance du Roy sur le faict de ceux de la nouuelle opinion, et leurs associez. Auec la Lettre de Monseigneur le Duc de Montmorency à Monsieur le Preuost de Paris pour faire proceder à l'exécution de ladicte ordonnance suiuant l'intention du Roy.

160. — Ordonnance du Roy sur le faict de la police generale de son Royaume.

161. — Ordonnance du Roy sur le faict de ses Monnoyes, publiée à Paris, le XVe iour de iuin M. D. LXXVI.

.162. — Ordonnance du Roy sur le faict des Monnoyes, par laquelle sa Maiesté permet à tous ses subiets de mettre et exposer entre eux les especes de billon estrangères, pendant le temps porté par icelle : Auec plusieurs Articles concernans le mesme faict.

163. — Ordonnance du Roy svr le faict des Monstres et departement des compaignies de sa Gendarmerie, és lieux et prouinces designez par icelle.

164. — Ordonnance du Roy sur le reglement et conduicte des gens de guerre faisans chemin par son Royaume, pour remedier aux foulles et oppressions de ses subiects : et de quelles peines il veult les delinquents estre punis.

1578

165. — Commission du Roy, portant defense aux Sergens Royaux d'exercer leurs offices, sans auoir prins l'ampliation de pouuoir priser et vendre, suyuant l'Edict d'vnion du mois de mars : déclarant à faulte de ce leurs estats impetrables, et voulant que, en leurs places, autres soient commis pour l'exercice de la iustice.

166. — Declaration du Roy, contre vn memoire nagueres semé au préiudice de la verité, touchant l'Erection de plusieurs pretendus Edicts de nouuelles impositions.

167. — Déclaration du Roy, sur l'edict faict par sa Majesté au mois de septembre dernier, pour le Reglement general des monnoyes.

168. — Declaration du Roy sur l'entretenement de l'Edict de Pacification faict au mois de septembre dernier : Auec l'Estat des Compaignies de gens de pied que sa Majesté retient à son seruice, enjoignant aux autres se retirer en leurs maisons.

169. — Declaration et reiglement faicts par le Roy sur l'obseruation et entretenement de son Edict de creation des Greffes des presentations, nouuellement establis és courts souueraines et Iurisdictions Royales de ce Royaume : contenant les poines

esquelles sa Majesté entend estre condamnez ceux qui contreuiendront auxdits Edict, Declaration et Reiglement.

170. — Declaration et Reglement que le Roy entend estre obserué és iugemens donnez par les Iuges Presidiaux de ce Royaume. Auec attribution au grand Conseil dudict Seigneur, de la cognoissance des contrauentions audict Reglement.

171. — Deux Edicts du Roy, pour le restablissement des Generaulx des Monnoyes, qui resideront ès douze principales prouinces de ce Royaume : Et d'vn Preuost Iuge Royal, vn Procureur du Roy, vn Greffier et deux Sergens pour la Iustice en chacune Monnoye de cedict Royaume, pays, terres et seigneuries de sa Maiesté.

172. — Edict de Creation et establissement en tiltre d'offices formez, de certain nombre d'Adioincts en chacun Bailliage, Seneschaulcee, Preuosté, viconté et Iurisdiction Royale de ce Royaume, publié en Parlement le xv d'octobre, M. D. LXXVIII.

173. — Edict du Roy, contenant creation et erection en chef et tiltre d'offices formez en chacun bureau establis pour le faict des Traictes de bleds, vins, toiles et pastels, d'vn contrerolleur particulier pour seruir au faict d'icelles ; ensemble le Reglement pour l'exercice desdicts estats.

174. — Edict du Roy, faict sur l'exemption des Eleuz, Receueurs, Contrerolleurs des Aydes, Tailles et Equivalents, et des Procureurs et Greffiers en chacune Election, de toute contribution aux tailles et impositions qui seront leuees sur le peuple, à telle charge et ainsi qu'il est porté par ledit Edict.

175. — Edict du Roy, par lequel sa Majesté octroye aux officiers de ses cauës et forests droict de chauffage, pour eux et leurs successeurs, suyuant le Reiglement porté par iceluy.

176. — Edict du Roy pour le bien et authorité de Iustice, et des officiers de sa Majesté : de leur deuoir en l'exercice d'icelle, tant en l'exécution des Iugements et Arrests, que sur la iouissance ou vsurpation des Benefices, et baulx à ferme d'iceulx. Ensemble sur le faict des Remissions, cas priuilegiez, compe-

tence ou incompetence des Iuges : et des peines aux contreuenants audit Edict.

177. —Edict du Roy sur la creation d'vne Election et bureau de recepte des Aydes, Tailles, taillon, creuës, et autres impositions, establie en la ville de Montluçon en Bourbonnois, à l'instar des autres Elections de ce Royaume.

178. — Edict du Roy sur la creation d'vne Election et bureau de recepte des Aydes, Tailles, taillon, creuës, et autres impositicns, establie en la ville de Bellac en la basse Marche, à l'instar des autres Elections de ce Royaume.

179. — Edict du Roy sur la creation et erection, en tiltre d'offices formez, de quatre Notaires et quatre Sergents Royaulx, en chacun Bailliage et Seneschaulcée, ressortissans ès cours de Parlement dudict Seigneur : Ensemble la Declaration faicte sur iceluy.

180. — Edict et Declaration du Roy, sur le Reglement des Iurisdictions des Baillifs, Seneschaulx, Preuosts et Iuges ordinaires, et gens tenans les sièges presidiaux : contenant amples defenses à tous Iuges, Aduocats, Greffiers, Procureurs, Practiciens, et Sergens d'y contreuenir : sur les peines y contenues.

181. — Edict portant Reglement pour la poursuite et recouurement des Restes des comptes des officiers comptables : et reuocation de tous dons faicts sur lesdits restes au preiudice du don general faict à la Royne mere du Roy, pour la construction de son Palais des Thuileries.

182. — Lettres patentes de la Royne mere du Roy, portants Commission pour la poursuite et recouurement des Restes des comptes de ses officiers comptables.

183. — Lettres patentes du Roy à sa Court des Monnoyes, pour verifier purement et simplement les Edicts faicts à Chenonceau sur le restablissement des Generaux prouinciaux, Preuosts, et autres Officiers desdictes Monnoyes. Avec deux Arrests sur ce donnez par ladite court, en obtempérant au vouloir et commandement de sa Majesté.

184. — Lettres patentes du Roy, de declaration sur l'Edict de creation de certain nombre de Conseillers en chascun des sieges particuliers des Bailliages et Seneschaulcees de ce Royaume : par lesquelles la reception desdicts conseillers est attribuee aux Baillifs et Seneschaux, sans qu'ils soient tenus se presenter à la Cour; et ordonné que le Reglement pour la distribution des procez, et autres exercices des estats de Conseillers sera gardé par tous lesdicts sieges particuliers.

185. — Lettres patentes du Roy, par lesquelles sa Majesté declaire n'auoir comprins les dons faicts aux Duchesses de Montmorency et de Longue-Ville, à l'Edict dernier do Rouocation, en termes generaulx, de tous dons faicts sur les Restes de ses officiers comptables. Auec l'Arrest de la Chambre des comptes sur la vérification d'icelles.

186. — Lettres patentes du Roy, par lesquelles sont admonestez les Euesques et Archeuesques d'aller faire residence en leurs dioceses, s'employer en tous offices dignes d'vn bon pasteur, et retablir le diuin seruice ès lieux où il auroit esté discontinué à l'occasion des troubles.

187. — Lettres patentes portans commission à tous Huissiers et Sergens Royaulx d'exécuter pour le recouurement des debetz de compte, et restes dépendents d'iceux.

188. — Lettres patentes du Roy, portans defenses expresses a tous Sergens et Priseurs vendeurs d'exercer l'office les vns des autres sans auoir prins de sa Maiesté Lettres de prouision et ampliation de pouuoir, suiuant son Edict du mois de Mars dernier.

189. — Ordonnance du Roy, portant defenses a toutes personnes n'ayans droict de chasse, de chasser auec engins quelsconques, a cerfs, biches, cheureuls, sangliers, liéures, counils, perdrix, hérons, faisans, ny autre sorte de sauuagine ou gibier, et de n'auoir et se seruir de chiens couchans : sur les peines portees par ladite Ordonnance.

190. — Ordonnance du Roy svr le faict de la Police generale de son Royaume contenant les Articles et Reiglemens que sa Maiesté veult estre inuiolablement gardez, suyuis et obseruez, tant en la ville de Paris, qu'en toutes les autres de sondict Royaume.

191. — Reiglement et ordonnance des syndics et deputez generaulx du clergé de France, establis à Paris, pour faciliter le payement des decimes et subuentions, et faire venir les deniers d'icelles à la Recepte generale, à la decharge et soulagement desdits du Clergé. Auec la Ratification du Roy sur ledit Reiglement.

1579

192.— Commandement du Roy pour la publication de l'Edict d'octroy de chauffage aux officiers des eauës et forests : portant declaration, que ledit Edict est des reseruez par le resulta (*sic*) dudit Seigneur en son conseil, sur les cayers et propositions des Estats, pour estre executé selon sa forme et teneur.

193. — Declaration du Roy, par laquelle sa Majesté veut et entend que toutes permissions de resigner offices, qui ont cydeuant este expediees par vertu des Edicts sur ce faits, y mentionnez, demeureront et seront reputeès nulles et de nul effect à ceux qui les ont obtenues, et n'ont payé le tiers denier de la iuste valeur d'iceux offices, si par eux n'est payé le supplément dudit tiers denier dans le dernier iour de Decembre prochain, au plus tard.

194. — Declaration du Roy, portant defenses à tous Iuges presidiaux, Baillifs, Seneschaux et autres Iuges Royaux, et leurs greffiers, d'expedier sur simples requestes par commissions, sous leur nom, ne autrement, aucunes lettres qui dependent de son auctorité : et doiuent estre expediees en ses chancelleries estans lez ses Cours de Parlement, ou sieges presidiaux de ce Roiaume. Ensemble aux Gardes des petits seaux de les seeller, et à tous Huissiers ou Sergents de les executer, sur les peines y contenues.

195. — Declaration et iugement du Roy, concernant le faict

de ses finances, sur l'absence et fuyte de ses Officiers comptables. Auec l'Assignation de nouueau baillee ausdicts Officiers, pour venir compter de leurs charges.

196. — Defense par Ordonnance de la police generale, à tous marchands de vins, tauerniers et cabarestiers, de faire achapts d'aucuns vins, ni d'en airrer, sinon trois moys apres les vendanges : d'auoir vins delicats, et de vendre la pinte du meilleur vin de ceste presente annee plus de xviij deniers tournois.

197. — Edict de creation et establissement en tiltre d'office, de Iaugeurs de vins, pour iauger, mesurer, et marquer les fustailles et tonneaux, ès pays de Guyenne, Aulnix et Poictou, à pareils droits et emoluments, que ceux de la ville de Paris.

198. — Edict du Roy, par lequel sa Maieste crée et ordonne en chacun des Greniers, et Chambres à sel dependans d'iceux, vn Office de Sergent en chacun desdits Greniers et Chambres où il y en a eu vn estably : et de deux Sergens où il n'y en a aucuns. Auec pouuoir d'exploicter tant pour ses gabelles, tailles et impos, que pour le faict de la iustice, par l'estendue du ressort desdits greniers et chambres.

199. — Edict du Roy portant defense de faire aucune couppe et vente de bois de haulte fustaye és Forests de ce Royaume, soit en quantité d'arpens, ou en nombre d'arbres, si ce n'est par les commissions decernees par ledict Seigneur, fondees sur vrgente necessite, et verifiees en ses Courts de Parlements. Ensemble l'Arrest de la Court sur ledict Edict.

200. — Edict du Roy pour la creation et establissement en tiltre d'office, d'vn contrerolleur general des Finances, en chacune des receptes generales du Taillon de ce Royaume. Autre Edict du Roy, pour la creation, et establissement d'vn office de contrerolleur general des finances, alternatif, en chacune des receptes generales du Taillon de ce Royaume.

201. — Edict du Roy, pour le restablissement et attribution de l'ancienne Iuridiction des Eleuz, et augmentation de leurs gages : auec creation et establissement en tiltre d'office d'un

President en chacune Election de ce Royaume. Ensemble l'Arrest de la chambre des comptes sur ledit Edict.

202. — Edict du Roy sur la creation en tiltre d'office formé, d'vn Greffier en chacune paroisse de ce Royaume, pour tenir registre, dresser et escrire, sous les Asseeurs, les Roolles de tous deniers leuez par forme de taille. Avec la Declaration dudict Edict.

203. — Edict du Roy sur la creation, en tiltre d'office formé, d'vn Oeconome et commissaire en chacun diocese de ce Royaume : pour iouïr dudit office aux mesmes honneurs que les autres officiers comptables de sa Majesté, et aux gaiges portez par ledict Edict. Ensemble la verification de la Chambre des comptes sur iceluy.

204. — Edict du Roy sur la creation et erection au tiltre d'office de Quatre-vingts Sergens à cheual, de mesme condition et qualité, que les vnze vingts ia establis : lesquels seront disposez par les Bailliages selon que sa Maiesté verra bon estre. Auec la suppression des pouuoirs et ampliations octroyees par cy deuant à d'autres Huissiers et Sergens.

205. — Edict du Roy, sur le Reglement et augmentation du pouuoir des Aduocats dudit Seigneur en chacun siege presidial, et autres Iustices royales de ce Royaume et des gaiges assignez ausdits Aduocats. Publié en Parlement le xv d'octobre M. D. LXXVIII.

206. — Edict du Roy sur le restablissement des Offices des Gardes des seaux (*sic*) et clercs de l'Audience des chancelleries presidiales de France. Auec la taxe des Lettres selon qu'elle en a esté cy deuant faicte et ordonnee par autre Edict.

207. — Edicts du Roy portant defenses de faire aucune couppe et vente de bois de haulte fustaye és forests de ce Royaume, soit en quantité d'arpens, ou en nombre d'arbres, si ce n'est par les commissions decernees par ledict Seigneur, fondees sur vrgente necessite, et verifiees en ses Courts de Parlements. Ensemble l'Arrest de la Court sur ledict Edict.

208. — Lettres Patentes du Roy, de Main leuee et immunitez pour le Clergé de France.

209. — Lettres patentes du Roy, pour les beneficiers et gents d'Eglise, declaratiues et confirmatiues de deux autres precedentes, par lesquelles il les descharge et exempte de bailler declaration de leurs terres, domaine, et reuenus, voulant qu'ils en iouyssent en pleine liberté.

210. — Lettres patentes dv Roy, povr l'institution et l'ouuerture des grands.Iours en la ville de Poictiers, pour ceste presente annee : Et les Seneschaussees, Bailliages, et gouuernement, y ressortissans. Et de l'authorite et temps d'iceux. Publiez en la Cour de Parlement le xiiij iour d'Aoust, 1579.

211. — Memoires et Instructions, suivant lesquels seront faictes les adiudications des choses mises en vente par les Beneficiers de ce Royaume, pour satisfaire à leur quote part et portion de ce à quoy ils sont taxez, pour l'alienation accordee au Roy, par nostre sainct Pere, du temporel de leurs benefices.

212. — Ordonnance du Roy sur le reglement des Hostelliers, Tauerniers, et Cabarestiers : salaires et gaiges des Maçons, Tailleurs de pierre, Chartiers, Hacquetiers, Gaigne-deniers, Artizans, et Maneuures : ensemble le pris que les souliers seront vendus. Arresté au privé conseil du Roy le samedy vingt-vniéme iour de Mars, l'an mil cinq cens soixante dix neuf.

213. — Ordre et Reglement donne en la police generale, sur les salaires des chartiers et voicturiers de ceste ville et faulxbourgs, pour le charroy et voicture tant de boys, vins, bleds, foins, que autres denrees et marchandises : et des peines aux transgresseurs et contreuenans.

214. — Seconde Declaration du Roy sur son Edict des Anoblissemens, pour faire entendre son vouloir et intentions sur les immunitez, exemptions et privileges, dont sa Maieste veult faire ioyr tous ceux qui par vertu dudict Edict seront anoblis.

215. — Troisieme Declaration du Roy confirmative de son Edict des Anoblissemens et des priuileges, exemptions et

immunitez des Anobliz par le benefice d'iceluy, desquels sa
Maiesté veult et entend qu'ils iouissent, et leur postérité, tout
ainsi que les autres Nobles de son Royaume demeurans tant
dehors que dedans les villes d'iceluy, suiuant sondict Edict, et
l'ordonnance de sa Maiesté sur l'Article du cahier des Estats
generaux faisant mention desdits Anoblissemens.

1580

216. — Commission au premier huissier ou sergent sur ce
requis, pour contraindre tous Messagers d'apporter ou enuoyer
la copie des lettres de prouision, en vertu desquelles ils exercent lesdicts estats, au conseil priué du Roy, sur peine de cent
escus d'amende sur les défaillans.

217. — Declaration du Roy nostre Sire pour leuer le double
de la suppression des offices.

218. — Déclaration du Roy, sur l'edict de la suppression des
offices des Greffes. Publié à Paris en Parlement, le Roy y seant,
le xxvi Iuillet, m. d. lxxx.

219. — Declaration et Reglement faicts par le Roy, sur l'obseruation et entretenement de son Edict de creation des Greffes des
presentations, nouuellement establis ès courts souueraines et
Iurisdictions Royales de ce Royaume : Contenant les peines esquelles sa Majesté entend estre condamnez ceux qui contreuiendront ausdicts Edict, Declaration et Reglement.

220. — Edict du Roy contenant le Reglement des Taxes or-
donnees aux Eleuz, Procureurs, Greffiers et Receueurs des
Tailles de ce Royaume, pour l'imposition des deniers extraor-
dinairement leuez sur ses subiects, et Declaration sur iceluy.

221. — Edict du Roy, de l'érection d'vne deuxiesme chambre
aux Requestes du Palais, et de deux Presidents et huict conseillers, pour la composition d'icelle. Publié en Parlement, le Roy
y seant, le 26 Iuillet, 1580.

222. — Edict du Roy, de l'erection en tiltre d'Offices de Receueurs des Consignations en main tierce, par iugemens ou

par desposts volontaires : Et des droicts, prerogatives et salaires d'iceux. Publié à Paris en Parlement, le Roy y seant, le 26 Iuillet 1580.

223. — Edict du Roy, de l'erection et creation de deux Huissiers en la seconde Chambre des Requestes du Palais. Publié à Paris, en Parlement, le Roy y seant, le 26 Iuillet 1580.

224. — Edict du Roy pour la creation en tiltre d'office d'vn ou deux Messagers ordinaires en chacun siege des Bailliages, Seneschaucees, ou Election, desquels les appellations ressortissent ès Courts de Parlement et des Aydes. Et de la taxe, privileges, et droicts desdicts Messagers. Du cinquième d'Aoust, 1579.

225. — Edict du Roy, pour le restablissement de l'Edict publié en l'an mil cinq cens soixante trois, sur le faict d'Ayde et subuention des proces. Publié à Paris, en Parlement, le Roy y seant, le 26 Iuillet 1580.

226. — Edict du Roy, sur l'ampliation du pouuoir, et iurisdiction des Juges Presidiaux, ès matieres ciuiles et criminelles : Et erection de conseillers en tiltre d'offices, de ce qui s'en defaut en chacun siege desdits Presidiaux iusques au nombre de quinze : Et de l'augmentation de leurs gages. Publié à Paris, en Parlement, le Roy y seant, le 26 Iuillet 1580.

227. — Edict du Roy, sur le restablissement et erection des offices, qui estoient supprimez par le cahier des Estats tenus à Blois.

228. — Edict du Roy sur les Plainctes et Remonstrances du clergé de France, generalement assemblé par permission de sa Maiesté, en la ville de Melun, l'an 1579. Publié en Parlement le viii iour de Mars, l'an 1580.

229. — Les Articles resolvs et accordez à Nerac.

230. — Les Articles resolvs et accordez à Nerac, en la conference de la Royne, mere du Roy, assistee d'aucuns Princes et Seigneurs du conseil priué du Roy : auec le Roy de Nauarre aussi assisté d'autres Seigneurs et gentils-hommes, et des deputez de ceux de la Religion pretenduë reformee.

231. — Lettres de declaration du Roy sur les Edicts des offices de Gardenotes, et des estats et offices à suruiuance : par lesquelles sa Maiesté ordonne, que tous Notaires royaulx des villes, bourgs, bourgades, et autres lieux et endroicts de ce Royaume, iouyssent de leurs offices à suruiuance : et ensemble des tiltres de Gardenotes : aux conditions et ainsi qu'il est porté par lesdites Lettres. Auec les Lettres de Iussion dudit Seigneur.

232. — Lettres de declaration portant validation des Contrats, Testamens, et tous actes perpetuels faicts et receus par les Notaires du hault et bas pays d'Auuergne, defectueux et nuls pour n'y estre obserué le LXXX et IIII. article de nos Ordonnances faictes à Orleans en l'annee soixante.

233. — Lettres patentes du Roy, pour faire leuer sur ses villes closes la solde de cinquante mil hommes de pied. Auec la Commission.

234. — Lettres patentes du Roy, povr l'entretenement du dernier Edict de Pacification et Articles arretez en la Conference de Nerac : et pour faire saisir les biens de ceux qui se sont eslevez en armes, contre la teneur dudict Edict et Articles. Publié en Parlement le sixième iour de Iuin 1580.

235. — Lettres patentes du Roy, pour l'entretien et observation de l'Edict de Pacification, et des Articles de la Conference de Nerac : Auec inionction de sa Majesté, de punir et chastier les contreuenans.

236. — Mandement du Roy sur le faict des Monstres des Compaignies de sa Gendarmerie, et des lieux et prouinces où se doiuent rendre pour faire seruice à sa Majesté.

1581

237. — Declaration du Roy, contenant que tous Greffes, et mesmes ceux des Tailles et des Geolles, sont comprins en l'Edict general de la suppression des Greffes, et reünion d'iceux au domaine du Roy.

238. — Declaration du Roy, par laquelle est mandé à tous Baillifs, Seneschaulx, ou leurs Lieutenans, de commettre et deputer des commis à l'exercice des offices de contrerolleurs des Tiltres, en leur iustices et iurisdictions, attendant que par sa Maiesté il y soit autrement pourueu.

239. — Declaration du Roy, sur l'Edict de creation des offices d'Adioincts, contenant la charge desdits Adioincts, iusques où elle s'estend, et le pouuoir et droicts à iceulx attribuez. Auec un Arrest de la Court de Parlement.

240. — Declaration et Reiglement faicts par le Roy, sur l'obseruation et entretenement de son Edict de creation des Greffiers des presentations, qu'il veut et entend estre gardé et observé en ses cours des Aydes et Elections de son Royaume et autres sieges y resortissans, avec l'Arrest de sa Cour des Aydes à Paris, interuenu sur ladicte Declaration. Ensemble les Arrests d'icelle Cour, sur ledict Edict de creation.

241. — Declaration par laquelle le Roy veult et entend, que les Registres des contrerolleurs des Tiltres, qui se deuoient faire en parchemin, se feront en papier.

242. — Edict du Roy, contenant creation de vingts (*sic*) Conseillers en la Court de Parlement, pour remplir le nombre de ceulx que sa Maiesté entend envoyer en diverses prouinces, tant pour l'exécution de l'Edict de Pacification, que pour tenir les grands Iours, et establir l'ordre et reiglements requis pour administrer la Iustice, suyuant les Ordonnances. Publié à Paris en Parlement, le Roy y seant, le quatrieme Iuillet M. D. LXXXI.

243. — Edict du Roy, contenant creation d'un contrerolleur des Tiltres en chacun siege royal : Auec le pouuoir et droicts attribuez audict office. Publié à Paris en Parlement, le Roy y seant, le quatrième Iuillet M. D. LXXXI.

244. — Edict du Roy, contenant creation d'un contrerolleur des Tiltres en chacun siege royal, pour enregistrer dedans le temps, et sur les peines portees par iceluy, les contracts exce-

dans cinq escus en sort principal, ou trente solds de rente fonciere, testaments, decrets, ou autre disposition entre vifs ou de derniere volonté : et du salaire dudict contrerolleur. Publié à Paris en Parlement, le Roy y seant, le quatrième Iuillet M. D. LXXXI.

245. — Edict du Roy, contenant creation d'un procureur du Roy en chascune Iurisdiction des Preuosts des Mareschaux, Lieutenants criminels de robbe courte, vibaillifs et viseneschaulx. Publié à Paris en Parlement, le Roy y seant, le IIII Iuillet M. D. LXXXI.

246. — Edict du Roy, contenant establissement d'un Bureau de douane en chascune ville de ce Royaume, à la semblance de celuy qui est, longtemps ya, estably à Paris.

247. — Edict du Roy, contenant le Reglement faict par sa Maiesté entre les Eleuz, Contrerolleurs et Receueurs des Aydes et Tailles de ce Royaume : et l'augmentation des droicts, taxes, et salaires d'iceux contrerolleurs. Ensemble les Edicts precedens pour mesme faict, et les Arrests donnez sur iceux, tant par la Chambre des Comptes, que par la Court des Aydes.

248. — Edict du Roy de la creation d'un estat de President, d'vn sixiéme Tresorier general de France et de deux Huissiers en chacun Bureau des Generaux des finances de sa Maiesté : et de leurs pouuoir, prerogative, preeminence et gages.

249. Edict du Roy, de la suppression des offices des Greffes ciuils, criminels, et des Présentations, et clercs d'iceux, en toutes les Iurisdictions Royales : Pareillement des Tabellionnages, Gardes-scaulx, Gardes-notes, pour estre reünis et incorporez au Domaine dudict Seigneur : Et de l'alienation desdicts Offices à rachapt perpetuel, r'employ des deniers qui en prouiendront : et du remboursement de ceux qui cy deuant en ont été pourueus, et asseurance de ceux qui le seront pour l'aduenir.

250. — Edict du Roy, et arrests de son priué Conseil et Court de Parlement, concernans l'vnion en vn seul et mesme

corps des vnze vingts sergents à verge au Chastellet de Paris,
et quarante maistres Priseurs vendeurs de biens meubles,
pour faire indifferemment tous exploits appartenans a l'office
de Sergent et Priseur vendeur desdicts biens.

251. — Edict du Roy pour la creation en chef et tiltre d'offices formez, des clercs des Greffes, tant en sa Court de Parlement de Paris, que autres Courts souueraines, Bailliages, Seneschaulcees, Sieges presidiaux, Preuostez, et autres Iurisdictions de ce Royaume. Ensemble le Reiglement et taxe du salaire
de ceux qui seront pourueuz desdits offices.

252. — Edict du Roy sur la creation des offices de Greffiers
des Presentations par toutes les Courts souveraines, Sieges presidiaux, Bailliages, Seneschaulcees et autres sieges et Iurisdic-
tons (*sic*) royales de ce Royaume. Ensemble deux Arrests de la
Court, l'un sur l'ampliation desdicts offices : l'autre contenant
l'interpretation desdicts Edict et Arrest.

253. — Edict du Roy sur la Pacification des troubles, contenant confirmation, ampliation et declaration, tant des prece-
dents Edicts sur ledict faict, mesmes en l'an 1577, que des
Articles arrestez en la Conference de Nerac.

254. — Edict du Roy, sur le reiglement du salaire des Notaires et Tabellions, et reception des contrats. Publié à Paris,
en Parlement, le Roy y seant, le xxvi͏ᵉ Iuillet, M. D. LXXX.

255. —Edict et declaration du Roy contenant le restablissement des Sergens Royaux, en chacune Election : et la creation,
reglement et ampliation des Sergens des Aydes et Tailles :
Auec pouvoir de conioinctement executer auec leurdict office,
les deniers des decimes et subuentions leuees sur le clergé de
France.

256. — Edict du Roy sur l'establissement de certain nombre
de changeurs, en toutes les villes de son Royaume, suyuant
l'Edit publié en l'an mil cinq cens cinquante cinq : et de
l'erection d'iceux en tiltre d'offices : auec leurs droits, priui-

leges, prerogatiues et emoluments. Publié à Paris en Parlement, le Roy y scant, le IIII Iuillet M. D. LXXXI.

257. — Les Articles resolus et accordez a Nérac. (*Voir le n° 230.*)

258. — Lettres Patentes du Roy, contenans le vouloir et intention de sa Maiesté, de la leuee de l'Imposition des vingt sols tournois pour muy de vin et autres vaisseaux à l'equipolent, entrant ès villes, faulxbourgs et gros bourgs de son Royaume.

259. — Lettres Patentes du Roy, en forme d'Edict contenans creation, erection et establissement en tiltre d'Offices formez, de dix sept Receueurs generaux prouinciaux, des decimes et subuentions du clergé de ce Royaume, és XVII anciennes generalitez d'iceluy, aux gaiges et taxations y declarez. Publié à Paris en la Chambre des Comptes, le dernier iour de Juin M. D. LXXXI.

260. — Lettres Patentes du Roy, par lesquelles il declare ce qu'il veut et entend estre prins et leue pour l'entree du vin ès uilles closes de son Royaume, iusques à six ans seulement, pour employer au rachapt des domaines et aydes cy deuant alienez et autres despenses necessaires, pour la conseruation de sondict Royaume.

261. — Lettres Patentes du Roy, pour l'institution et ouverture des grands Iours en la ville de Clermont en Auuergne, pour ceste presente annee. Et les Seneschaulcees, Bailliages et gouuernement, y ressortissants. Et de l'authorité et temps d'iceux. Publiees en Parlement le troisiéme iour de Iuillet M. D. LXXXI.

262. — Lettres patentes portans commission à Maistre Anthoine Arnauld Conseiller du Roy, Auditeur des Comptes à Paris et Contrerolleur general des Restes.

263. — Lettres patentes portans commission à Me Anthoine Arnauld, Conseiller du Roy, Auditeur de ses Comptes et contrerolleur general des Restes, pour l'acceleration des deniers prouenans de la vente et alienation du temporel des Eccle-

siastiques, permise par nostre sainct Pere le Pape, en l'annee mil cinq cens soixante et seize.

264. — Ordonnance et Edict fait par le Roy sur le faict, reiglement et police de ses deniers et finances.

1582

265. — Declaration du Roy, et Reiglement final sur l'establissement des deux Sergens royaux creés en l'an mil cinq cens septante huict, auec pouuoir d'exploicter tous mandemens de iustice et l'estendue dudict Grenier comme les autres Sergens royaulx et ordinaires.

266. — Declaration du Roy, par laquelle il veult estre pourueu aux offices de contrerolleurs des Tiltres ès iustices subalternes contenues au Roolle des taxes, non ailleurs. Autre Declaration du Roy, sur les oppositions faictes par les officiers de Monseigneur frere de sa Maiesté, douairieres, vsufruictiers et autres acquereurs de son domaine, à l'establissement des Contrerolleurs des Tiltres.

267. — Declaration du Roy sur son Edict de la creation en tiltre d'office formé de cinq Sergens sur le faict des Gabelles, outre les deux creez auparauant.

268. — Edict, Commission et Declaration du Roy, et Arrests de la Court de Parlement, sur le faict des vsures. Ensemble les Lettres patentes du feu Roy Charles IX, une Monition, et autres Arrests de ladite Court sur le mesme faict.

269. — Edict de Creation et Establissement en tiltre d'offices formez, de certain nombre d'Adioincts... (*Voir le n° 172.*)

270. — Edict du Roy contenant creation d'vn Contrerolleur general de son Domaine, en chacune charge et generalité de son Royaume.

271. — Edict du Roy, contenant la suppression des offices de procureurs du Roy de nouuelle erection ès iurisdictions des Preuosts des Mareschaux, Lieutenans criminels de Robbe courte, Vibaillifs et Viseneschaux auec attribution des mesmes

gages, droicts, profits et emolumens aux Procureurs du Roy ès
sieges Presidiaux et Royaux, où il y a establissement desdits
Preuosts, Lieutenans, Vibaillifs et Viseneschaux, ensemble les
reiglemens que sa Majesté entend estre gardez entre sesdicts
Procureurs et Aduocats esdits sieges.

272. — Edict du Roy, de la reduction des offices de Iudica-
ture, et prouision gratuite de ceux qui ne seront suiets à suppression : auec les Reglements sur ce faicts, et lettres de declaration.

273. — Edict du Roy sur la creation et establissement des
offices de Conseillers et Assesseurs en chacun des sieges des
Preuosts, Viguiers et Iuges ordinaires Royaux, ressortissans
nuëment ès Courts de Parlement.

274. — Edict et Declaration du Roy pour l'augmentation du
droict de douze deniers pour Bordereau, attribué par sa Maiesté
aux Contrerolleurs des aydes et tailles de son Royaume. Auec
l'Arrest du Conseil d'Estat.

275. — Lettres patentes du Roy contenans que sa Maiesté a
ordonné estre leué certaine somme de deniers par forme de
subuention, sur les villes closes de son Royaume, selon le
departement qui en a esté fait en son Conseil ; dont de sa grace
il quitte et remet la quarte partie.

276. — Lettres patentes du Roy portans defenses tres expresses de transporter hors son Royaume aucunes sortes de
prunes, pruneaux, fil, estamines et pelleteries, sinon en payant
le droict de la traicte domaniale.

277. — Lettres patentes du Roy portans mandement à tous
Baillifs, Seneschaux, leurs Lieutenans et autres Iuges, de
receuoir, mettre en possession, et faire iouyr les pourueuz des
offices de Priseurs vendeurs et Sergens conioinctement vniz
en vn mesme corps, et ampliations baillees ausdicts officiers,
suyuant son Edict du mois de Mars M.D.LXXVI. Auec declaration
que lesdicts Edicts de Priseurs vendeurs et d'vnion, sortiront

leur plein et entier effect, comme estans des reseruez par l'Edict faict sur les cayers des Estats generaulx de ce Royaume.

278. — Moderation faicte au Conseil du Roy, de la taxe d'aucunes marchandises contenues en l'Edict faict par sa Maiesté sur le faict de l'entree, du mois d'Octobre, mil cinq cens quatre vingts-un.

279. — Ordonnance du Roy, sur le faict des chasses, auec defense à tous roturiers et non nobles de porter harquebuses, arbalestes, tenir furets, ny aultres engins quelsconques seruans au faict des dictes chasses, sur peine de la hart.

280. — Ordonnance du Roy touchant un Calendrier ecclesiastique nouueau, enuoyé par nostre sainct pere le Pape à sa Maiesté, pour le faire publier par tout son Royaume.

<h3 style="text-align:center">1583</h3>

281. — Declaration du Roy sur l'Edict des Eauës et Forests, et vsages d'icelles : auec inionction aux officiers, et pretendans droicts d'vsages, de satisfaire à la teneur dudict Edict.

282. — Edict du Roy, concernant l'establissement, et erection en tiltre et qualité d'office formé, de six Grands Maistres, Enquesteurs, et generaulx Reformateurs des Eauës et Forests de ce Royaume : Ensemble de six Huissiers Sergents sur le faict desdictes cauës et forests.

283. — Edict du Roy contenant attribution de nouueaux droicts aux Grenetiers, Contrerolleurs, Aduocats et Procureurs des Greniers, chambres et magazins à sel de ce Royaume.

284. — Edict du Roy, contenaut creation, et establissement en tiltre d'office formé d'vn receueur alternatif et ordinaire de son domaine, en tous et chacuns les Bailliages, seneschaucees, preuostez, vicontez, vigueries, et chastellenies de son Royaume, aux gaiges et droicts à plein (*sic*) declarez par ledict Edict.

285. — Edict du Roy contenant l'establissement d'vn Sergent des Tailles et Aydes, en chacune Paroisse de ce Royaume.

Publié en la Court des Aydes, le vingt-quatriesme iour de Nouembre, 1581.

286. — Edict du Roy de l'érection en tiltre d'office de Receueurs des consignations en main tierce, par iugements, ou par deposts volontaires : Et des droicts, prerogatiues et salaire d'iceux. Auec Declaration et commission de sa Majesté, et Arrests de la Court des Aydes, et du Conseil d'Estat.

287. — Edict du Roy portant l'establissement des Maistrises de tous Arts et Mestiers, és villes et lieux de son Royaume non Iurez, à l'instar de sa ville de Paris, et autres villes iurees : Auec l'ordre que sa Maiesté veult estre doresenauant tenu à la reception des compagnons artisans ausdictes Maistrises.

288. — Edict du Roy sur la creation de deux rapporteurs et certificateurs de saisies et cryees d'heritages, en tiltre d'offices, en chacun siege de ce Royaume, où lesdictes cryees ont de coustume estre certifiees : et de leurs salaire et priuilege. Publié en la Court de Parlement, le Roy y seant, le septiesme de Mars, 1583.

289. — Lettres patentes du Roy pour la continuation de la creuë de six deniers tournois, qui se levent sur chacun minot de sel, vendus és generalitez d'outre Seine et Yonne, Picardie et Champaigne, destinez pour la reparation et entretenement des chaussees et grands chemins pauez de la ville, preuosté et viconté de Paris, pour cinq annees, à commencer le premier iour de Ianuier, mil cinq cens quatre vingts-trois.

290. — Ordonnance du Roy pour le reglement et reformation de la dissolution et superfluité qui est és habillemens, et ornemens d'iceux : et de la punition de ceux qui contreuiendront à la dite ordonnance. Auec Arrest de la Court de Parlement, du vingt vniesme d'Auril, 1583. Ensemble l'ordonnance de la Police generale.

291. — Priuileges, Declarations et confirmations octroyez par le Roy, et ses predecesseurs aux officiers de son artillerie

couchez et employez en l'estat d'icelle, signé par chacun an de la main de sadicte Majesté.

292. — Reglement des places et charges, que le Roy entend estre obserué et gardé par les clercs des greffes qui seront pourueuz en tiltre d'office, suiuant son Edict du mois de Decembre dernier, en toutes ses Courts souueraines, Chambres des Comptes, Cours des Aides, Requestes du Palais, et de son Hostel, Bailliages, Seneschaucees, Elections, et autres Cours et Iuridictions Royales.

N. B. — Fédéric Morel le père étant mort le 7 juillet 1583, la bibliographie des livres et des opuscules imprimés par lui s'arrête avec l'année 1582. Les lettres patentes nous fournissent des dates certaines et sont énumérées jusqu'à la date du décès de Fédéric Morel.

INDEX

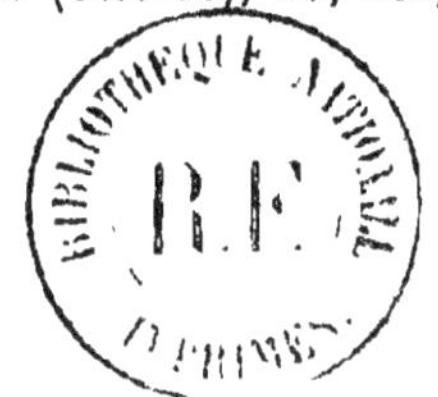

TABLE DES MATIÈRES

CONCLUSION

APPENDICES

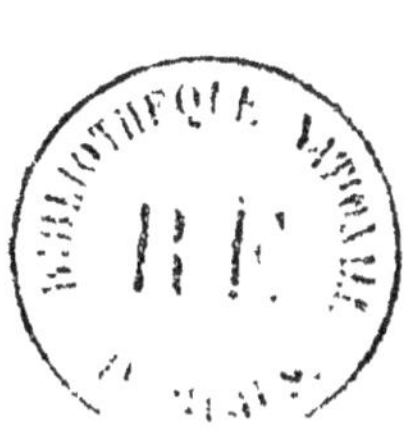

FIN